| 中国当代研学丛书 |

文化

新编语用学研究与运用

罗国莹 刘丽静 林春波 | 编著

图书在版编目（CIP）数据

新编语用学研究与运用／罗国莹，刘丽静，林春波编著．—北京：
中央编译出版社，2020.3
ISBN 978-7-5117-3782-3

Ⅰ．①新…
Ⅱ．①罗…②刘…③林…
Ⅲ．①语用学—研究
Ⅳ．① H030

中国版本图书馆 CIP 数据核字（2019）第 285424 号

新编语用学研究与运用

出 版 人：葛海彦
责任编辑：杜永明
执行编辑：纪宛伯
责任印制：刘　慧
出版发行：中央编译出版社
地　　址：北京西城区车公庄大街乙 5 号鸿儒大厦 B 座（100044）
电　　话：(010) 52612345（总编室）　　　(010) 52612339（编辑室）
　　　　　(010) 52612316（发行部）　　　(010) 52612346（馆配部）
传　　真：(010) 66515838
经　　销：全国新华书店
印　　刷：三河市华东印刷有限公司
开　　本：710 毫米 × 1000 毫米　1/16
字　　数：270 千字
印　　张：16.5
版　　次：2020 年 3 月第 1 版
印　　次：2020 年 3 月第 1 次印刷
定　　价：95.00 元

网　　址：www.cctphome.com　　　邮　　箱：cctp@cctphome.com
新浪微博：@中央编译出版社　　　微　　信：中央编译出版社（ID: cctphome）
淘宝店铺：中央编译出版社直销店（http://shop108367160.taobao.com）(010) 55626985

本社常年法律顾问：北京市吴栾赵阎律师事务所律师　　闫军　　梁勤
凡有印装质量问题，本社负责调换，电话：(010) 55626985

序

由广西玉林师范学院罗国莹副教授编著的《新编语用学研究与运用》一书即将出版，这是一件大好事。

国内有学者这样断言："当今语言学的前沿学科是语用学，是非索绪尔时代。"我认为这段话的前半截是对的，后半截是错误的。索绪尔是现代语言学之父，如果用最简单的话概括他全部的语言学思想，那就是"一、二、三"，即"一条红线、两个分叉路、三对语言学"。所谓"一"是指"一条红线"。"语言现象总有两个方面，这两个方面是互相对应的，而且其中一个要有另一个才能有它的价值。"贯穿索绪尔语言学思想的就是二分法这一条红线；所谓"两个分叉路"，就是语言和言语、共时和历时；所谓"三对语言学"就是语言的语言学和言语的语言学、内部语言学和外部语言学、共时语言学和历时语言学。

语言和言语的根本关系是工具和工具运用的关系。语言工具不是一般的工具，而是一套音义结合的符号系统与规则系统，这套系统是从具体言语活动中抽象出来的，又存在于个别的言语活动中。语言的语言学是研究语言工具的语言学，言语的语言学是研究人们运用工具的过程与结果的语言学；内部语言学是研究语言工具内部的语言学，外部语言学是研究语言工具与外部关系的语言学；共时语言学是研究语言工具某一阶段的语言学，历时语言学是研究语言工具如何演变的语言学。由于当时矫枉过正的需要，索绪尔强调语言的语言学、内部语言学、共时语言学。但我们不能得出他否定言语的语言学、外部语言学和历时语言学的结论。根据他"语言学现象总有两个方面，这两个方面是互相对应的，而且其中一个要有另一个才能有它的价值"的思想，不可能排除后三种语言学。我们的一些学者把索绪尔与语言的语言学、内部语言学、共时语言学画等号是一种误解！

正如我在拙编《语言学基础理论》里所指出的："自从索绪尔严格区分语言和言语两个概念，并呼吁分开研究语言的语言学和言语的语言学以来，结构主义语言学和形式主义语言学的学者们在走到索绪尔所说的'第一个交叉路口'时，都毫不犹豫地向语言的语言学这块领地进军。经过一段辛勤的劳动,他们尝到了丰收的喜悦,进一步认清了语言工具的内部结构,但同时,也尝到了脱离社会、忽视使用工具的人和场合所带来的苦果。人们意识到,在继续深入研究语言的语言学的同时,应尽早开垦索绪尔早已指出的另一块语言学领地——言语的语言学。当然,言语的语言学目前还没有一个统一的疆界。我们认为,既然言语包括说(写)和所说(所写)两部分内容,那么言语的语言学也应该在这两方面有所建树。例如,在一定的语境中对语言系统有目的地运用过程及其结果都可属于言语的语言学范畴。当前比较流行的话语语用分析和篇章分析也可以归入言语的语言学范畴。总之,言语的语言学的任何分析都应该结合交际过程、交际双方和语言环境动态地、异质地进行。"近些年语言学的发展证明我们的判断是正确的。现在罗国莹副教授在语用学上狠下工夫,是完全符合发展言语的语言学的大方向的,因而其意义也就不言而喻了。

罗老师编著的这本书具有如下一些特点:

一、较全面而准确地介绍了语用学的基本理论。该书详细介绍了语用学的定义、内容、发展、核心系统及与其他学科的关系,分别从语境、言语行为、会话含义、语用预设、指示信息、话语结构与信息六大方面深入探讨了语用学的框架。

二、将系统理论讲解与生动活泼的例子相结合。语用学的最大特点是对语言工具的运用。该书牢牢抓住"运用"的概念,在介绍理论时处处有实例支撑,大大增加著作的可读性。可以看出,作者在收集实例时花费了很大的工夫,全书的例子来源极广。作者在每一方面的理论探讨后,特意设置案例分析与思辨和训练,应该说是很有必要的。

三、最为可贵的是这本书把语用学与中学教学紧密结合。作者长期在与中学关系密切的师范学院工作,深知中学教育对师范学院的重要性,该书后半部分试图探讨语用学在中学教育中的应用,对中学老师来说,这无疑是一大喜讯。

如果说有什么不足或可再加工的地方,我认为对国外语用学最新发展还可多加介绍,对预设的运用还可推敲,对中学语文教育的运用还可更系统与全面。我相信随着时间的推移,罗老师和她的同事们在语用学研究方面会搞得更好,我们期待这一天早日到来!

岑运强

写于北京育新花园

目录

上篇　理论篇

绪　论 ··· 3
  理论知识 ·· 3
    一、什么是语用学 ·· 3
    二、语用学的由来及其发展 ··· 6
    三、语用学的系统、研究内容及其研究方向 ······························ 13
    四、语用学与其他有关学科的关系 ··· 15
    五、语用含义以及语用含义的重要价值 ··································· 17
    六、语用活动过程 ·· 20
  案例分析 ·· 21
  思辨和训练 ··· 23
  参考文献 ·· 24

第一章　语境 ··· 26
  理论知识 ·· 26
    一、国内外语境研究概况 ··· 26
    二、语境的含义及其特点 ··· 32
    三、语境的范围和类型 ·· 34

四、语境的构成因素 ……………………………………………… 36
　　五、语境的功能 …………………………………………………… 38
　　六、如何调动语境策略 …………………………………………… 44
　案例分析 ……………………………………………………………… 49
　思辨和训练 …………………………………………………………… 51
　参考文献 ……………………………………………………………… 53

第二章　言语行为理论 ……………………………………………… 56
　理论知识 ……………………………………………………………… 56
　　一、言语行为的基本概念 ………………………………………… 56
　　二、言语行为的类型 ……………………………………………… 58
　　三、言语行为的特征 ……………………………………………… 59
　　四、言语行为的条件 ……………………………………………… 63
　　五、关于间接言语行为 …………………………………………… 63
　　六、如何提高言语行为的能力 …………………………………… 65
　案例分析 ……………………………………………………………… 70
　思辨和训练 …………………………………………………………… 72
　参考文献 ……………………………………………………………… 75

第三章　会话含义 …………………………………………………… 77
　理论知识 ……………………………………………………………… 77
　　一、格赖斯的"会话含义"学说 ………………………………… 77
　　二、新格赖斯会话含义理论 ……………………………………… 89
　　三、会话中的礼貌原则 …………………………………………… 90
　　四、会话中的关联理论 …………………………………………… 102
　　五、其他原则 ……………………………………………………… 105
　案例分析 ……………………………………………………………… 110
　思辨和训练 …………………………………………………………… 112
　参考文献 ……………………………………………………………… 114

第四章　语用预设 …………………………………………………… 116
　理论知识 ……………………………………………………………… 116
　　一、预设的定义及其类别 ………………………………………… 116

二、预设的特点 ·· 119
　　三、语用预设生成的认知理据 ·································· 121
　　四、预设在语言交际中的价值 ·································· 123
　　五、交际中的预设策略 ·· 126
　　六、语用预设应注意的问题 ····································· 134
　案例分析 ··· 138
　思辨和训练 ·· 141
　参考文献 ··· 144

第五章　指示信息　146
　理论知识 ··· 146
　　一、指示语和指示信息 ·· 146
　　二、人称指示 ··· 152
　　三、社交指示 ··· 157
　　四、时间指示 ··· 160
　　五、空间指示 ··· 163
　　六、语篇指示 ··· 166
　案例分析 ··· 171
　思辨和训练 ·· 174
　参考文献 ··· 177

第六章　话语结构与信息　179
　理论知识 ··· 179
　　一、话语的信息结构 ··· 179
　　二、话语的心理结构 ··· 182
　　三、话语结构与语境信息 ······································· 193
　　四、信息结构的功能探索 ······································· 194
　案例分析 ··· 197
　思辨和训练 ·· 199
　参考文献 ··· 200

下篇　实践篇

《语用学在中学语文教学中的运用》课题研究报告 …………………… 203
关于中学语文新课标的语用学思考 …………………… 216
"语用优质课"研究综述 …………………… 223
语用原则在课堂教学语言中的运用 …………………… 230

上篇 01

| 理论篇 |

本篇重在探讨语用学的基本理论，主要围绕语用学的六个热门话题展开论述，以确保语用学体系的相对完整性。语用学属于言语的语言学范畴，是一片有待开垦的新领域。岑运强在《再谈语言和言语、语言的语言学和言语的语言学》[①]一文中指出："自从索绪尔明确区分语言和言语两个概念、并呼吁分开研究语言的语言学和言语的语言学以来，结构主义语言学和形式主义语言学在走到这个'第一个交叉路口'时都毫不犹豫地向语言的语言学这块领地进军。经过一段辛苦的劳动，他们尝到了丰收的喜悦，进一步认清了语言工具的内部构造，但同时也尝到脱离社会、忽视使用工具的人和场所带来的苦果。人们认识到，在继续深入研究语言的语言学的同时，应尽早开垦索绪尔早已指出的另一块语言学领地——言语的语言学。当然，言语的语言学目前还没有一个统一的疆界。我们认为，既然言语包括行为和结果两个部分的内容，那么，言语的语言学也应该在这两方面有所建树。例如，在一定语境中对语言系统有目的地运用过程及其结果都可以属于言语的语言学范畴。如前所说，当前比较流行的话语分析与篇章分析以及社会语言学、心理语言学、病理语言学、言语交际学、言语修辞学、语用学、句法、语义和语用三结合理论……都可以属于言语的语言学。"

语用学作为言语的语言学的一个分支，为语言学开辟了一个新领域，为解决一些原来句法学和语义学难以解释的问题找出了突破口，使语用学从原来语义学的"垃圾箱"的地位迅速发展成一门生机勃勃的学科。语用学研究在几十年里，已做出了很大贡献，引起各学科学者对语境的研究，解决了语义学无法解决的言外之意问题。但是，语用学领域还有很大的开拓空间，有赖于学者们艰辛的垦荒、创业。

---

① 岑运强：《再谈语言和言语、语言的语言学和言语的语言学》，见赵容晖编：《索绪尔研究在中国》，商务印书馆2005年版。

绪 论

理论知识

一、什么是语用学

语用学（pragmatics）是研究语言运用的科学。古代有一则笑话：某人请客，原准备请四位，可等了好久只来了三位，主人忍不住唠叨："怎么该来的还不来？"客人甲听了，心想：主人说"该来的还不来"，我大概是不该来的吧？于是找个借口溜走了。主人一看急了，说："不该走的却走了。"客人乙听了心中嘀咕：甲是不该走的，也许是说我该走吧！他也找机会溜走了。这下主人真是急坏了，情急之中又冒出一句："我又不是说他！"客人丙一听，好了，你不是说他该走，那只能是说我了，我再不能赖在这里。于是乎同样"拜拜"了。主人正在对着一大桌子菜发愣，看见第四位客人匆匆赶到，深感惋惜地说："你来得真不是时候！"客人一听不是滋味，也借故走人了。

这个例子中，说话人所要表达的含义不被听话人所理解，原因在哪里？传统的语言学是不会关注这些问题的，而这正是语用学要关注、要讨论的问题。可以这么说，语用学就是研究在特定情景中的特定话语，特别是研究在不同的语言交际环境下如何理解语言和运用语言。

关于语用学的定义，许多学者在各自的著作和论文中都曾有过论述，但至今还没有一个得到公认的定义。这说明对使用中的语言研究具有多面性，认识的观点、方法、角度不同，其结果也不相同。以下是我国一些名家所下的定义：

- 语用学，即语言实用学，是语言学的一个新领域，它研究在特定情境中的特定话语，特别是研究在不同的语言交际环境下如何理解语言和运用语言。①
- 语用学研究在不同语境中话语意义的恰当表达和准确理解，寻找并确立使话语意义得以恰当表达和准确理解的基本原则和准则。②
- 语用学是研究在一定的语境里语言的运用，包括所产生的字面意义和蕴含意义以及可能产生的效果的科学。③
- 语用学是研究语用的科学。它研究人们在特定的交际情景中是如何运用话语的，包括话语的交际过程、话语的交际原则、制约话语交际的各种因素、怎样准确而又得体地表达、怎样对话语进行准确的理解以及语体和风格等一系列内容。④
- 语用学也叫语言使用学，是研究语言运用的学科。同以往的语言学流派不完全相同，它关注使用语言的人（包括说写者和听读者）；关注语言使用中的种种有关因素，特别是语境的作用；它也十分关注语言手段本身并使之同以上两个方面紧密结合在一起。换言之，它从说写者和听读者的不同角度以及相互关系上研究人们的言语行为（语言表达和语言理解）；研究特定语境中的特定话语，并探求语境中的种种功能；研究话语的种种言内之意和言外之意及其相应条件，等等。⑤
- 宽式语用学定义：语用学是一种语言功能理论，它研究语言使用人是如何在附着符号束、语境和智力的参与和干涉之下理解并运用话语的。
- 窄式语用学定义：语用学是一种语言功能理论，它研究语言使用人是如何在附着符号束、语境和智力的参与和干涉之下对多于话面（字面）的含义做出解释的。⑥

以上陈述虽各有侧重，但有一点是共同的，也是最根本的，即探讨如何理解和表达话语在特定语境下的特定含义。语言是一种社会现象，是在某种

---

① 何自然：《语用学概论》，湖南教育出版社 1988 年版。
② 索振羽：《语用学概论》，北京大学出版社 2000 年版。
③ 李宇明主编：《语言学概论》，高等教育出版社 2000 年版。
④ 邢福义：《现代汉语》，高等教育出版社 1991 年版。
⑤ 王建华：《语用学与语文教学》，浙江大学出版社 2000 年版。
⑥ 钱冠连：《汉语文化语用学》，清华大学出版社 1997 年版。

社会的某种环境之中使用的。简单地说,哪怕一个词,一句话,都是在特定的语言环境中使用的。钱冠连先生所提到的窄式定义虽然排除了常规含义的解释,使语言运用显得有点窄,却非常有特色、有魅力、有前途,因而可作为本书研究的重点。

具体来说,对语用学的认识可从两个方面来理解。

(一) 语用学是理解语言、使用语言的学问

语用学是专门研究语言的理解和使用的学问。要做到真正理解和恰当使用一门语言,光懂得构成这门语言的语音、词汇和语法是不够的,还必须懂得这种语言与理解和使用这种语言的人之间存在的各种各样的关系。如话语的字面意义和隐含意义、话语的前提、说话人的意图、听话人的推断,等等。因此,语用学要求区分两种意义:说话人使用的话语本身的意义和说话人要通过这些话语所表达的意义。如上面所举的例子,主人所说的话不能真正表达个人意图,客人所推断的隐含意义并非主人的本意,这都是由于没有处理好语言与理解和使用这种语言的人之间存在的各种各样的关系所导致的。

让我们来讲述一个发生在英国女王维多利亚和她的丈夫阿尔伯特之间的有趣的故事:

> 维多利亚女王与阿尔伯特夫妻感情和睦,但是也有不愉快的时候。有一天晚上,皇宫举行盛大的宴会,女王忙于接见贵族王公,却把自己的丈夫冷落在一边。阿尔伯特很生气,就悄悄地回到了卧室。不久,有人敲门,阿尔伯特很冷淡地问:"谁?"
>
> "我是女王。"
>
> 门没有开,屋里没有一点动静。女王悻悻地离开了。但她走了一半,又回过头来,再去敲门。房里又问:"谁?"
>
> "维多利亚。"
>
> 可是门还是紧闭。女王气急了,想不到堂堂英国女王,竟然敲不开一扇房门。她带着愤愤的心情走开了。可是走了一半,想想还是要回去,于是又重新敲门。里面仍然冷淡地问:"谁?"
>
> "你的妻子。"女王又委屈又温和地说。
>
> 这一次,门开了。

这个故事说明,在特定场合,交际双方的特定关系对言语交际的方式方

法以及成功与否至关重要。在言语交际中，不仅要注意交际对象的身份、性格、年龄、职业、情绪等，还要特别注意交际对象与自己的关系，只有准确把握特定场合中两者的特定关系，选择适合这一关系的交际方式，才能获得良好的交际效果。

正确使用语言要懂得语用学，真切地理解语言更要懂得语用学。近十多年来，国外的语用学家十分重视语言理解的学问。理解语言是人类认知的一个重要部分，为了理解语言，人们需要具备理解语言的一些基本常识。

（二）语用学是讲究语言合适、得体的学问

使用语言不能只讲遣词造句的正误，更重要的是语言使用是否合适、得体。语法是讲究语言的正误的，而语用学主要研究语言在特定的语境下是否合适、得体。

语言运用有时并不十分讲究语法或逻辑—语义上的正误。有些话语，如果离开语境，在语法或逻辑—语义上不一定恰当，但只要结合语境去理解，就发现它很合适，有的还特别精彩，如艾青的《绿》："刮的风是绿的，下的雨是绿的，流的水是绿的，阳光也是绿的。"离开语境，诗句的逻辑—语义显然不通，但结合诗歌的语境，我们又能欣赏它的妙处："绿"显然是诗人情绪、情感的象征符号，它强烈地吸引着人从外部物质世界转向对内在精神世界的探寻和体验。欣赏者在具体的语境中经过细细地品味、联想、开掘，能准确理解色彩词背后深藏着的情感。闻一多在《色彩》中描绘不同颜色的象征意义："绿给了我发展，红给了我热情，黄教我以忠义，蓝教我以高洁，粉红赐我以希望，灰白赠我以悲哀。"在特定的语境中，色彩词是某种情感的载体，寓意、象征的色彩词，能含蓄地表达作家的情感和作品的意蕴，为欣赏者展开联想与想象留下艺术空间。

二、语用学的由来及其发展

（一）语用学在西方的发展历史

"语用学"这一术语是1938年由著名哲学家查尔斯·莫里斯（Charles Morris）在其著作《符号理论基础》中首先提出的。他在该书中把符号学划分为三个部分：符号关系学（句法学）、语义学和语用学，这就是人们熟悉的"Morris三分法"。但在之后的近四十年里，语用学的相关研究仅局限于哲学范畴内，直到1977年《语用学杂志》（*Journal of Pragmatics*）创刊，语用学才作为一门独立学科而诞生。

20世纪70年代语用学研究成了热点，言语行为理论引起了逻辑学家、哲学家、语言学家的兴趣，他们就语境、预设、会话含义等展开研究，使语用学研究上了一个新台阶。1972年斯塔纳克尔（R. C. Stalnaker）出版的《语用学》涉及语用学应研究的指示语、预设、会话含义、言语行为和话语结构五个内容。1977年荷兰学者范迪克（Van Dijk）在《语义学和语用学话语探索》一书中指出：语用学是研究符号和符号使用者之间的关系。在任何情况下，如果语用学理论还要发展成为语言理论的一部分的话，它将必须解释语言领域里的系统现象，必须与句法和语义理论相吻合。也就是说，语用学必须规定一个包含语言普遍规则和生产、理解话语规则的经验范畴，尤其应该对说话人在某种情景下生产出可接受的话语条件加以分析。这一理论对语用学研究起了很大的指导作用。同年在荷兰创办的《语用学杂志》期刊，是语用学成为独立学科的标志。该杂志主编哈伯兰德（Haberland）和梅伊（Mey）在副题为《语言学和语用学》的社论中指出：语用学是语言使用的科学，它的内部是制约语言使用的具体条件，它的外部是指语言的具体使用及其使用者。因而，语用学是"决定语言实践（使用和使用者）的条件的科学"。20世纪80年代，语用学得到进一步的发展、完善，语用学研究进入了青年时期。这主要表现为：语用学研究有了比较明确的方向，重点集中在研究言语行为和运用语用学方面，如话语结构和意义与语境的关系，语义学和语用学对意义的研究已有了较明显的区分，跨文化研究也开始活跃起来，语用学队伍得以壮大。1983年出版了语言学的两本优秀教材：列文森（Levinson）的《语用学》和利奇（G. N. Leech）的《语用学原则》。在《语用学》中，列文森对20世纪80年代以前语用学研究中出现的各种理论作了系统的介绍和科学的分析总结，设定了语用学研究的范围和内容，阐述了语用学的基本原理和方法，堪称第一本比较系统、完整的语用学教科书。利奇的《语用学原则》勾画了语用学研究的范围，指明了语义学和语用学的联系和区别，论述了多种语用学原则和准则。到20世纪90年代，语用学研究仍不断有新的成果出现。例如1993年梅伊的《语用学引论》；1995年托马斯（Thomas）的《言语交际中的意义：语用学概论》；1996年舍尔（Searie）的《语用学》。国际语用学会（IPA）自1986年成立以来，已举办多次国际语用研讨大会，该会学术刊物《语用学》（*Journal of Pragmatics*）也由原来的季刊改为月刊。足见语用学研究在国际上的旺盛势头。

(二) 西方语用学研究流派和发展趋势

语用学是关于语言使用的研究。以这种基本的认识为前提,国外语用学研究形成了两大流派:英美学派的微观语用学和欧洲大陆学派的宏观语用学。微观语用学认为语用学如同音位学、句法学、语义学一样是语言学一个相对独立的研究领域,即"分相论";宏观语用学认为语用学是对语言和交际的认知、社会和文化方面的研究,它是对语言功能的一种综观,即"综观论"。

当前语用学的研究现状和趋势是在沿着完善理论体系和拓宽应用领域两个方面发展的。

1. 理论体系的完善沿着三个方向朝纵深展开

(1) 突破英美语用研究传统,将语用学具体化为一种从认知的、社会的和文化的整体角度对语言现象的综观,形成与英美传统对垒的语用"综观论"。

(2) 着力尝试语用研究方法论的革新,不再将语用学局限于语言哲学的定势。

(3) 关注语言使用与社会文化、大脑神经等的关系。①

2. 拓宽应用领域所出现的语用学研究新动向

(1) 学科融合的多元化研究。随着语用学理论的不断完善,其应用范围也不断扩展,并由此催生了一批新的交叉学科。

认知语用学、社会语用学、文化语用学、语际语用学、语用修辞学等已成为语用研究中蓬勃发展的新领域,并显示出强大的解释力。语用学研究的多元化趋势还表现在对语用研究的本土化认识。学者们认识到语用研究的语料不能仅局限于英语,而应考察各个国家本国语言的特色。"国际语用学会现任主席 Sachiko Ide 发起了题为解放语用学('Emancipatory Pragmatics')的四个专题讨论。她指出,语用学研究应有一些新的研究方向,应将单向追随西方语言理论转变为多向的学术争论和探讨,因为源于西方的语言研究存在诸多局限,我们应该着眼于从观察本国的自然语料出发,避免文化简约主义和线性思维方式,从既定的研究框架中解放出来,从而获得世界各国语言的语

---

① 向明友:《语用学研究现状谈》,载《中国外语》,2006 年第 1 期。

用现象及其研究成果,形成新的研究范式。"①

（2）语境的多层面作用研究。以往对语境的讨论常常涉及图形—背景视点,把语境视为连接交际行为和环境的关系构建体,并把语境划分为静态—动态语境,以及社会、文化、认知和语言语境。"根据语境的复杂和多样性,Anita Fetzer 和 Etsuko Oishi 两位学者联合发起了题为'Context and contexts: parts meet whole?'的四场专题讨论,探讨了语境的多层面和多层次性。"②

（3）语篇的多维度研究。语篇研究在语用领域占据非常重要的地位,广泛地涉及媒体语篇、政治语篇和学术语篇等方面,揭示了语言结构背后隐藏的意识形态和权力关系。③

（三）我国语用学的研究和发展

1. 我国语用学研究的三个阶段

我国于 20 世纪 80 年代初开始从国外引进语用学研究,经历了理论引进、修正补充、研究应用三个阶段。

（1）语用学理论的引进。

20 世纪 80 年代国内的语用学研究以介绍和评价西方语用学理论为主。最早向国内学者全面介绍语用学的是北京大学的胡壮麟教授。1980 年,他以《语用学》为题,从语用学的研究对象和方法、各个语言学派对语用学的评论和语用学规则等四个方面介绍语用学。何自然（1987）以《什么是语用学》为题,集中讨论了语用学的定义、由来、方法及其与语义学的关系。同时,他把语用学分为三个不同的研究领域:纯语用学、描写语用学和应用语用学,并针对这三个不同的领域提出了三种不同的研究方法。

国内其他知名学者关于语用学理论的综述还有:戚雨村在《语用学说略》（1988）中较为全面地概述了语用学的兴起、发展和研究范围,如指示、预设、言语行为理论、合作原则、礼貌原则和会话分析等。何自然的《语用学概论》（1988）和何兆熊的《语用学概要》（1989）在他们各自研究的基础上

---

① 江晓红、周榕:《语用学研究的多元视角——第十一届国际语用学研讨会述评》,载《现代外语》（季刊）,2009 年第 4 期。
② 江晓红、周榕:《语用学研究的多元视角——第十一届国际语用学研讨会述评》,载《现代外语》（季刊）,2009 年第 4 期。
③ 江晓红、周榕:《语用学研究的多元视角——第十一届国际语用学研讨会述评》,载《现代外语》（季刊）,2009 年第 4 期。

几乎包括列文森的《语用学》和利奇《语用学原则》中的所有内容。这一时期介绍并评述语用学理论的论著也有很多，这些论著大都在引进西方论著的同时提出了作者的见解，重在"评"。如孙建荣的《语用学原理》（1985）是一篇对利奇的《语用学原则》的书刊评介；花永年的《"言语行为模式"浅析》（1986）以"语境互相知信""语言前提""交际前提"和"字面前提"为重点，详细评析了美国语言学家肯特·贝奇和罗伯特·哈尼特提出的言语行为模式。

此外，名家的评介文还有很多，如程雨民的《格赖斯的"会话含义"与有关的讨论》（1983）、何兆熊的《话语分析综述》（1983）、廖秋忠的《〈语义学与语用学〉的探索介绍》（1985）和廖秋忠的《语用学原则》（1986）等。还有一些语言学家直接翻译国外语用学论著。这些国外语用理论的引进对国内学者了解国外语言学动态和先进的理论都起到了积极的作用，开阔了国内语言研究者的视野，有助于他们在了解这些理论的基础上进行自己独到的理论创新。具体说来，国内学者更加明确了语用学重要且基本的理论，比如：指示、言语行为理论、预设、会话含义、会话结构、合作原则、礼貌原则等，同时，让国人了解到语境研究的重要性，把语境研究纳入语义研究范围，实现了从语义向语用研究的过渡，创建了语用研究的基本体系。

（2）语用学理论的修正补充。

自20世纪80年代中期开始，不断有学者对国外语用学理论进行修正和补充。例如：钱冠连（1986、1987、1989）对格赖斯（H. P. Grice）的合作原则所作的修正；顾曰国（1990）结合汉语对布朗和列文森的"礼貌原则"和"面子"概念所作的修正（1990、1992），对言语行为理论所作的补充（1993、1994）；徐盛桓（1994、1995、1996）对古典格赖斯主义和新格赖斯会话含意理论的语用推导机制的修正和补充，以及对新的会话含意理论框架的构建，等等。这些研究丰富和发展了语用学理论，为建立汉语语用学理论奠定了基础。

（3）语用学理论在汉语研究中的运用。

语用学理论在汉语研究中的运用极大地推动了汉语语用学研究的快速发展。早期的汉语语用学研究是从语法角度展开的，其标志是句法、语义和语用三个平面结合的思想，它是文炼、胡附（1984）在合写的《汉语语序研究中的几个问题》一文中提出来的。在此后的十几年里，语法学界关于三个平面学说的讨论很热烈，许多学者就此撰文阐述自己的观点，如范开泰（1985）、史锡尧（1991）、施关淦（1991）、范晓和胡裕树（1992）、廖秋忠（1991）、杨成凯（1993、1994）、邵静敏（1996）等。语用学理论在汉语中的应用研究是运用语用学的理论和方法来分析汉语语言事实，解决汉语实际问题。这方面的研究也已取得了可喜的成果，如马希文（1985）、方梅（1995）利用"预设"概念分析了汉语中跟副词"再"有关的句式、对比焦点的句法表现手段等语法现象；范开泰（1990）、徐赳赳（1993）、施关淦（1994）、袁毓林（1995）从语用角度对汉语中的省略和隐含现象进行了考察和分析；沈家煊（1993）、徐盛桓（1994）对语用否定和含意否定问题作了较为全面的描写和讨论；王建华（1987）、程雨民（1990）、袁毓林（2000）、杨亦鸣（2000）等运用语用学理论研究汉语歧义句，部分地解决了汉语歧义问题。我国汉语界在语用研究方面的突出成就是对语境的研究。1991年在山东大学召开的第二届全国语用学学术研讨会上，汉语界学者从语境的意义和性质、范围和构成、分类和分级、功能和作用，语境与其他学科之间的关系，以及语境的研究方法等方面进行了深入探讨。1992年国内出版的第一部语境研究论文专集《语境研究论文集》收集了中外学者关于语境的研究论文（或专著节选）40余篇，从语境研究的历史与现状开始，探讨了语境对语言的微观和宏观结构的制约、语境与语言教学等方面的问题，比较全面地反映了几十年来有关语境研究的概貌。近年来比较有影响的语境研究专著有王占馥的《语境学导论》（1993）、《语境与语言应用》（1995）、《汉语语境学概论》（1998）；刘文义的《语境学》（1996）；冯广艺的《汉语语境学概论》（1998）、《语境适应论》（1999）；王建华的《现代汉语语境研究》（2002），充分展示了汉语语境研究的丰富成果，显示出其蓬勃的发展生机与活力。作为汉语语用学研究重要成果的集中体现，十几年来国内出版的语用学专著、教材、论文集等数量众多。国内第一部语用学专著是何自然的《语用学概论》（1998），该书"几乎囊括了列文森《语用学》一书的各个部分"（沈家煊，1996），被许多高等院校选为语言学专业教材，并于2002年出版修订本（何自然、冉永平，2002），汲取了国内外语用学研究的最新成果。何兆熊的《语用学概要》（1989）也是外语界很有影响的教科书和参考书之一，该书再版时吸收和补充了国内外语用学研究的最新成果。钱冠连的《汉语文化语用学》（1997）则可以说是我国第一部以汉语为语料、以汉语文化为背景的语用学专著，代表了汉语文化语用学研究的最高成果。熊学亮的《认知语用学概论》（1999），对语用学各派理论作了扼要介绍，并对关联理论、认知语境、语用推理和认知语法等问题作了较为全面的评介，从中可以了解语用学发展历程的概貌。何自然、冉永平的《语用与认知——关联理论研究》（2001）收录了国内关联理论研究的代表性成果，为推动我国语用学研究向纵深发展，建立具有中国特色的语用学理论体系做了有益的探索。索振羽的《语用学教程》（2000）是国内最早为中文系汉语专业研究生编写的语用学教材。该书在言语交际总框架中研讨了语用学的各个重要课题，并根据汉语运用实际对西方学者提出的某些理论作了修正和补充，提出了自己的新理论或原则、准则，具有较高的学术参考价值。其他的语用学专著或教材还有：左思民的《汉语语用学》（2000）、康家珑的《交际语用学》（2000）、应天常的《节目主持语用学》（2001）、戈玲玲的《教学语用学》（2002）、史尘封和崔建新的《汉语语用学新探》（2002）、王建华的《语用学引论》（2002）、姜望琪的《语用学：理论及应用》（2000）和《当代语用学》（2003），等等。①

2. 当前中国语用学研究的新动向以及语用学研究发展的方向

当前中国语用学研究的新动向：

（1）开始从多角度和维度研究语用学。研究者们从认知角度、语言哲学角度和综合角度审视语用问题成为语用学研究的新趋向。从认识论本体论出发讨论一些重要语言理论问题成为时尚。中国语用学研究从比较单一的理论思维走向更为全面、科学的研究范式。

（2）实现从静态研究过渡到动态研究。例如在语境研究方面，以往研究者只把语境看成是一组变量的静态组合，如今看到了语境在交际过程中的变化，同时注意到了语境对语言形式的制约作用，开始研究交际参与者怎样控制和调动相关语境因素以达到自己的交际目的。

（3）研究重心从理论研究到实证研究再向应用研究转移。目前，我国的语用学研究开始从理论研究转向实证研究和应用研究，研究者更加尊重语言事实，努力搜集和研究语料，让语料说话，把目光投放在语用理论对具体语

---

① 李素琴、吴月芹：《我国语用学研究概述》，载《文教资料》，2009年第28期。

言现象的解释上。①

中国语用学研究发展的方向：

西方的语用理论是以英语作为语料来进行研究的，目前我国学者还没有建立新的有我国特色的语用学理论，对汉语一些语言现象的研究还远远不够。我国的语用学研究必须靠外语界和汉语界研究者的齐心协力，加快对西方的语用学理论的跟踪、介绍、研究、引进和借鉴，加强国内外语用学研究者之间的交流与对话；此外要以汉语为语料，参照国外理论，从汉语应用的实际情况出发，根据汉语的特点和语义描写的目标实现汉语语用学的理论创新，创造出我们自己的理论，形成我们自己的理论流派，把国内语用学理论研究成果推向世界。同时我们还要在语用学的形式化手段上加强研究，把语用学研究的应用拓宽到人工智能、计算机语言处理等方面。②

三、语用学的系统、研究内容及其研究方向

（一）语用学的系统

语用学是一个由众多因素构成的复杂的网络系统，一切同语言运用有关的因素都应在其关注的视野之内。构成语用学系统三大要素：话语、语境、交际者。其中话语的意义和内容是语用研究的核心；语境是语用的条件；交际者是语用的主体，这三大因素互相联系、影响和制约，构成了语用学的完整系统。③

语用学研究的六大热门话题：

1. 语言环境；
2. 言语行为理论；
3. 语用规则（合作原则、礼貌原则）；
4. 指示信息；
5. 语用预设；
6. 话语结构与信息。

---

① 邓新侦：《二十一世纪初中国语用学研究和发展综述》，载《科教导刊》（上旬刊），2010年第5期。
② 李素琴、吴月芹：《我国语用学研究概述》，载《文教资料》，2009年第28期。
③ 王建华：《语用学与语文教学》，浙江大学出版社2000年版。

（二）语用学的研究内容

1. 研究一般的句子意义。它属于语用学和语义学之间的跨面研究。这个研究面着重研究句子意义的语用表现，研究直接与语言形式有关的意义，所以它属于语用—言语学的研究领域。

2. 研究语境条件下的句子意义，即在特定的话语环境下句子使用意义或操作意义。为此，要考察诸如话语环境、参与谈话的角色及对话的类型等语境条件，考察诸如说话人的语气、声调、着重或强调方式、方言的使用、语码混用等语用因素，从而确定参与谈话的人所担当的角色。

3. 研究说话人意义。说话人通过特定的话语表达他意图表达的信息，而这个研究面的重点则放在影响这种信息理解的语言、语境和语用因素。

4. 研究听话人意义，即听话人对听来的话语意义的理解。这个研究面的重点放在研究说话人的话语特征；听话人利用语境理解说话人所表达的信息意图；导致听话人对说话人所说话语产生误解的因素和这些话语对听话人所产生的不同程度的影响。这方面的课题往往涉及言语交际中的认知、关联理论的研究和实践，这正是听话人意义这个研究面的重要内容。

5. 研究话语意义。研究如何正确理解听来的话语，从而做出适当的应对。这个研究面的研究大都是动态研究，内容包括话题变换标志的研究；参与谈话的人如何对话语的观点进行论辩和阐述；对特定的言语行为如何表述其顺序和层次，研究它们是否在听话人意料之内；如何认定说话人态度是真诚还是讨好，以及他使用何种手段来取得说话的机会。这个研究面的热点是会话分析。

（三）语用学的研究方向

1. 纯语用学：纯语用学是语言哲学的一个重要研究内容。它探讨语用学的形式和范畴，研究语用学形式化的最适宜的方法。纯语用学在意义与文化、语言逻辑、语言行为与模式等方面探索语言在人类活动中的表现。

2. 描写语用学：描写语用学指对一种语言与情景结合而出现的种种用法加以描写，它是经验性的，也就是说，描写人们来自经验的有关自然语言的应用原则，分析自然语言如何同语境相联系。描写语言学还要解释制约词语和结构意义的种种语境因素。如果说描写语法讲的是人们遣词造句的"语法能力"，那么，描写语用学讲的就是人们为达到某一特定交际目的的"语用能力"。

3. 应用语用学：语用学的原则和方法不单普遍地应用于语言学各核心学科（音位学、句法学等）和边缘学科（社会语言学、心理语言学等），而且还广泛地应用于与理解话语有关的所有领域，如文学、修辞学、语言教学、人机对话、人际交往中出现的障碍的研究，等等。

四、语用学与其他有关学科的关系

（一）语用学和语义学

语义学和语用学都研究意义，它们的根本区别在于是否涉及交际者和语境。涉及交际者和语境的就属于语用学范畴，否则就属于语义学范畴。语用学和语义学是互不相同但又互为补充的两个研究领域。

奥地利哲学家、逻辑学家鲁道夫·卡纳普（Rudolf Carnap）认为：如果一项研究明确涉及说话者，或者更通俗地说，涉及语言使用者，我们就把它归入语用学领域……如果我们从语言使用者那里只摘取一些词语及词语所指的对象来进行分析，我们就处于语义学的领域。

何自然在《语用学概论》中指出："语义学研究的意义是句子的认知意义，是不受语境影响的意义。而语用学也研究意义，但那是言语使用上的意义。语用学也研究条件，但那是传递语言信息的适切条件，因此，语用学研究的意义是话语行为的意义，是在语境中才能确定的意义。"[①]

话语意义和句子意义是语言学家用来区别语义学和语用学所研究意义的两个不同范畴。语义学关心的是语法形式所描写的意义，而语用学关心的是话语功能所描写的话语意义。要区分这两种意义，首先要区分句子和话语。句子是语法理论范畴中的一个抽象的理论实体，是个语法单位，它的构成要符合一定语法规则。话语是语言交际中的一个单位。可以是一个完整的句子，句子是抽象的，没有时间性的，游离于语境之外的概念，而话语在一定的程度上与情景紧密联系在一起。如"我要这本书。""我"所指为何人？"我"究竟是要借这本书还是要买这本书？还是另外别的意思，不在现场，就难以确定。由此可见，句子意义是抽象的、孤立的，话语意义是具体的，是从句子意义抽离出来的，比句子意义更丰富，也可以说是句子意义和情境相结合的产物。

---

① 何自然：《语用学概论》，湖南教育出版社 1988 年版。

(二) 语用学和修辞学

语用学和修辞学都是研究语言运用的，但是，修辞学主要从表达的角度研究语音的调配、词语和句式的选择、辞格的运用以及语体、风格等。而语用学是从表达和理解的角度研究语境、言语行为、指示信息、语用规则、语用预设、话语结构与信息等问题。修辞学也注意到语境在表达中的重要作用，陈望道先生的《修辞学发凡》曾提到"题旨情景"说，但是，面对纷繁复杂、呈开放性的语境，许多问题的研究还有待深入。修辞活动的目的是提高语言的表达效果，而语用活动的目的是提高表达和理解话语的效果。由此可见，修辞学所研究的内容无疑也是语用学所要研究的，但是，其研究侧重点各有不同，就研究的深度和广度来说，语用学都要大大超过修辞学。

(三) 语用学和社会学

语言运用本身就是一种社会现象，因此语用学与社会学（及相关的社会语言学）之间的关系更加广泛。语用学在一些学者心目中就是社会语言学的一部分，是言语的社会语言学。由于语用学是一门与社会语言实践有关的学科，其研究对象涉及社会生活的方方面面，如政治、经济、文化、外交等。譬如，不同的文化对于礼貌原则、言语行为的合适条件等有不同的认识，这就需要运用语用理论作出解释；又如政治、经济等因素对语言使用时的选择有制约作用，对这种制约作用产生的原因、制约的语用功能以及如何顺应这种制约等都是语用学需要研究的。语用学对人们在社会生活中的交往，尤其是在言语交际中语用策略的选择方面具有指导作用，它对语言规范和语言建设也有借鉴意义。另一方面，社会的发展、各种制度的改变，对外交往的日益频繁等也影响着语言的使用，为语用学的研究提供了更多的素材，促进了各种各样的语用学分支学科的出现，也推动了语用学自身的发展。语用学与社会学之间是一种相互影响、相互作用的关系，这一关系为社会语用学提供了广阔的研究天地。

语用是人类的言语活动，不仅牵涉到语言结构本身的语音、词汇、语法等要素，而且也牵涉到语言之外的许多因素，如社会文化背景、语言心理、美学情趣等，因此，语用学与语音学、词汇学、语法学、文字学、社会语言学、文化语言学、心理语言学、美学等都有较为密切的关系。

五、语用含义以及语用含义的重要价值

（一）语用含义

语用含义是语用学的重要内容之一。语用学给语言事实提供一些重要的功能方面的解释，这就是说，它不是从语言系统内部（语音、语法、语义等）去研究语言本身表达的意义，而是根据语境研究话语的真正含义，解释话语的言下之意、弦外之音，这种言下之意、弦外之音即语用含义，又叫话语意义。语用含义具有三个特点。

1. 情景性语用意义不是从语言符号的内部——语音、语法等方面获得，而是从语言符号外部——语境获得，它与语境有着密切的联系。一个词，在字典、词典里无所谓高下优劣，但是落到具体的话语里，即使是熟滥的词，有时也会发出精妙的光彩、声响和芳香的。比如鲁迅在《孔乙己》中描写孔乙己拿钱买酒的动作时，写道："……排出九文大钱。"一个平淡无奇的"排"字，在这里却能叮当作响，境界全出，原因恐怕与"排"字的符号意义没有丝毫关系，重要的是它所处的情景，情景使它造出了如此的辉煌。

2. 流变性语用意义是在一定的交际环境下产生的意义，它的内容总是随着语境的流动、变化而发生更新。同样一句话、一个词，语境不同，它的内容也有所不同。比如在下面一段《雷雨》（节选）中，多次用到"好"这个词，那么，它们的意义有无差别？又何以判断其差别呢？这必须借助上下文语境。

(1) 鲁侍萍：她遇人都很不如意，老爷想帮一帮她吗？
    周朴园：好，你先下去吧。

(2) 周朴园：（冷笑）这么说，我自己的骨肉在矿上鼓动罢工，反对我！
    鲁侍萍：你不要以为他还会认你做父亲。
    周朴园：（忽然）好！痛痛快快的！你现在要多少钱吧！

(3) 鲁侍萍：（苦笑）哼，你还以为我是故意来敲诈你，才来的吗？
    周朴园：也好，我们暂时不提这一层。

(4) 鲁侍萍：……大后天，我就带着四凤回到我原来的地方。这是一场梦，这地方我绝对不会再住下去。
    周朴园：好得很，那么一切路费、用费都归我担负。

(5) 鲁侍萍：三十年我一个人都过了，现在我反而要你的钱？

周朴园：好，好，好，那么，你现在要什么？

(6) 鲁侍萍：我希望这一生不要再见你。

周朴园：（由内袋取出支笔，签好）很好，这是一张五千块钱的支票，你可以先拿去用。

例（1）中的"好"为结束义，即"好了"。因为下文"你先下去吧"已转换了话题。例（2）的"好!"为"同意"的语气义。面对鲁侍萍的明告，周朴园心中自然有多种想法，但为了维护他的"老爷"尊严，他"忽然""痛痛快快"地接受了这个现实。例（3）和例（5）的"好"属于同一类，表示一种略带缩小夸张而兼有结束的意味，相当于"罢了"。这种意义很微妙，既不明确表示赞同，又含有某种保留。联系上下文语境，这种保留能补充出来。例（4）的"好得很"和例（6）的"很好"大致属于同一类，表示赞许、肯定，特别是两个程度副词"很"使这种赞许的意味更加浓重。这同上下文语境相联系可以看得更清楚：例（4）鲁侍萍说她要离开此地，绝不会再来了，例（6）鲁侍萍又说她一生再不愿见到周朴园，这对周朴园而言是求之不得的，潜在的危险可以排除，他当然非常高兴，禁不住连声说"好得很""很好"了。这几处"好"在各自上下文语境的衬托下，具有不同的意义，读者必须自觉利用语境策略加以确认，才能深刻认识周朴园这个人物，加深对作品以及作家高超的遣词艺术的理解。

3. 临时性。由于语用意义要依赖语境，受交际内容的影响，这就使得语用意义具有临时性，语境一旦变化，原来的语用意义也就随之消失。这样，语用意义就不可能固定不变，不可能像符号意义那样，可以在字典、词典中找到。如"你好聪明啊！"这句话，"聪明"在一定的语境可能是"狡猾"的代名词，而"狡猾"这一语义是临时的、在词典中找不到的。又比如诗文《远与近》：

你

一会看我

一会看云

我觉得

你看我时很远

你看云时很近

"你""我"的物理距离实际上很近，但"我"觉得"很远"，"你"与"云"的物理距离实际很远，而"我"却觉得"很近"。这是说话人对所述人或事的心理距离，或者说是情感距离所导致的临时性心理距离。

（二）语用含义的重要价值

语用含义的重要价值可以从以下几个方面反映出来。

1. 语用含义不是揭示人们说了什么，而是告诉人们说这句话可能意味着什么。例如：

（1）鲁侍萍：她遇人都很不如意，老爷想帮一帮她吗？
周朴园：好，你先下去吧。

（《雷雨》）

（2）A：最近手头有点紧，你能不能……
B：我儿子今年上大学。

如果从字面上看，以上两例似乎答非所问，但从会话含义去理解，例（1）中周朴园的答话显然是回避，暗示对方不想回答这个问题。例（2）中，B的回答委婉地告诉对方：我也手头紧，儿子上大学花费很大，没有钱借给你。

2. 语用含义不是解释同一词语或同一句话有多少种意义，而是说明一个词语或同一句话具有几个可能的"说话人意义"。

例如，在服装店里，她指着一件白底碎花的上衣笑眯眯地说："我喜欢白色的。"女友选了两件衬衣，一件纯白的，一件浅红的，但一时拿不定主意，便扭过头问她："你看哪一件好？""我还是喜欢白色的。"她始终觉得白色代表纯洁，女孩子嘛，纯洁高于一切。

例中两处出现了"白色"一词，表示的却是不同的意义，语用含义理论认为，这不能说"白色"有两个意义，而只能说是说话人在不同的场合，用它来表示不同的含义。语用含义理论可以简化语义结构和内容的描写，认为自然语言的词语意义是简单而稳定的，只是围绕着这个稳定的语义核心经常有以特定语境为转移的不稳定的语用因素，即语义上的差别。

3. 语用含义的推导有助于组成广义的同义结构群，丰富词语的释义。例如，张三对李四投机取巧的做法不满，他可以用不同的表述：

（1）你这种投机取巧的做法是不对的。

(2) 我讨厌你这种投机取巧的做法。
(3) 你这种投机取巧的做法得改改了。
(4) 你这人真鬼。
(5) 你这人真狡猾。
(6) 你这条老狐狸。
(7) 你真聪明！
……

例（1）是直截了当的客观评价；例（2）个人主观色彩较重；例（3）用了规劝的口吻；例（4）活用名词"鬼"；例（5）使用形容词"狡猾"；例（6）用了借喻；例（7）用了反语……这是在特定的语境下，靠语用含义推导而组成的广义的同义结构群。

六、语用活动过程

语用活动的过程即我们常说的表达和理解的过程。用语言学的术语来阐述：表达的过程就是编码过程，理解的过程就是解码过程。这个过程经历了心理过程、生理过程和物理过程。瑞士语言学家索绪尔在《普通语言学教程》①中说："被称为概念的意识事实是跟用来表达他们的语言符号的表象或音响形象联结在一起。假设某一个概念在脑子里引起一个相应的音响形象，这完全是一个心理现象。接着是一个生理过程：脑子把一个与那音响形象有相互关系的冲动传递给发音器官，然后把声波从甲的口里传播到乙的耳朵：这是纯粹的物理过程。随后，循环在乙方以相反的程序进行着：从耳朵到脑子，这是音响形象在生理上的传递；在脑子里，是这形象和相应的概念在心理上的联结。如果轮到乙方说话，这新的行为就继续下去——从他的脑子到甲方的脑子——进程跟前一个完全相同。"索绪尔所描述的言语交际双方活动的过程也就是语用活动的过程，在这个过程中，心理过程是非常重要的：发出信息的人如何才能使接受者正确地理解自己的语言信息？接受信息的人如何才能正确地理解发出信息者传过来的语言信息？在这些考虑当中，语境因素则在起着关键的作用。

---

① ［瑞士］索绪尔：《普通语言学教程》，高名凯译，商务印书馆2004年版。

丹麦语言学家叶斯柏森（O. Jespersen）认为，语言实质上是人类的一种活动。在语言活动中传达的东西，不是像图片那样单一的东西；在语言活动中的传达，也不是像投影仪那样的传达，即说话人单纯把"图片"投射到听话人脑子里。语言活动是一个复杂的互动过程，说话人要根据听话人的知识状况和当时的语境条件进行语言编码，听话人也要根据说话人的知识状况和当时的语境条件进行译码。

语用活动的过程用简图标示如下：

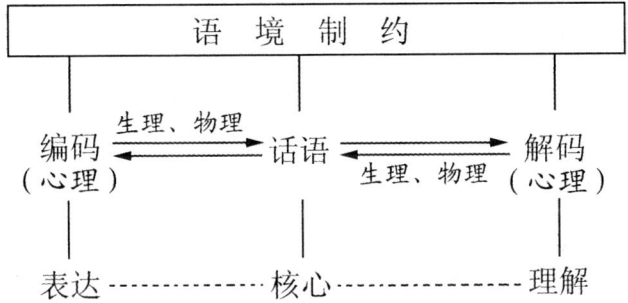

在这个过程中，话语处于核心地位，而在整个过程中都离不开语境的制约。概括起来，语用活动过程应处理好下面几种关系：

1. 编码和话语。编码时要考虑选择什么样的语言材料表达自己的意愿。
2. 解码和话语。解码时如何准确把握话语信息。
3. 编码和语境。编码者怎样编码，受自身生理心理机制、语言能力、语用能力、知识结构、综合素养等方面条件的制约。
4. 解码和语境。解码者怎样解码，同样受自身生理心理机制、语言能力、语用能力、知识结构、综合素养等方面条件的制约。
5. 话语和语境。不管编码或解码，都必须把话语放在一定的语境中进行。

案例分析

一、阿凡提理发

阿凡提当理发师时，大阿訇总是来找他剃头，却从来不给钱。阿凡提很生气，想狠狠整他一顿。有一天，大阿訇又来理发，阿凡提先给他剃光了头，在给他刮脸的时候问道："阿訇，你要眉毛吗？"

"当然要，这还用问？"阿訇说。

"好，您要我就给您！"阿凡提说着，嗖嗖几刀，就把阿訇的两道眉毛刮下来了，递到他手里，大阿訇气得说不出话——谁叫他说过要呢？

"阿訇，胡子要吗？"阿凡提又问。

"不要，不要！"大阿訇连忙说。

"好，你不要就不要。"阿凡提说着，又嗖嗖几刀，就把他的胡子刮下来，甩在地上。

阿凡提的话表面上是合作的，礼貌的，实际上他悄悄地违反了语用规则中的"方式原则"，故意说一些带歧义的含糊的话，致使对方吃了个哑巴亏。合作原则、礼貌原则是语用学理论中所要研究的重要的语用原则，合作原则和礼貌原则常常发生冲突，这是产生会话含义的重要因素之一。关于这个问题的深入研究请看第三章"会话含义"。

二、"我是牛皮的"

在交际中，言语和语境是分不开的。张志公先生曾举例说：如果孤立地说，"我是牛皮的"这句话令人不解，而且滑稽可笑，是个"病句"；如果放在一个语言环境里，甲指着乙对丙说："你看我俩的鞋很相像，但不一样，他是羊皮的，我是牛皮的"。这句话就通了，不发生疑问，也不觉得可笑，只觉得简洁。情景对语用学来说极为重要，离开了情景，也就没有话语意义了。

三、黑色太阳

肖洛霍夫《静静的顿河》："他（葛利高里）好像是从一场噩梦中醒了过来，抬起脑袋，看见自己头顶上是一片黑色的天空和一轮耀眼的黑色太阳。"葛利高里眼中那轮"黑色的太阳"是特定语境中特定情感的折射。葛利高里是个带有严重哥萨克偏见的中农，在无产阶级和地主资产阶级生死搏斗的漩涡中摇摆不定，苦闷彷徨，终于陷入了反革命泥沼而不能自拔，对人民犯下了不可饶恕的罪行。他被打败了，连唯一的亲人阿克西尼亚也饮弹而死。在这悲哀的处境中，"他好像是从一场噩梦中醒了过来"，眼里的太阳也成了"黑色太阳"。"黑色太阳"是纯主观的色彩，是葛利高里在特定的情况下所感受的色彩，也是作家心灵的创造。"黑色太阳"是极度悲伤、空虚、颓废的葛利高里痛苦灵魂的形象化的写照。由于改变了客观事物的原有色彩，形成了规范语言描绘的"反差"，所以具有一定的接受难度，这就给人带来一种强刺激，能引起读者的注意，随之在心理上产生一个"惊奇——思考——理解"的过程。读者先是感到意外、新奇和疑惑，继而便会依据具体情景，透过这种表面的悖理与偏离，去探寻语言背后深藏着的真正含义，理解作者话语的意图，体味作品内在的意蕴。

四、三声口哨

小伙子想给女友买一枚戒指，到首饰店看了半天，指着一枚钻石戒指问售货员："这个多少钱？""5000元。"售货员说。小伙子没想到这么贵，惊异地吹了一声很响的口哨。他又指着另一枚戒指问："这一枚呢？"售货员看了看他，小声说："三声口哨。"根据文中的语境：口哨是"价钱高"的含义，说话者和听话者都明白口哨在此时此境的特殊含意，即一声口哨值5000元，三声口哨值15000元。由此可见语境对话语含义的限制很大。

思辨和训练

一、什么是语用学？语用学研究的六大论题是什么？
二、语用学系统的三大要素是什么？为什么以话语为核心？
三、什么是编码、解码？怎么理解语用活动的过程？
四、何谓语用意义？试举例说明。
五、试对下面各例中的话语进行语用分析。

1. 美国心理学家有一个试验：让不同心态的人看同一张照片，并要求他们做出简要描述。照片是几个士兵正在抬着一名伤员登上飞机。"心情愉快"的说："伤员好运气，人们送他去医院，他会受到很好的照料。""心怀不满"的说："这伤员只是千万个自相残杀中的又一个受害者，我认为这场战争是个玩笑，否则的话我们就无从去做像杀人和破坏之类的蠢事了。"而"内心焦虑"的人却认为："这个伤员虽然送上了飞机，只是苟延残喘而已，即使送进医院，他也活不长了。"如此，同一张照片从不同的态度出发，却引出了不同的反应。

2. 当年李鸿章出访美国，一次他宴请当地官员，席上说了几句客套话："今天蒙各位光临，非常荣幸，我们略备粗馔，没有什么可口的东西，聊表寸心，不成敬意，请大家包涵。"第二天报纸把他的原话登了出来，饭馆老板看了大为恼火，认为李鸿章是对他的饭店的污蔑，除非他能具体指出菜肴怎么粗，怎么不可口，否则就是损害他店家的名誉，并提出控告，要求李鸿章赔礼道歉。

3. 购保人：昨天我去领保金，为什么领不到呢？合同上不是说每三年领一次吗？

代保人：你误解了，我们合同上写得清清楚楚，每三年的意思是每隔三年，所以应该是明年领！

六、观看影视片段

1.《雷雨》"绣梅花的衬衫"的预设

周朴园：哦，你，你去告诉四凤，把我那件旧雨衣拿来。

鲁侍萍：旧雨衣？

周朴园：是。

鲁侍萍：那旧衬衣呢？老爷的衬衣一共有五件，有一件右袖襟上破了个窟窿，用丝线绣了一朵梅花补上的，还有一件——

周朴园：你——你——

鲁侍萍：我是过去伺候过老爷的下人！

周朴园：侍萍！侍萍！

2.《西厢记》落红阵阵

落红阵阵遍地胭脂冷，蝴蝶梦断杜鹃惊花魂。

昨夜他锦囊妙诗传音讯，今日里玉堂人物难相亲。

系春心柳短情丝长，隔花荫人远天涯近。

恹恹瘦损早伤神，裙带宽能消受几度黄昏。

欣赏提示：可从唱词所设之景窥视其中的文化内涵以及主人公的内心世界。

参考文献

1. 邓新侦：《二十一世纪初中国语用学研究和发展综述》，载《科教导刊》（上旬刊），2010年第5期。

2. 何自然：《语用学概论》，湖南教育出版社 1988 年版。

3. 何自然、陈新仁：《当代语用学》，外语教育与研究出版社 2004 年版。

4. 何兆熊：《新编语用学概要》，上海外语教育出版 2000 年版。

5. 江晓红、周榕：《语用学研究的多元视角——第十一届国际语用学研讨会述评》，载《现代外语》（季刊），2009 年第 4 期。

6. 康家珑：《交际语用学》，厦门大学出版社 2000 年版。

7. 李宇明：《理论语言学教程》，华中师范大学出版社 1997 年版。

8. 李发根：《语用学研究和定义分析》，载《外语与外语教学》（大连外国语学院学报），1995 年第 4 期。

9. 李素琴、吴月芹：《我国语用学研究概述》，载《文教资料》，2009 年第 28 期。

10. 鲁华山：《语用学研究的核心问题》，载《大家》，2010 年第 4 期。

11. 彭泽润、李葆嘉：《语言理论》，中南大学出版社 2000 年版。

12. 钱冠连：《汉语文化语用学》，清华大学出版社 1997 年版。

13. 钱伟量：《语言与实践》，社会科学文献出版社 2003 年版。

14. 索振羽：《语用学教程》，北京大学出版社 2000 年版。

15. ［瑞士］索绪尔：《普通语言学教程》，高名凯译，商务印书馆 2004 年版。

16. 束定芳主编：《中国语用学研究论文集》，上海外语教育出版社 2001 年版。

17. 沈家煊：《我国的语用学研究》，载《外语教学与研究》，1996 年第 1 期。

18. 王建华、周明强、盛爱萍：《现代汉语语境研究》，浙江大学出版社 2002 年版。

19. 王建华：《语用学与语文教学》，浙江大学出版社 2000 年版。

20. 易仲良：《语用学的方法论和解释力》，载《现代外语》，1996 年第 1 期。

21. 向明友：《语用学研究现状谈》，载《中国外语》，2006 年第 1 期。

22. 左思民：《汉语语用学》，河南人民出版社 2000 年版。

23. 朱永生：《语言·语篇·语境》，清华大学出版社 1993 年版。

第一章

语　境

理论知识

"语用环境"简称"语境"。从语用的角度看，它是语用行为赖以存在、表现的物质和赖以进行的场合、背景。

语境是语用学、语义学、语体学、修辞学和社会语言学等学科中的一个基本和核心概念，经过学术界不断深入的研讨，语境的内涵与外延逐步得以揭示。普遍认为语境由语言与非语言因素构成，语言因素包括文章或言谈中话题的上下文或上下句；非语言因素包括交际时的情景语境、社交语境、双方不同的认知语境、社会文化背景，等等，是一个牵涉面广，内涵丰富的概念。

一、国内外语境研究概况

（一）语境研究在国外的起源和发展

在国外，语境研究的历史可以追溯到古希腊时期。亚里士多德（Aristotle）在《工具论》中提出对于词语意义的理解需要依赖其出现的不同语境的观点。他所著《修辞学》系统地分析论述了语言修辞的各种要素及演说体的立论、布局和风格等，就包含有语境因素在其中。之后，很多哲学家、逻辑学家和语言学家都曾对语境问题有过论述，但是没有将它作为一个理论上的概念加以研究。

19世纪末，德国哲学家弗雷格（G. Frege）在他的《算术基础》中首次使用了"语境"这一概念，并把"语境原则"作为他的三个重要的方法论原则之一。语言学界普遍认为,语境理论源于英国伦敦大学的波兰籍人类语言学家马林诺夫斯基(Malinowski),他在1923年提出语境(context)术语。他认为语言不仅传递信息,而且是一种行为方式,提出:对活生生语言的处理,不仅要根据其被使用的特定情景上下文,而且还要联系狩猎、耕种、捕鱼等日常的社会活动进行具体的语言分析,全面掌握。他还认为一种语言基本上植根于说该语言的民族的文化、社会生活和习俗之中,不参照这些广泛的语境便难以正确理解语言。因此语境分为情景语境(context of situation)和文化语境(context of culture)两种。这一语境观为伦敦学派另外两位代表人物弗斯、韩礼德及国内外其他研究者所吸收和发展。

弗斯(Firth)扩展了马林诺夫斯基的语境概念,于1950年在其《社会中的个性和语言》一文中详细阐述了语境。以语言因素为标准,将"语境"分成由语言内因素构成的语境和由语言外因素构成的语境,并首次对语境的因素进行了概括,初步完成了构建语境理论的任务。韩礼德(Halliday)在弗斯的基础上,将"系统功能"思想融入了语境理论。1964年他提出了语域的概念,指出语域包括话语的范围(field)、话语的方式(mode)、基调(tenor)三个方面。语域所反映的就是语境,是弗斯情景语境理论的更为抽象的解释。韩礼德发展了语境理论。

美国社会语言学家费什曼(Fishman,1965,1968)对语境也进行研究,指出语境是言语交际中受共同行为规则制约的社会情景,包括地点、时间、身份和主题等,提出"语域场"概念;美国另一社会语言学家海姆斯(Hymes,1968,1972)从语境成分构成的角度进一步完善了语境的理论,他认为懂得使用语言的社会环境是人们掌握言语程度的重要标志。他把语境归纳为八个部分:话语的形式和内容、背景、参与者、目的、音调、媒介、风格和相互作用的规范。

英国语言学家莱昂斯(Lyons,1977)认为语境是一个理论概念,一个说话人要能够正确判别话语的合适与否,必须具备六方面的知识:角色和地位、场合、正式程度、交际媒介、恰当的主题、恰当的语域。这些知识即是语境的具体体现,或者说这些知识构成了语境。另一英国语言学家列文森提出了语境相对性的概念,指出命题只有在具体的语境中才能获得具体的意义,他在《语用学》(1983)一书中提出:许多传统的语境参数还应该包括某一文化背景下的社交原则和人类共同的社交原则。他把像交际主体的知识结构、信仰等主观因素也引进了语境视野，扩展了语境研究的范围。

从 20 世纪 80 年代开始，认知语言学介入语言领域，产生了认知语用学，学者们重视交际中话语意义的理解，从认知的角度动态地研究语境，最为著名的是语言学家斯波伯（Sperber）与威尔逊（Wilson）的研究。他们在《关联性：交际与认知》（1986，1995）中提出"认知语境"（cognitive context）概念。他们认为理解话语的标准是人类认知假设，人对世界的认识是以概念表征的形式存在于大脑中的，这些概念表征的集合构成思维和理解的认知环境，当人接受到新信息时他会在这个认知环境中搜寻并调用与新信息相关联的概念与新信息相互作用，进而推导出发话人的交际意图，这些被调用的概念即是认知语境。可见，关联理论所说的语境是一种内化的语境。

语用学家梅伊（1993）指出：语境是言语行为能够实施的先决条件。他把语境构成分为社会语境和社交语境两类，社会语境指的是各种社会文化的因素，社交语境是交际中临时因素，前者是静态的，后者是动态的。正式提出动态语境（dynamic context）这个概念，并将其解释为交际过程中持续变化的场景。

国际语用学学会秘书长语用学家维索尔伦（Jef Verschueren），在所著《语用学新解》（1999）中，根据达尔文的进化认识论，提出了"选择—顺应"的综观理论。根据顺应论，"语境"是语言交际的环境，用来指与话语相互顺利的一切因素或影响话语处理的一切因素，包括语言语境和交际语境两部分。其中交际语境是由说话人、听话人、物质世界、社会世界和心理世界共同组成的有机体。

（二）语境研究在国内的起源和发展

我国语言学界也早已注意到了语境问题，只是"语境"一词出现得较晚。例如：杜预《春秋左传集解序》："春秋虽以一字为褒贬，然皆须数句以成言。"孔颖达《正义》："褒贬虽在一字，不可单书一字以见褒贬……经之字也，一字异不得成为一义，故经必须数句以成言。"（数句即语言环境）刘勰《文心雕龙》："人之立言，因字而生句，积句而成章，积章而成篇。篇之彪炳章无疵也；章之明靡，句无玷也；句之精英，字不妄也。"（从字、句、篇、章的相互统一关系，来说明语言形式在语境中所起作用的影响。）袁仁林《虚字说》："实字虚心，死字活用，此等用法，必有上下文知之，若单字独用，则无从见矣。"（明确指出上下文的功用关系。）陈望道《修辞学发凡》

(1932）提出"六何说"即何故、何事、何人、何地、何时、何如。从以上论述可见，我国传统语言学对语境的认识比较狭窄，大都限制在上下文（字、句、篇、章之内），陈望道的"六何说"把语境的视角扩大到了社会文化背景、交际者背景等，是一个很大的突破，被中国语言学界公认为是有关"语境"的最早阐述。之后，我国语言学界很多学者对语境问题从不同角度做出探索和研究。

在20世纪60至80年代，学者们主要从人类、社会、修辞、语用角度对语境进行探讨。

王德春于20世纪60年代初提出了"使用语言的环境"，之后又把这个概念深化为"言语环境"。王德春认为，语境指言语环境，而非语言环境。"语境就是时间、地点、场合、对象等客观因素和使用语言的人、身份、思想、性格、职业、处境、心情等主观因素所构成的使用语言的环境。"① 他提出了建立语境学，把语境学作为修辞学基础的主张，大大推进了语境学及修辞学的研究。

张志公在其主编的《现代汉语》（1982）一书指出："所谓语言环境，从比较小的范围来说，对语义的影响最直接，是现实的语言环境，也就是说话和听话时的场合以及话的前言后语。此外，大至一个时代，社会的性质和特点，小至交际双方各人的情况，如文化教养、知识水平、生活经验、语言风格和方言基础等，也是一种语言环境。与现实的语言环境相对称，这两种语言环境可以称为广义的语言环境。"宋振华、刘玲在《语言理论》（1983）一书中提出，语境即是环境，包括地域和社会。其中社会包括生活背景、交往场合、交际方式等，是环境的主要内容。他们主要从语言变异的角度论述语境。

20世纪90年代之后，我国语言学界不断吸收西方社会语言学及认知语言学成果对语境进行动态研究，丰富了语境的学科内容。

胡壮麟（1994）把语境归结为语言语境、情景语境、文化语境三类。语言语境指篇章内部的环境，或称上下文；情景语境指篇章产生时的周围情况，事件的性质、参与者的关系、时间、地点、方式等；文化语境指说话人或作者所在的语言社团的历史、文化和风俗人情。这个观点和伦敦学派的语境观

---

① 转引自吴方敏：《性别与修辞学研究刍议》，载《修辞学习》，2002年第1期。

是一致的。

周礼全（1994）从发话者和听话者的角度出发，将语境分为四类：客观存在的语境、说话者所识别的语境、听话者所识别的语境、说话者和听话者达成共识的语境。除此之外，周礼全着眼于对语境各个因素的分析，把语境定义为命题集合，认为语境是整体的。

熊学亮（1996）将语境归类成语言语境和非语言语境，其中非语言语境分为物理语境和认知语境。认知语境涉及具体场合因素、工作记忆因素和知识结构因素等三个语用范畴，这三个语用范畴反映了个人的心理认知状态及心理过程。

冯广艺（1996）认为语境是语言环境的简称，根据前人对语境的划分，可以把语境总结为微观语境和宏观语境两大类。微观语境指的是作品内的上下文。从语篇的构成看，上下文包括篇、段、句、词语等。宏观语境包括几个方面内容：从人的因素看，它包括言语表达者和接受者，他们的思想、身份、文化程度、性格、修养、处境、心情等；从社会因素看，它包括社会特点、地域风貌、政治制度、经济情况等；从文化因素看，它包括文化心态、人文特征、文化活动、文化积淀等；从历史因素看，它包括时代特点、历史背景、历史沿革等；从民族因素看，它包括民族特征、民族风俗、民族习惯、民族交往等。另外，从伴随因素看，语境还包括言语交际中言语表达者的表情、姿态、动作以及人工模拟语境等。

何兆熊、蒋艳梅（1997）重视语境的动态特征研究，他们在《语境的动态研究》中提出："为了便于研究语境的动态特征，应把语境定义为在言语交际过程中，对某一言语活动有影响的共有知识的统一体"。"我们研究语境的动态特征，就是把语境置于发展变化的言语交际过程中进行研究。交际过程也是语境的构造过程。发话者能够有意识地操纵'共有知识'来构造有利于实现自己交际目的的语境统一体；受话者能够从'共有知识'中激活相关的要素，并且加入交际过程中随时出现的信息，构造能够有效地理解话语的语境统一体。值得注意的是，语境的构造并非漫无边际，而是在全部'共有知识'范围内进行的。"何兆熊（1999）从交际主体角度出发，将语境归为语言知识和语言外知识。他认为语言知识包括对所使用语言的掌握和对语言交际上下文的了解，语言外知识包括背景知识（百科全书式的知识、特定文化的社会规范、特定文化的会话规范）、情景知识（交际的时间与地点、交际的主题、交际的正式程度、交际参与者的相互关系）和相互知识。

朱放成（1999）认为语境是语言环境的简称，在具体情景下，凡是对话语意思产生影响的各种主客观因素都称为语境。他认为尽管语境具有多层面性，但可以把各种复杂状态的语境归纳为逻辑的、心理的和背景的三个层次。

何自然（1988、2009）将语境界定为言语交际所依赖的环境。它包括：语言环境、社交语境、认知环境三种，他指出，语境中的各个因素都可能影响交际双方话语的表达和理解，从而关系到交际能否成功。

王建华（2002）等把语境划分为言内语境、言伴语境、言外语境三类。指出语境是语用交际系统中的三大要素之一，它是与具体的语用行为密切联系的、同语用过程相始终的、对语用活动有重要影响的条件和背景；它是诸多因素构成的、相对独立的客观存在，又同语用主体和话语实体互相渗透；它既是确定的，又是动态的，以语境场的方式在语用活动中发挥作用。

以上是国内外比较有代表性的语境研究的基本情况，从中可以大致了解到语境研究的产生与发展轨迹。语境的研究经历了由一元到多元，由客观到主观，由静态到动态的演变过程，语境研究内容不断扩大，研究方法不断更新，人们对语境的认识不断深化，语境在语用学中的地位日益突出。但是语境问题是相当复杂的，虽然专家学者们孜孜不倦地耕耘，但是到底什么是语境？语境的构成因素如何？语境分多少类别？语境与言语交际的关系如何？言语交际者怎样才能适应语境等问题至今没有明确的统一的认识，可以说是众说纷纭，莫衷一是。

把语言学区分为共时语言学（synchronic linguistics）和历时语言学（diachronic linguistics）是索绪尔对语言学的一个重大贡献。共时语言学研究语言在其历史发展的某一阶段的情况，即语言状态，而不考虑这种状况如何演化而来，是对语言的静态研究。历时语言学研究语言在历史上经历的变化，研究其演化过程，是对语言的动态研究。这样的研究方法同样适用于语境的研究。对语言的使用环境，我们同样可以从共时和历时两个角度进行研究。对语境的共时研究，是研究一种语言的使用环境在历史发展的某一阶段的情况，即语境现时状态，研究"同一集体意识感觉到的各项同时存在并构成系统的要素间的逻辑关系和心理关系"[①]，是对语境系统的静态研究。相反，语境的

[①]　［瑞士］索绪尔：《普通语言学教程》，高名凯译，商务印书馆2004年版。

历时研究，是研究语言使用环境在历史上经历的变化，研究其演化过程、原因和状况等，是对语境系统的动态研究。对语境的研究和分析，只有从共时和历时两个角度进行，才能窥其全貌，对语义的分析才会不失偏颇。

二、语境的含义及其特点

（一）语境的含义

应该说，不论语言学内的哪一个分支学科，都是十分重视语境问题的，但是，人们对语境的认识是不一致的，因而在语境的定义上就存在一些分歧。纵观中外学者的论述，较有代表性的有以下观点：

1. "题旨情景"说。以我国语言学家陈望道先生为代表。把语境分为"题旨"和"情景"两大部分，"题旨"即作品内的环境，如作品的主题思想，写说者的主观意愿，作品整体与部分（篇、段、句、词语等上下文）的语境定势。所谓"情景"，陈先生认为指"情境上的分题"即"六何"，亦即"何故，何事，何人，何地，何时，何如"。

2. "广义狭义"说。狭义的语境指作品内部的上下文或说话的前言后语，广义的语境指作品外的社会环境等方面的因素。我国语言学家大都持这种观点，如王维贤、张涤华、胡裕树、张斌、林祥眉等。

3. "一切因素"说。以赵德珠先生为代表。这种观点把影响语言符合具体意义取定的一切因素都归入语境范畴。

4. "主观客观"说。以王德春先生为代表。该观点认为语言的使用是由主观因素和客观因素两大方面所制约的。

5. "大小语境"说。持这个观点的有王今铮、张志公、王建华等先生。这种观点把上下文或前言后语当做"小语境"，把作品外的因素（如作品所处的条件、环境）当做"大语境。"王建华先生认为语境还应该加上非自然语言表达式。

6. "微观宏观"说。以冯广艺先生为代表。这种观点认为微观语境是作品内的上下文；宏观语境主要指与言语活动有关的人的因素、社会因素、文化因素、历史因素、民族因素以及伴随因素，等等。

7. "文化情景"说。持这种观点的多为社会语言学家，如英国伦敦学派的代表人物马林诺夫斯基、弗斯、韩礼德，美国社会语言学家费什曼、社会学家海姆斯；国内语言学家胡壮麟、宋振华、刘玲等先生。他们强调"情景的上下文"即与社会环境相关的客观语境,他们多从客观上联系社会、文化、时代、地域等方面探讨客观语境对语言的影响。

8. "认知语境"说。以斯波伯与威尔逊为代表。他们以交际者的主观认识作为研究的重点,定义了"认知环境"(cognitive environment),认为语境是一个心理建构体(psychological construct),是听者关于世界假设的子集。正是这些假设,而非实际的客观世界,制约了话语的解释。

9. "顺应"说。以维索尔伦为代表。顺应论认为,语境是语言交际的环境,用来指与话语相互顺应的一切因素或影响话语处理的一切因素,包括交际语境(由物理世界、社交世界、心理世界以及交际双方构成)和语言语境。

以上几种有代表性的观点,反映了至今人们对语境含义的基本认识,表明人们对语境含义从不同角度观察有不同的理解,语境是个内涵丰富的概念、范畴。

(二) 语境的特点

语境特点具有多维性。语境特点的多维性表现在以下几个方面:

1. 语境既有客观性又有主观性

时空环境、自然环境、社会环境等是客观环境,不管语用行为是否发生,它们都是以客观形式独立存在的;人的思想、情感等是主观的,它们会因交际行为的变化而发生变化,语境也因此发生人为的变化。如《阿Q正传》中有这么一幕:在鲁四爷家,一天夜里,阿Q突然对吴妈说:"我和你困觉!"吴妈吓得魂飞魄散,连哭带叫跑了出去。阿Q和吴妈的言语行为的背景有其主观性和客观性。

阿Q说这话的前一天在街上调戏小尼姑,被骂成"断子绝孙"的阿Q,触动了他要有后代的念头,中国传统观念"不孝有三,无后为大"在阿Q的脑子同样根深蒂固。于是,当天夜里整宿迷迷糊糊想的就是必须要有一个女人。恰巧,第二天一早,吴妈把他从梦乡唤醒,呼唤她到鲁家干活。在鲁家,鲁大奶奶为老爷"娶小的"闹别扭,吴妈又对他特别关照……这都是阿Q对外界事物的感知从而构成个人对事物的认知,导致了某种言语行为的发生。这说明阿Q言语行为的语境既有客观性又有主观性。

2. 语境既有稳定性又有动态性

语境具有稳定性,又具有动态性。所谓稳定性是相对的,指某种社会制度、传统意识是相对稳定、经久不变的,它们会长久地影响着人们的思维习惯与言语行为。如我国几千年来留传下来许多传统观念、习惯，在高科技发展的现代社会仍根深蒂固，这是我们在衡量当代人的言语行为时不可忽略的语境因素。语境与其他事物一样又是不断发展变化的，有些因素的变化，我们可以觉察得到，有些几乎是不被觉察。语境因素的发展变化，有一定的连续性，先前的语境，有些可以通过心理因素的积淀，在当前所处的语境中起作用，甚至还有改变当前语境的作用。《史记·秦始皇本纪》中的"指鹿为马"就是一例。胡亥之所以有意把鹿说成马，就是因为权倾当朝的赵高说了他是马。这就是语境中"对象"的权威效应的迁移。

3. 语境既有整体性又有独立性

构成语境的各个要素是互相联系的有机整体，它们常常以"整体"的身份来影响语用行为。交际中，如果忽略语境的整体性，就可能顾此失彼。同时，语境的相对独立性也是不可忽略的。也就是说，并非任何时候都要关照所有的语境因素，关键是要抓住焦点。从广义角度来说，世界上的万事万物都有可能成为语境的构成因素，从而成为语境研究的对象。那么，是否我们就要面对永远无法穷尽的因素而束手无策呢？事实上，并不如此。要判别什么是语境的焦点所在。首先，需要同语境的性质结合起来。钟焜茂认为，语境是与具体的语用行为、语用过程和语用活动密切联系的，对言语交际有重要影响的；它是相对独立的，而又客观存在的。可以这样理解：与具体的语用行为、语用过程和语用活动密切联系的，对言语交际有重要影响的才是焦点所在。要紧紧抓住语境的焦点，就要紧紧抓住那些能够引起听读者注意的刺激物。因为语用的场合与情景是一个综合的语用环境，这个综合的环境是由许多因素构成的，在诸多因素中其中必有一种因素与语用目的的关系最密切、最重要，语用者如果能够抓住语用场景中的主要因素，也就抓住了语用焦点，语言运用也就能够符合语境了。

三、语境的范围和类型

（一）语境的范围

语境范围的大小，目前存在不同看法，归纳起来代表性的观点有以下几种。

1. 上下文语境。即某一语言片断同其前言后语、上下文之间的关系，它们互相联系，互相影响，才各自彰显出意义。这种上下文范围的语境一般称为"语言的语境"或"狭义的语境"。结构主义语言学派一般持这种观点。

2. 使用语言的外部环境。即时间、地点、场合、对象等客观因素和使用语言者的身份、思想、性格、职业、修养、处境、心理等主观因素所构成的使用语言的环境。这种观点主要着眼于语言的外部因素,一般称为"言语的语境"。社会语言学派大都持这种观点。

3. 使用语言的认知语境。即交际者的认知心理状态,主要指各种语用因素在大脑中的内在化、认知化。是在交际互动过程中为了正确理解话语而存在于听话者大脑中的一系列假设,是听话者对世界所作的假设的一个子集,它们以概念表征的形式存在于人的大脑中,构成一个人的"认知环境"。这种观点主要着眼于言语交际主体的内部因素,一般称为"认知语境"。认知语言学派一般持这个观点。

4. 语境指"语言的语境"和"言语的语境"的总和。包括作品的上下文、说话的前因后果,说话或写作的社会环境、文化环境、自然环境、语体语境以及说话人或写作者的心理因素、背景知识、交际话题等。这种范围的语境一般称为"广义的语境"。一般说来,语用学领域所指的语境多为这种范围。语用离不开语境,脱离语境也就不存在语言的运用。随着对语言多维性和动态性研究的深入,语境对意义的制约作用日益为人们所认识和重视,语境理论因此也成为哲学、逻辑学、人类学、语言学、心理学等学科的研究热点。

(二) 语境的类型

语境可分为语言内境和语言外境两大部分。

1. 语言内境。指语言本身内部诸要素相互结合,相互制约形式的语境,也就是所说的上下文,前言后语的制约关系。语言内境包括语言内部的语音关系、语义关系、语法关系、风格关系、修辞关系等构成要素。

2. 语言外境。指由与语言交际有关的语言外部诸要素相结合,相互制约形式的语境,也就是言语交际的社会环境。语言外境包括情景和背景,情景包括交际目的,交际内容(话题),交际对象(年龄、性别、文化知识、职业、心理等特点),交际方式(口头、书面),交际场合(时间、地点、氛围等),交际态势(神态、身势、手势等);背景包括时代背景、社会背景、历史背景、文化背景、民族背景等。

四、语境的构成因素

从广义角度来说，世界上的万事万物都有可能成为语境的构成因素，从而成为语境研究的对象。那么，是否我们就要面对永远无法穷尽的因素而束手无策呢？事实上，并不如此。要判别什么是语境的构成因素，首先，需要同语境的性质结合起来。钟焜茂认为，"语境是与具体的语用行为、语用过程和语用活动密切联系的，对言语交际有重要影响的；它是相对独立的，而又客观存在的。其次，判断语境的构成因素要同其功能和具体的言语交际行为结合起来。"① 一切有可能成为语境的因素，如果失去了和具体语用的联系，不会对语用构成影响，那就没有成为语境的资格。所谓一切社会现象、自然现象和人类活动本身都可能同时成为语境的说法，是不太科学的。因为这些因素在没有同具体的语用交际结合并产生影响之前，都只是潜在的语境，并非现实的语境。另外，判断语境的构成因素还有一个重要参数，那就是它们是否可以把握，是否可以分析。现实的言语交际活动是千变万化的，所涉及的语境因素也是千差万别的。但是，不管言语交际如何复杂，其语境的构成因素必须是能够进行归纳、分析的，并能成为研究的对象，进而规则化、科学化。所以，在确定语境的构成因素时，必须考虑以下条件：

一是构成语境的因素必须同语用的行为、活动、过程有密切的关系，并对语用本身产生重要的影响。因而，上下文、时间、情景、自然环境、话题、身份、情绪、对象、文体、社会心理、民族习俗、文化传统、认知结构等通常都可能是语境的构成因素，因为在具体的交际中，它们总是同言语交际行为有这样那样的联系、或显或隐的影响。

二是具体语用过程中的语境因素应该是可以把握、可以分析的。对于语用学研究而言，语境的构成因素，不应该停留在只可意会而不可言传的地步，要能从纷繁复杂的诸现象中抽取出来，可以作为科学研究的规律性的东西。

三是要重视语境构成因素的结构性，其内部结构的有序性和外部结构的渗透性是有机的统一。语境的内部构成是一个系统：核心部分是稳定的，而其外围部分则不断地在言语交际中与相关系统交换，产生新的语境因素。

四是研究语境的构成必须用辩证思维的方法。在现实的言语交际中，语

---

① 钟焜茂：《浅谈语境的构成因素》，载《龙岩师专学报》，2005 年第 1 期。

境的构成因素处于动态的生成、变化之中。语用主体的一些特征、话语实体的一些变量乃至于一些临时性的不定因素，都有可能转化成相应的语境因素，这主要看它们是否影响了语用的行为、过程和效果。

根据以上的分析和相关条件，钟焜茂认为，语境的构成应该包括下列五个方面的因素。

（一）主体因素

语境构成的主体因素就是言语行为中的人，任何特定的言语行为，都是一种双向或多向的语码信息流动，都离不开发出言语的主体。在语境构成中，这个语用主体决定了语境的存在，是决定性要件。正是因为有了语用主体，才有语码信息的规范化流动，我们才能界定特定语境的产生及其内涵和外延。作为语用学中重要内容的语境及其构成中，语用主体是决定性因素。没有语用主体就没有言语及言语活动，脱离语用主体的所谓语境，也就只能视作为言语的外部环境。

（二）客体因素

在语用主体的言语行为中，言语及言语行为本身便成了语境构成的客体。它包括静态的言语信息和动态的言语动作。对语境构成客体静态方面的理解，按照塞尔（Searle）的理论，就是"句子意义"和"话语意义"两种语码信息载体。前者是语码信息的逻辑性组合，它包括语言符号的元素——词及由词构成的句子，后者是语码在特定言语活动中所负载的信息内容，可以是整篇的文章或整段的讲话。这两部分的共同作用构成了言语信息的内涵。而动态的言语动作，就是奥斯汀（J. L. Austin）说的所言之"作"，也就是语码信息的"发出"和"接受"的动作和过程，以及人们使用语言时所产生的语气、文体等现象。

（三）主观因素

语境的产生是在特定的语用主体的言语行为中产生的，而语用主体之所以作出言语行为，都是有其特定的主观原因的，即有一定的动机和目的。语境中语用主体的言语行为的动机和目的，是仅次于语用主体的先决条件。任何一个言语行为，都可以分析出其动机和目的，虽然在一定的时候，语用主体本身并没有很清楚地意识到自己言语行为的动机和目的。同时，不同的语用主体因其不同的主观原因而对同样的语言符号会加以不同的理解而产生不同的语言信息的反馈，从而会对语境的内涵和外延产生影响。语用主体的身份、职业、思想、修养等是构成言语环境的主观因素。

（四）客观因素

语用主体的任何言语行为，或者说，言语信息交流，都是某一特定的客观环境中作出的。这一特定言语环境的构成要件也就是语境构成的客观因素。它包括语用主体本身的客观状态，如言语行为的特定场合。社会交际活动总是在一定的时间、地点、场合，在特定的人之间进行的，语言的使用脱离不了这些因素，它们是构成言语环境的客观因素。

（五）临时因素

语用主体在言语交际中的处境、心情是构成言语环境的临时性主观因素。处境从大处说，也可指人们所处的社会环境以及个人在一定社会环境中的身份地位，与前面提到的时间、身份等因素都有联系。但是说话者在特定的交际活动中还有其具体的处境。这里指的是具体的事件或人际关系中的处境，如工作关系，家庭关系，朋友关系等。也可以指说话人在某一具体交际场合的处境。这些也都会影响到言语交际的效果。说话人的心情对言语使用的影响也是非常显著的。而人的心情又是复杂多变的，它和人的其他方面的情况，如处境、思想、修养等，又有着各种各样的联系，因而也呈现出其微妙曲折的变化与差异。①

总之，语境的内容是很复杂的，其构成因素也是多方面的，既包括主体因素和客体因素，也包括客观因素和主观因素，还包括临时因素等诸方面的内容。这些内容都会对言语交际产生这样那样的影响，这些都是语境的构成因素。只有通过语境构成因素的分析，才能认清语境概念的内在本质，进而探讨特定的构成因素在语境中的地位和作用。

五、语境的功能

语境与言语交际的表达与理解都有密切的关系，日本学者西殖光正认为语境有八大功能：绝对功能、制约功能、解释功能、设计功能、滤补功能、生成功能、转化功能、习得功能；陈治安、文旭认为语境最基本的功能应是制约与解释功能，其他功能都是由它们衍生而出的；金定元认为语境在交际中主要有两大功能——解释功能和过滤功能；王建华认为语境构成有一定的结构性，大

---

① 钟焜茂：《浅谈语境的构成因素》，载《龙岩师专学报》，2005年第1期。

致说来，言内语境有制约功能、谐调功能，言伴语境在这两种功能之上还具有过滤功能、补充功能，言外语境则又在此基础上增加了引导功能和生成功能。以上种种都说明了语境具有多种功能。由于绝对功能与制约功能存在的普遍性，这里就不再详述。下面结合言语交际实践，谈谈其他的功能。

（一）解释和过滤功能

1. 解释功能

解释功能指听话人在理解话语时语境所起的作用。具体表现为：

（1）帮助听话人从笼统的意义推断出具体信息；

（2）帮助听话人推断出话语的言外之意；

（3）帮助听话人推断出与句子意义相反的信息；

（4）帮助听话人辨析歧义，获得准确的信息；

（5）帮助听话人从"不正常"的句子中推断出正常的信息。

一句话，解释功能就是帮助听读者正确理解话语信息内容的。语境对话语发挥释义作用时，通常呈现以下基本特征：语境对话语的释义参照功能主要作用于交际者语言处理的"输出"端，即体现在听话人方面；言语行为的侧重点在于"解码"，即主要通过确定话语语义的理解实现的。换句话说，语境对话语的释义参照作用主要表现在语境对话语的生成和补足。例如下面的这则笑话：

> 一个病人看完病之后，只给了医生两个便士。医生觉得委屈，问病人："这是给我的还是给护士的？"病人："给你们两人的。"

这则笑话虽短小，但没有一定的语境知识却很难理解其中的丰富内涵。英国的医生有收谢礼的习惯。而便士是英国最小的货币单位，这一常识性语境和"医生觉得委屈"的上下文语境为理解这则笑话的关键"这是给我的还是给护士的？"提供了支持，这句话的表面意思是问便士是给谁的，而言外之意就是"你给的钱也太少了吧？你不会就拿这点儿钱给医生吧？"只有把握说话时的语境，才会理解医生问话的言外之意以及病人的回答中产生的幽默效果。可见，言语的理解实际上就是读者或听话者依据言语成品，不断还原语境，理解语意的过程。

2. 过滤功能

过滤功能是指话语表达时语境所起的作用。人们必须遵循语境范畴允许的一系列要求进行表达。语境具有检验话语是否合理的功能。具体表现为：

（1）对于语境已提供的信息，一般不宜说出。

（2）对于语境不能提供任何帮助的话语，不宜使用。

（3）与语境不相符的句子，一般不宜使用。

例如：马克·吐温有一天来到一个小城市，他想找一家旅馆过夜。服务员请他将名字写到旅客登记簿上。马克·吐温看了一下登记簿，他发现有许多旅客都是这样登记的，比如：拜特福特公爵和他的仆人……于是，马克·吐温挥笔写道："马克·吐温和他的箱子"。"××公爵和他的仆人"之类，表现出阔人浅薄的虚荣心，他们为了摆阔，不以人役人为耻，反以人役人为荣。在这个现实前提的启发下，马克·吐温也依葫芦画瓢，登记为"马克·吐温和他的箱子"。本来简单一个句子，并无趣味可言。但放在特定的上下文中，就显得明快、犀利、入木三分。

（二）生成和创造功能

1. 生成功能

语境的生成功能是指词语、句子等的意义可以在语境中显现出来的功能。即话语本身的意义在语境中得到具体化、明确化的显现。

2. 创造功能

创造功能与生成功能有一致的地方，都是生成了语言理性意义之外的意义。为区别起见，特将语境能产生歧义的作用称为语境的创作功能。语言的偏离意义有许多就是由语境的创造功能促成的。不少辞格（如双关、反语、别解、飞白、易色等）的形成就是依赖与语境的创造功能形成的。不同话语的言外之意跟它对语用常规的偏离程度与它对语境的依赖程度是成正比的：偏离程度越大，依赖性也就越大，其言外之意也就越丰富。利用语境的创造功能可以使表达别开生面，新意顿出。例如：周总理有一次答记者问，一位西方记者突然问："请问，中国人民银行有多少资金？"这句话，既是讥笑我国贫穷，又涉及国家机密，很不好回答。然而周总理却幽默地答道："中国人民银行的资金嘛，有18元8角8分。"这一回答使全场愕然，周总理又说："中国人民银行发行面额为10元、5元、2元、1元、5角、2角、1角、5分、2分、1分的十种主辅人民币，合计为18元8角8分。中国人民银行是由中国人民当家做主的金融机构，有全国人民作后盾，信用卓著，实力雄厚。它所发行的货币，是世界上最有信誉的一种货币，在国际上享有盛誉。"周总理利用银行资金本身的歧义，巧妙地把资金总额转变为发行的货币面额的总额，来了个移花接木，既回避了对资金总额问题的回答，又不破坏招待会的和谐气氛。于是回答一结束，便激起了热烈的掌声。

（三）暗示和引导功能

1. 暗示功能

暗示功能是指一定的语用环境对话语的意义具有一种延伸和拓展其语义指向的作用。在交际中，人们常常由于出于某种考虑，不直接把要说的意思说出来，而是利用现场的语境条件和人们的认知背景，用其他有联系的话语间接地暗示出言外之意来。例如《围城》有这么一段对话：

鲍小姐道："今天苏小姐不回来了。"

"我同舱的安南人也上岸了，他的铺位听说又卖给一个从西贡到香港去的中国商人了。"

"咱们俩今天都是一个人睡，"鲍小姐好像不经意地说。

鲍小姐似乎在向方鸿渐陈述因同房不回来他们俩都要一个人睡这件事。可实际上性感风流的她因为在旅途中甚觉无聊，对方是坐二等舱的，人还过得去，不失为旅行中消遣的伴侣，便决计引诱。鲍小姐"咱们俩今天都是一个人睡"这句话表面是陈述，但在具体语境的暗示下，她的真实意图是非常明显的，以致方听后"周身的血都升上脸来"。

表达者通过语境暗示的方法表达的意义，还需要接受者能根据现场语境的特点，调动自己的认知背景，才能得到准确的理解。否则将会是"对牛弹琴"。生活中不乏这样的例子。越剧《梁山伯与祝英台》中，祝英台由于社会环境的限制，不便向梁直接表达爱慕之心，不得不在毕业回家的路上一次又一次地向梁暗示启发：见到清水塘里鸳鸯成双，立即问道："英台若是女红装，梁兄可愿配红装？"看见路上过来一条黄狗，祝又暗示："不咬前面男子汉，偏咬后面女红装。"在独木桥上，祝英台露出女性的胆怯，要梁山伯搀扶，并说两人是"牛郎织女过鹊桥"。见到路边有口水井，祝英台拉着梁山伯一起看水中倒影，又一次提示："水中正有一男一女笑盈盈。"路边出现一座观音堂，祝又拉着梁说："观音大士来做媒，你我双双来拜堂。"但不管祝英台怎样绕来绕去地暗示，梁山伯就是不开窍，主要是他的认知背景限制了他，在他的意识里，女孩子进学堂读书是根本不可能的事。

2. 引导功能

引导功能是指具体的语用环境能对言语的解释起到一定的引导作用。话语意义的解释为什么是这样而不是那样，是由社会文化语境中的诸多因素引导而出现的。因为社会心理、文化背景、时代环境、民族习俗、思维方式等能潜移默化地影响语用交际，使之限定在一定的社会文化背景之中进行，也使具体的话语得到更确切的解释。例如中国人喜欢"八"忌讳"四"，在喜庆时摆橘树、吃橘子，就是因为"八""四""橘"与汉语"发""死""吉"音近，由于社会心理和文化传统等因素的引导，容易使人引起某些联想。这说明处在社会语境中的人，无论何时何地都要受到社会文化的影响，也说明社会文化语境的功能大于场景语境的功能。

（四）协调和转化功能

1. 协调功能

协调功能指语境能够对话语的表达起到协调的作用。这种协调功能在语言语境中主要表现在语篇方面。许多偏离了规范的言语在语篇语境的协调下，都会变得合理、恰当、别具意趣。许多修辞格如拈连、夸张、舛互就是如此。例如："（他）用小烟锅在羊皮烟包里挖着、挖着，仿佛要挖出悲惨生活的原因，挖出抗拒命运的法子。"（杜鹏程《飞跃》）"挖出悲惨生活的原因，挖出抗拒命运的法子"，从语法的制约和语义的搭配上看是有问题的，但在这个语篇语境的协调之下，却变得合情合理。

语境的协调功能在言语语境中表现为，在具体的交际场景中，交际主体确认了自己的社会角色之后，在同交际对象建立角色关系时，语境能起到协调的作用。

语境能协调交际者的关系，发话者要根据与听话者之间关系的疏密、地位的尊卑、爱好的同异、志趣的投合与否等不同情况来选择话题、组织话语。例如人们在交际中十分注意交际场合的选择，一般谈重大问题时，要选择办公室等正式场合，谈私事时，常常选择公园、茶馆等休闲场所。有时候则正好相反，因为休闲场所更适宜于亲密关系的建立，更有利于亲密友好气氛的形成，更便于感情沟通，也更易于达到某种特定的交际目的。这些就是语境对交际主体角色关系的协调作用。

2. 转化功能

转化功能指语境能够对话语所表达的意义起到转化的作用。这种功能在言语语境中主要表现在语篇方面。

（五）省略和补充功能

1. 省略功能

在一定的语境中，表达者为了避免语言上的重复啰唆，或者满足交际双方心理上的需求，可以将一些受话者能依据语境补充出来的信息省去，这就是语境的省略功能。省略的情况有两种：一是上下文语境提供了必要的信息，为了表达精炼而省略；二是现场的语境和背景语境提供了语言外的信息，表达时也可省略。

例如，电影《平原游击队》里，李向阳进城后，在一家饭馆与地下联络员接头，这时，在门外望风的游击队员高喊一声："卖白薯，一毛钱两个。"接着，饭馆里来了两个汉奸。"卖白薯，一毛钱两个。"这句话因为有了上文语境"卖白薯"，下文"一毛钱两个"后省略了"白薯"；而"两个白薯"在这里特指两个汉奸。这是现场的语境和背景语境提供了语言外的信息，表达时省略了。因为这是在特定的时间、地点、场合中，发生在两个特定对象之间的交流，特定的语境产生了特殊的蕴涵意义，离开了这个语境，这句话的含义是单纯的。

2. 补充功能

补充相对省略而言，它不仅表现在能依据语境对省略的话语信息内容进行补充，更表现为在一定的语境的帮助下，对话语意义的补充和添加。语境的补充功能主要包括两方面：一是对理性意义的补充；二是对言外之意的补充。

例如有人对买猪肉的师傅说："你的肉肥不肥？割两斤给我吧！"由于语境的补充作用，卖肉的师傅完全能理解说话人的意思，"你的肉"在这里，是指你的猪肉，而不是你身上的肉，所以不至于引起不愉快的纷争。这是理性意义的补充。

言外之意更需要语境的补充才能显示出来。在某种特定语境下，人们受到种种因素的影响，有时候要正话反说，直话歪说，坏话好说，重话轻说，"环（王）顾左右而言他"，含不尽之意于言外，让听者联系语境去领会、补充话语所合的深刻含义。

六、如何调动语境策略

语境既有客观的因素，也有主观的因素。在具体的言语交际活动中，既是相对稳定的，又是不断变化的，可以建构的。交际主体要适应语境的变化，积极建构有利于交际意图实施的语境，使言语交际取得良好的效果，调动语境的有效策略有：

（一）语境的顺应

所谓语境的顺应，指语言使用过程中的语言选择必须与语境顺应。它要求语言形式和语用场合和情境和谐统一，是语用者的思想情感与语用中的特定语境有机结合的产物。

顺应语境的方法很多，现介绍几种随场适境的方法。

1. 关注语境的要素

关注语境的要素即关注以上语境的分类中所提到的所有类别，就是要注意眼前的景物、周围的人物和当时的氛围等方面。交际时，凡是我们的感官所能感觉得到的一切事物，都可能是构成语境要素的一部分，我们在使用语言的时候，都应该使自己的语言与之相适应，唯有这样才能取得好的效果。

1957年周恩来总理在访问尼泊尔时，在加德满都市民欢迎会上的讲话结束时说："我祝中国和尼泊尔的友谊像连接我们两国的喜马拉雅山那样巍然永存。"因为总理讲话时巍峨的喜马拉雅山就在眼前，是众所周知的自然景物，所以这一比喻具有亲切、自然、幽默而风趣的风格，取得了较好的表达效果。

2. 抓住语用的焦点

抓住语用的焦点，就是要抓住语用场景组成中的主要因素，以突出语用的主旨。要紧紧抓住语用的焦点，就要紧紧抓住那些能够引起听读者注意的刺激物。因为语用的场合与情景是一个综合的语用环境，这个综合的环境是由许多因素构成的，在诸多因素中必有一种因素与语用目的的关系最密切、最重要，语用者如果能够抓住语用场景中的主要因素，也就抓住了语用焦点，语言的理解和运用也就能够符合语境了。

例如：太平洋保险公司的广告"平时注入一滴水，难时拥有太平洋"，表面上是说如果平时注入一滴水，困难时就会得到太平洋的水，这是符号意义。如果深入分析，可以从不同角度理解它的含义。首先，它可以是说一滴水虽然很小，但许许多多的水滴积累起来，就能汇集成浩瀚的太平洋。其次，它可以让人想到这是奉劝人们平时注意节俭，积累一分一厘的财物，危难时候，就能有巨大的后援；从另一角度看，也可以认为这句话是告诉人们在人际交往中，要与人为善，舍得付出微薄之力去帮助别人，才有可能在自己危难之时得到许多人的帮助。从其他的角度还可以生发出许多含义。但是这都不是该广告的真正蕴意，从太平洋保险公司为自己做广告这个特殊的语言环境来看，这则广告有其独特的蕴涵意义：它形象地揭示了保险业务的本质，"一滴水"就好比每个人投入的少量的保险金，"太平洋"则像重大灾难之后得到的巨额赔偿；更有趣的是"太平洋"，又恰恰是这家公司的名字，非常巧妙。我们理解时抓住了语用的焦点，即语用场景组成中的主要因素，才能使语用的主旨得以凸现，反之，则可能造成麻烦。曾有一位居民向火警中心报警，下面是报警人回答火警中心的电话员的问话经过：

问："在哪里？"
答："在我家！"
问："我是说失火的地方在哪里？"
答："在厨房里！"
问："我的意思是，我们怎样才能到你家去？"
答："你们不是有救火车吗？"

电话员要求这位报警人讲明"失火地点"，也就是讲清楚他家的确切位置。可他的回答却完全是答非所问。原因在于双方都没有抓住语境焦点（交谈的目标或方向），报警人慌乱中并没有考虑消防队首先要知道火灾的确切方位，火警中心的电话员却偏偏在报警人慌乱的情况下使用了带有歧义的问话。

3. 要善于因势利导

随着交际和思维进展的不断展开，随着事物和事件的发展，语境也会不断地发展变化。新的话语会带来新的语境，维索尔伦在《语用学新解》中论述了语境的生成问题，指出："语境并非在交际发生之前所给定，而是交际双方在使用语言的过程中动态生成；语境会随交际的发展而不断发展和变更。意义的生成过程是话语与语境因素的互动过程，不同的语境因素可以左右语言的选择，改变话语的意义；而不同的语言选择也会影响到语境的变化。"因此，我们在认识语用环境的时候，不能把语境当成静态的东西，而应该对语境进行动态分析和描述，这样，我们才能正确地把握语境、利用语境。

清代某次科举考试，考卷中有这样一句话"昧昧我思之"。有一考生，将"昧昧"误作为"妹妹"，考卷中竟写道："妹妹我思之"，批卷者见了不禁大笑，挥笔批道"哥哥你错了"。

"昧昧我思之"本出自《尚书·秦誓》，考生误为"妹妹我思之"本已十分可笑。考官的批语妙就妙在利用考生"误读"这一现场语境，将错就错，名词对名词，代词对代词，动词对动词，本滑稽可笑之事，却偏偏对仗工稳，达到了庄严的戏谑化，令人捧腹。

（二）语境的悖逆

如果说，语境的顺应是语用主体有意识地主动地调整自己的语用行为，使语言运用顺乎语境、适应语境，那么，语境的悖逆就是语用主体有意识地主动地使自己的语用行为偏离语境要求，使语言运用成为"反其境而用之"的"不得体"行为。

悖逆语境的方法很多，如词语的反常运用，语法的反常搭配，语体、对象、场合的反常运用等。

1. 词语反常

在言语交际中，寻常词语的悖理移用在与事理不合的不协调配合中造成言语表面意义的不确定，借此唤起听者或读者的丰富想象，进而获得异于一般的表达效果。如：

生命就应该浪费在美好的事物上。（蔓士德咖啡广告）

生命本是很宝贵的东西，岂能浪费？不和谐之中足见蔓士德咖啡的魅力之大，进而吸引人们前来购买。

又如一部电视剧中有这样一段对话：

甲：我发现你这个人有个优点。

乙：真的！什么优点？

甲：脸皮太厚。

甲采用的是欲擒故纵的做法，讽刺的力量更大。

2. 语法反常

所谓语法反常，指的是对语法规则的偏离。我们知道，现代汉语语法结构是有规则的，但是，语言现实并不总是规规矩矩，不越雷池一步，若真是那样，语言的功能就很有限，使用起来也太乏味了。说写者运用语言常常有一定的主动性。他们的主观意图和强调中心可以通过话语结构的变异来体现，这时便出现了语法反常现象。例如：

在迷人的夜晚里……（法国利朗香水广告）

这则广告只说了半截话，给读者留下想象的空间——喷上芳香迷人的"利朗香水"的夜晚，是个何等清幽的夜晚，与恋人约会，或散步、看电影、享受烛光晚餐……这种反常的结构，既勾画出了一幅幽静的画面，引起人们的向往，使人感受到其中的意境美，又暗地里点明了"利朗香水"极富魅力的品质。

3. 语体反常

中秋前夕，某人接到一条手机短信：送你一个大号月饼，成分：100%的纯关心；配料：甜蜜+平安+开心+宽容+忠诚=幸福；品牌：友情常青；保质期：一辈子；保存方法：珍惜。祝：中秋快乐！短信的制作者打破常规的搭配，套用商品介绍的说明文语体来传达真挚的友情，幽默新颖，富有情趣。

更有意思的是发于圣诞节前夕的一条手机短信："根据圣诞节特别法，规定你快乐无期徒刑，剥夺郁闷权利终身，并处没收全部疾病烦恼。本判决为终身判决，缓期三天执行。快乐无限，不得上诉。"作者故意使用公文语体，寓庄于谐，既风趣幽默，又意味深长。

4. 对象反常

对象的反常使用往往蕴含着丰富的言外之意。

我们常常见到父母间这样一些对话："看！这才是我的儿子！"过不了几天却又会说："看！这就是你的儿子！"明明是双方共同的，为什么一会儿说是我的，一会儿说是你的呢？这种对谈话对象的反常态度，反映了说话人强烈的感情倾向：如果有一方说"看！这才是我的儿子！"这时的儿子一定表现还不错，这时的他（她）当然会沾沾自喜：有其父（母）必有其子嘛！如果一方说："看！这就是你的儿子！"儿子一定表现很糟糕。这时的他（她）则本能地把责任推给对方：看你把孩子惯得！

5. 场合反常

即利用反常的场合，引起人们的神秘感而跃跃欲试，据说，马铃薯在德国推广时，有一个有趣的故事：马铃薯原产于美洲，像西红柿一样，虽然很早就传入欧洲，却一直不为人们所接受。医生认为马铃薯对人的健康有害，宗教人士认为马铃薯是"鬼苹果"；还有的人认为马铃薯会耗尽土壤肥力。法国有个著名农学家叫安瑞·帕尔曼切，他在战争中当过德国的俘虏，因祸得福，有机会亲自品尝了"鬼苹果"——马铃薯。农学家的独具眼光使他认定推广马铃薯有极大价值。回国后，帕尔曼切就全力以赴做宣传，但是，传统的观念毕竟太强大了，很长时间也未能说服任何人。正面行不通，帕尔曼切耍了个花招。他说服了国王，在一块出了名的低产田上栽培马铃薯，在旁边立了一块牌，上面写道，"不准偷挖马铃薯，违者必究"，而且有一支全副武装的国王卫队看守。如此专断而神秘的禁止激起了人们的好奇，他们受到引诱，每天晚上都来偷马铃薯，把它们栽到自己的菜园里。反复劝说毫无效果的事，借助于反常的场合，帕尔曼切成功地达到了自己的目的。

更有趣的是，泰国首都曼谷有间酒吧，门口横摆一个巨型酒桶，上面写着醒目的大字："不准偷看！"许多过往行人十分好奇，偏要看个究竟。结果却连呼上当。原来，只要头一伸进桶里，便可闻到一股清醇芳香的酒味，还可看到桶里写道："本店美酒与众不同，请享用！"众人在喊过"上当"之后，倒也为店主的机智风趣所感染，进去豪饮一番。按理广告词"不准偷看！"与该广告的宗旨正好悖逆，创意者却利用"探究反射"的心理，一步步地"引君入瓮"，最终达到所预设的目的。

（三）语境的创设

有时候说话人既不能顺应当前语境，又不能生硬悖逆现场语境，他需要创设一个有利于实现个人表达意图的佳境，这就是前人常说的"另辟蹊径""曲径通幽"。

罗斯福在一次出席记者俱乐部的聚会上，就是用这种方法击败其政敌梅根的。会上，梅根首先发言抨击罗斯福的新政。罗斯福随后也发表了演说。他的发言是这样的："美国新闻界愚笨透顶，而且傲气十足。编辑和记者们不学无术，水平太差，恐怕连大学入学考试都难以通过……（演讲即将结束时大声宣布）我上面所说的话，均引自梅根的大作《美国新闻界》。"

面对政敌的抨击，罗斯福的发言当然不能顺应对方，如果以牙还牙固然可行，但这种对骂一般都难以让众人信服，而且有失风度。罗斯福的发言先在编辑和记者们的心中点起一把怒火，然后有意使用后置预设（演讲即将结束时大声宣布上面所说的话,均引自梅根的大作《美国新闻界》),让众人心中的怒火一下烧到了梅根身上。

案例分析

一、谜语讽贪官

从前有位县官,素以贪财出名。有一次,他借做寿之名,邀请当地绅士、名流及幕僚赴宴,收取了不少礼金,同时又唆使手下爪牙四处游说,讨钱"拉赞助",搜刮了不少钱财,许多人敢怒不敢言,在酒宴上,有人根据场景出了一道谜语叫众人来猜,以泄心中的愤懑:

"生得长臂两条,专把油水来捞。惯于挑肥拣瘦,也爱戳戳捣捣。本性贪得无厌,混得个油头滑脑。若得此君不干,除非他已吃饱。"

县官一听,脸色刷的一下红了。席间,有位举人见此尴尬景象,便对出谜底,说:"老兄说的莫非就是筷子吧?"众人一听,恍然大悟,顿时哄堂大笑。

人们在酒席上行拳猜令,吟诗作对,那是常有之事,出谜者采用猜谜的方式来讽刺贪官,所采用的语用方式,十分符合语用场景。其次,在酒宴上,他能注意语用场景中的人与物,巧妙地采用眼前事物——筷子来作为谈话的主题,其语用内容也十分合乎语用场景,这些内容能使听者见物生情。正因为说谜语者能注意眼前的事物,并能以此出发,就使得语用十分符合场景,非常成功地达到了一箭双雕的交际效果。

二、从这里可以看到愚蠢!

罗蒙诺索夫原来生活贫困,成名后仍保持俭朴的作风。一次,一个讲究衣着、但不学无术的人看到罗蒙诺索夫的衣袖有个破洞,便指着罗蒙诺索夫衣袖上的破洞挖苦说:"从那儿可以看到你的博学吗?"罗蒙诺索夫镇定地回答:"不,一点也不,先生。从这里可以看到愚蠢!"罗蒙诺索夫的回答妙就妙在仿造对手问话的句式来回击对手,反映了罗蒙诺索夫驾驭语境的高超能力。

三、你让我猜什么呀？

甲：怎么样了？

乙：什么怎么样了？

甲：你猜猜呀。

乙：你让我猜什么呀？

这组对话显然是失败的，因为双方缺乏共同的语境信息。如甲的问话换成"你的护照怎么了？"等，对话就有可能进行下去。

四、"好"的不同表情意味。

鲁迅《阿Q正传》里有这么几个场面：

当阿Q和小D互相抓住辫子厮打的时候，看客们在一旁喊："好，好！"这里的"好"所表示的语用含义就是一种揶揄和煽动的意思。

当阿Q大喊"造反了！造反了！"的时候，未庄人都用惊惧的目光看着他，阿Q更高兴地走而且喊道："好……我要干什么就干什么，我要喜欢谁就喜欢谁。"这里的"好"所表示的语用意义就是一种兴奋、满足的呐喊。

当阿Q被拉去枪决，游街示众的时候，阿Q"无师自通地"说"过了二十年又是一个好汉"，看客们便发出豺狼嗥叫一般的"好！！！"声，这里的"好"所表示的语用意义就是一种愚昧、野蛮、可悲的喝彩。

语用意义是在一定的交际环境中产生的意义，它的内容总是随着语境的流动、变化而发生更新。同样一个"好"，就因为语境流动变化，而具有不同的表情意味。

五、李烛尘逸事

语境：1917年李烛尘在日本教师藤原茂岛家做客，晚餐端上的菜咸得难以下咽。

藤：（笑）你要多吃点，回去之后哪有这么多的精盐吃呀？

李：先生长在岛国，知不知道中国的海岸线是世界上最长的，盐场也是最多的？只是目前生产有待发展，到时，如先生光顾，我请先生免费吃三年，盐放得比今天多三倍，如何？说完，站起离开。（古野《记著名爱国实业家李烛尘》）

李烛尘并没有对日本人痛加指责，而是紧扣"盐"这个谈话焦点大做文章，既讥讽了日本人的井底蛙似的无知，又揭露了小人之举，保住了自己的尊严。

六、去医院的路怎么走？

女士：（站在一条车水马龙的马路中间）警官，请问去医院的路怎么走？

警官：你就在这里站着，很快就会知道去医院的路怎么走了。

警官没有直接回答女士的问题，但听者往往能将其字面意义与具体语境结合，推断出警官的言外之意，即告诫女士，不要站在马路当中，否则随时将会发生交通事故，那时你将会被急救车送往医院！

七、我没有和他的妻子组成家庭

妻子：我们的邻居怀特先生在出门前总会与他妻子吻别，你会像他那样吗？

丈夫：当然，但是我没有和他的妻子组成家庭。

妻子是根据自己对丈夫的认知语境来假设生成语言的，即丈夫每天出门前没有吻别自己，希望丈夫答应以后吻自己。但妻子并没有得到所期待的回答，即证实自己的认知语境，丈夫的回答暗示先前的语境暗示是无效的。丈夫明知道妻子的真实言语意图，但他故意曲解妻子的话，这种话语表面的不相关产生一种特殊语境效果——幽默效果，轻松调侃的回答方式既避免了惹怒妻子，又造成一种出人意料的效果，产生幽默感。

思辨和训练

一、结合个人体会说一说语境的类型及其重要性。

二、如何调动语境策略？请举例说明。

三、为什么说语境不是静态存在的，而是动态生成的？

四、从语境的角度分析下面各例。

1. 是谁替你读的？

作家 X 出版了一部小说，作家 Y 甚为嫉妒。

Y:"我很喜欢你这部小说,是谁替你写的?"

X:"我很高兴你喜欢这部小说,是谁替你读的?"

2. 挨饿的原因

有个肥胖的富翁见到瘦弱的萧伯纳,傲慢地笑着说:"一见到你,就知道世界上还有人挨饿。"萧伯纳点点头说:"一见到你,就知道他们挨饿的原因。"

3. 你们要饭吗?

服务员:你们要饭吗?

顾客:我们不是要饭的,我们又不是洪七公!

服务员:谁是洪七公啊?

4. 1958年秋,盛夏过后,"热火朝天"的日子开始降温。上海音乐学院党委向全校师生提出了"解放思想,大胆创作,以优异的成绩向国庆十周年献礼"的口号,在校园里激起一阵阵波澜。

五、观看影视片段,试从语境的角度进行分析。

1. 《雷雨》片段:周朴园和周萍的对话

周朴园:(突然抬起头)我听人家说,你做了件对不起自己的事情。

周　萍:(惊)什——什么?

周朴园:(走到周萍的面前)你知道你现在做的事,是对不起你的父亲,也对不起你的母亲的吗?

周　萍:(失措)不,父亲,没……

周朴园:一个人敢做一件事,就要敢当一件事。公司的人说你经常在外鬼混,尤其是这两三个月,喝酒赌钱,整夜不回家。

周　萍:(放下心)你说的是这个?

周朴园:这些事都是真的吗?(半晌)说实话!

周　萍:是真的,父亲(红了脸)。

(周萍对父亲的责备感到惊慌,是由于与后母有暧昧关系这一背景,当他知道父亲并不知情时,才放下心来。)

2. 《雷雨》片段,周繁漪、周萍、周冲对话:

周　冲:你不知道母亲病了吗?

周繁漪:你哥哥怎么会把我的病放在心上?

周　冲:妈!

周　　萍：你好一点了吗？

周繁漪：谢谢你，我刚下楼。

周　　萍：对了，我预备明天离开家里到矿上去。

周繁漪：哦（停）好得很——什么时候回来？

…………

周繁漪：（停一停）你在矿上做什么呢？

周　　冲：妈，你忘了，哥哥是专门学矿科的。

周繁漪：这是理由么，萍？

…………

周繁漪：我怕你是胆小吧？

周　　萍：怎么讲？

周繁漪：这屋子曾经闹过鬼，你忘了？

周　　萍：没有忘。但是这儿我住厌了。

周繁漪：（笑）假若我是你，这周围的人我都会讨厌，我也离开这个死地方的。

周　　冲：妈，我不要您这样说话。

参考文献

1. 陈治安、文旭：《试论语境的特征与功能》，载《外国语》（上海外国语大学学报），1997年第4期。

2. 陈亦愚：《信天游起兴的语用分析》，载《语文世界》，2003年第5期。

3. 冯广艺：《中外学者论述"语境"的几种观点》，载《社会科学动态》，1996年第12期。

4. 冯广艺：《语境适应论》，湖北教育出版社1999年版。

5. 何自然主编，谢朝群、陈新仁编著：《语用三论：关联论、顺应论、模因论》，上海教育出版社2007年版。

6. 何兆熊：《语用学概要》，上海外语教育出版社1999年版。

7. 何兆熊、蒋艳梅：《语境的动态研究》，载《外国语》（上海外国语大学学报），1997年第6期。

8. 何自然：《语用学概论》，湖南教育出版社1988年版。

9. 何自然、冉永平：《新编语用学概论》，北京大学出版社2009年版。

10. 金定元：《语用学——研究语境的科学》，载《中国语文天地》，1986年第3期。

11. 李更春：《语境理论发展述评》，载《安徽工业大学学报》（社会科学版），2006年3月。

12. 李秀：《试论语境含义的嬗变》，载《汉字文化》，2007年第2期。

13. 蓝岚：《国外语言学界语境研究概述》，载《安徽农业大学学报》（社会科学版），2004年第5期。

14. 吕媛：《语境理论发展历史回顾》，载《双语学习》，2007年第12期。

15. 李跃红：《〈琵琶记〉意义的诠释琵琶记意义新探——兼谈悲剧的形而上特质》，载《云南民族大学学报》（哲学社会科学版），2005年第2期。

16. 李朝军：《〈诗经〉语境初探》，载《涪陵师范学院学报》，2005年第5期。

17. 宁皖平、罗国莹：《浅论语文教学中的语境》，载《玉林师范学院学报》，2004年第6期。

18. ［瑞士］索绪尔：《普通语言学教程》，高名凯译，商务印书馆2004年版。

19. 谭弘剑、刘绍忠：《近年来国外语境研究综述》，载《四川外语学院学报》，2002年第6期。

20. 童珊：《从传统语境到认知语境——语境理论的动态发展》，载《理论视野》，2009年第3期。

21. 唐祥金：《语境、语义与语言教学》，载《镇江高等专科学校学报》，1995年第Z1期。

22. 唐韧：《捉灯集》，时代文艺出版社2003年版。

23. 唐家珑：《交际语用学》，厦门大学出版社2000年版。

24. 黄元清、刘言生：《语境研究概述》，载《西华大学学报》（哲学社会科学版），2005年第S1期。

25. 王建华：《关于语境的定义和性质》，载《浙江社会科学》，2002年第2期。

26. 王建华、周明强、盛爱萍：《现代汉语语境研究》，浙江大学出版社2002年版。

27. 熊学亮：《语用学和认知语境》，载《外语学刊》（黑龙江大学学报），

1996 年第 3 期。

28. 王建华：《语用学与语文教学》，浙江大学出版社 2000 年版。

29. 吴方敏：《性别与修辞学研究刍议》，载《修辞学习》，2002 年第 1 期。

30. 熊学亮：《单向语境推导初探》（上），载《现代外语》，1996 年第 2 期。

31. ［日］西槙光正编：《语境研究论文集》，北京语言学院出版社 1992 年版。

32. 周淑萍：《当代语境研究的发展趋向》，载《云南农业大学学报》，2011 年第 5 期。

33. 张涛：《伦敦学派语境理论研究》，福建师范大学硕士学位论文，2007 年。

34. 张蕾：《中国语境研究综述》，载《科教导刊》（上旬刊），2010 年第 8 期。

35. 周礼全：《逻辑——正确思维和有效交际的理论》，人民出版社 1994 年版。

36. 张丹：《语境研究略论》，载《洛阳理工学院学报》（社会科学版），2011 年第 4 期。

37. 朱放成：《语境化思维框架的建立与听力教学》，载《宁夏大学学报》，1999 年第 1 期。

38. 张静：《语境研究回顾与反思》，载《长春理工大学学报》（社会科学版），2011 年第 10 期。

39. 郑欢、罗亦君：《充满张力的话语场——巴赫金的超语言学语境试析》，载《成都理工大学学报》（社会科学版），2003 年第 3 期。

40. 周明强：《现代汉语实用语境学》，浙江大学出版社 2005 年版。

41. 钟焜茂：《浅谈语境的构成因素》，载《龙岩师专学报》，2005 年第 1 期。

第二章

言语行为理论

理论知识

一、言语行为的基本概念

言语行为是英国哲学家、语言学家奥斯汀（J. L. Austin）在20世纪50年代提出的。奥斯汀认为：说话就是做事。语言哲学应当首先研究具体的语言行为，然后才能通过言语行为去考察语言与外部世界的关系。

言语行为理论源于以下一些假设：人类交际的基本单位不是句子或其他表达手段，而是完成一定任务的行为。奥斯汀认为，语句有两层意义，那就是命题意义和施为意义。命题意义是语句的字面上的意义，是对客观事物的表述；施为意义是指语句在受话者方面产生的效果。这种效果可以表现为受话人得到一个陈述、命令、劝解、道歉、允诺、赞叹、询问、要求、邀请、恫吓、威胁、鼓舞等。也就是，言语行为是说话人通过话语来执行"陈述或警告或命令"等行为。言语行为的实现，会给交际对方带来某种效果。

例如：某甲到办公室开会，进门刚坐下，就对主持人乙说"这里真热！"甲通过这句话向乙发出了某种信息，这信息就是一种行为，这行为可能是一个"陈述"，即向乙转达"这里很热"的肯定命题，也可能是一种"请求"：希望有人能开空调或电扇；也可能是一种"建议"：建议主持人把会场转移到别的凉爽的地方召开，还可能是一种"责备"：责备主持人为什么把会场安排在这么一个糟糕的地方，等等。如果乙听了甲的话后打开空调或决定转移会议地点，那就说明甲的言语行为产生了一定的效果。

从上例中可以看出，说话人和听话人沟通，能让听话人明白话语中字面意思之外的用意，他所依靠的是他同听话人共知的背景信息。这种背景信息包括语言的和非语言的，还有听话人所具有的一般的分析推理能力，其中这种背景信息更主要地体现在说者和听者所处的一定的语境中。在一定的语境中表达"这里很热"，实则是提出要求，旨在使某人（往往是听者）去实施一种"请求"或是一种"建议"。这种"说者通过一定的言语行为在一定的语境中而期待听者做出一定的生理或心理的反应"，即"以言成事"。

言语行为理论的最主要的特点，就是把语言和行为联系起来加以考察。也就是说，在某种条件下，说了一句话，就等于做了一件事。这是言语行为理论的创始人奥斯汀和塞尔都特别强调的。在《哲学研究》中，维特根斯坦（Ludwig Wittgenstein）也表达了同样的观点。他把由语言和行动（指与语言交织在一起的那些行动）所组成的整体叫作"语言游戏"，所强调的也是把语言和行为联系起来加以考虑。为了更好地说明这个问题，维特根斯坦以建筑工地上，建筑工 A 和他的助手 B 之间的对话，来加以具体地说明。他认为，在他们之间，不仅存在着对话，同时也存在着言语行为。当 A 对 B 说"石板"这个词时，他要表达的不是说了一个名词，而是下达了一个指令。他所要表达的意思是，给我拿一块石板来。也就是说，在 A 说了"石板"这个词之后，B 必须做出行动，B 应该把石板递给 A。维特根斯坦非常看重这个例子。他认为在 A 和 B 之间，不仅存在着 A 和 B 的对话，而且还存在着行为。"在使用语言的实践中，一方喊出这些词，另一方则根据这些词而行动。"① 维特根斯坦认为这就是言语行为具体应用的例子。

从以上分析可见，言语行为与动作行为是同等的。比如要吩咐别人点灯只点一根灯芯，他可以用语言来表示"用一根灯芯就可以了"，也可以像《儒林外史》中的吝啬老头儿那样，只伸出一个指头。可见，动作行为和言语行为都同样做出了一个嘱咐别人的行为，伸手指是动作行为，说那句话也是一种行为，一种言语行为。

从句法或逻辑——语义的角度看待语言，只能了解"言之所述"；如从语用学的角度看待语言，则可解决"言之所为"。言语行为理论得到哲学界和语言学界的广泛认可，认为他的理论对语言使用的研究起到了促进作用。

---

① ［奥］维特根斯坦：《哲学研究》，李步楼译，陈维杭校，商务印书馆1996年版。

二、言语行为的类型

奥斯汀早期将言语行为按其功能分为两种:"记述式"(constatory)和"履行式"(performatory)。相应地就有记述式说话方式和履行式说话方式。前者陈述事实,因而有真有假;后者是通过说出一句话来完成某种行为,如"我命名这条船为'伊丽莎白'号。""我向你道歉!""我宣布你被录用了!"等。这些话并不描述世界,没有真假。说出这些话本身就是做了一件事。说与做是统一的,奥斯汀认为二者不能绝对区分。因为在履行式话语中往往包含了记述的内容,而记述式话语从某种意义上说也在用语词做事。

奥斯汀后来进一步区分了三种言语行为。

(1)表意行为(locutionary act),即表达了某种思想或描述了某件实事的言语行为。它具有一定涵义和指称,传递了某种思想或信息。例如"枪在桌上。""门开着。"

(2)语旨行为(illocutionary act),如甲对乙说:"把枪放在桌上!"或"把门打开!"听者可以从这些话的字面意义追溯到背后的某种"力量"(语旨力),即言者的用意和意图。甲说了这些话就做了一些事,即通过这些话显示、确立了甲乙之间的某种地位和关系(服从、合作等)。

(3)语效行为(perlocutionary act)即通过话语信息有意无意地对自己或对别人产生了某种效果(影响自己或别人的思想、情感或行动)。如,甲通过说"把枪放在桌上!"使乙放弃了武力;甲通过说"把门打开!"使乙打开了门。

这就是奥斯汀提出的言语行为三分说:"言之发"(以言指事——表意行为);"示言外之力"(以言行事——语旨行为);"收言后之果"(以言成事——语效行为)。奥斯汀区分了三种言语行为,又认为三者相互联系。在一个现实的言语行为中,有时可以同时包含三种行为。奥斯汀举了一个很典型的例子:如果有人对我说"Shoot her!"他就同时完成了三个行为:(1)言中行为(表意行为),因为该句既有意义,又有所指。"shoot"就是"枪击","her"就是"她",言中行为就是说了这句话。(2)言外行为(语旨行为),因为该句子本身就体现了一个动作,他促使我去做"Shoot her!"这件事。(3)言后行为(语效行为),因为该句子可能使我向她开枪。但言后行为的结果可能不同于、甚至完全违背说话人的意图,即听到"Shoot her!"时,我不但不会开枪，反而会更爱她。

又如有人对将要出海的渔民说："今天有台风！"既是表意行为：说明一种事实，又是语旨行为：劝告对方不再出海，如果对方听了劝告不再出海，这句话又具有了语效力，同时又是一种语效行为。人们正是通过说出某个表达了一定意义、显示了一定语旨力的话语，才能达到某种效果。

一般说来，一定的语旨行为总是以一定的表意行为为其内容的；语效行为则往往以上述两种行为为其具体内容。表意行为是最基本的，只要说话就有表意行为。语旨行事则是最有用的，说任何话都意味着下面这类以言行事行为之一在实施："陈述""报告""声明""断言""请求""邀请""建议""允诺""命令""威胁""感谢""道歉""祝贺"，等等，至于收言后之果的语效行为，如"说服""鼓舞""恫吓""欺骗""误导"等，本来取得成效之前，它们仍是一些语旨行为。言语行为中最重要的是语旨行为，任何的言语行为不仅是为了行事，归根到底是要成事，即让行为产生结果。言语行为理论的观点丰富了话语的含义，使语言在实际运用中更有表现力。

三、言语行为的特征

（一）主体性

主体性从本质上说是活动主体在同客体的相互作用中所表现出来的功能特性，是活动主体区别于活动客体的特殊性。从奥斯汀最初将话语分为行为式和表述式，及行为式的满足条件、得体条件、显性行为式和隐性行为式，到"言即行"的认识，再到发声行为、出语行为、表意行为的区分与表意行为、语旨行为、语效行为的提出与区分及对语旨行为的分类等都是奥斯汀在言语行为理论中主体性的表现。

主体性是言语行为最基本的性质。言语行为中，言语行为的主体性主要表现于言语行为双方对所说的话语及其言语语境等的认知、分析、理解与反应，涉及话语的形式结构、指称与意义、功能等的解析与判断。

例如：古时候有个不学无术的人，好不容易用钱买了个县官，却不会"官话"，上任之后，照例要去拜访顶头上司——知府，在闲聊中知府问：

"贵县风土怎样？"

县官答道："并没有大风，更少尘土。"

又问:"百姓怎样?"

答曰:"白杏只有两棵,红杏不少。"

"我问的是黎庶。"

"梨树很多,结的果实很小。"

知府动气了:"我不是问什么梨树,我是问你的小民!"

县官见上司生气,急忙站起来回答道:"卑职的小名叫狗儿。"

从县官对"风土""百姓""黎庶""小民"的理解等可以看出,言语行为主体性与言语行为双方的知识、涵养、意欲等都是紧密相关的。由于县官认知能力的限制,他无法理解知府话语指称的意义。

(二) 施为性

根据言语行为理论的观点,话语有两种不同的意义,一是命题意义,也称表述意义,二是施为性意义,也称施为力。命题意义表示话语的基本字面意义,而施为意义表示话语对听话人/读者的影响。如,当某人说"太热了"时,话语的命题意义是表述说话人"热"这种感觉,而它的施为性意义(施为力)则是讲话人希望说这句话后听话人理解他讲这句话的目的、意图,给他提供一些降温的方法。如果这个话语对听话人实现了某种效应,这便成了"成事性效应"。一般说来,"言语行为"是用来指既有命题意义又有施为力的话语。含有这两种意义的话语称为言语行为,而没有施为力的话语通常就不被看作是言语行为。

(三) 目的性

目的性是人与动物行为的标志。但是人与动物的行为目的又是有差别的。动物只有消极地适应环境,受环境所支配,在环境前是被动的、盲目的。而人的活动一般带有预定的目的、计划、期望,这就使人不但能适应环境,而且能够按照自己的意图,通过一定的实践活动来改造环境。就这一点来说,言语行为也是具有目的性的。每一次言语行为,言语使用者都是怀着一个为了解决实际问题并为自己一方带来利益的直接而实际的目的。

言语行为的目的就是要提高语言运用的效果。这种效果不仅仅表现为语词的华丽动听,更主要表现为语用行为的得体和真切。所谓得体,就是指语言的选择运用与语用环境相适应(即适时、适情、适势、适机,概而言之就是以适度、恰如其分为原则);所谓真切,就是真实而确切地再现语言表达对象特征和本质。

检查语用是否达到了目的效果，就看其是否产生一定的语用效力。所谓"语用效力"，就是指语言运用应当具有改变或影响听读者的思维方式、精神状态、情绪活动的力量。

《史记·滑稽列传》有这样一个故事：楚庄王死了一匹最钟爱的马，很伤心，下令按大夫的礼节为马举行葬礼。大臣们屡屡劝谏，庄王不但不听，反而下令：再谏者处死。宫中有一个以机灵滑稽著称的艺人叫优孟，闻此消息后跑入王宫仰天大哭。楚庄王非常惊讶地问："你为何如此伤心?"优孟说："大王最爱的马死了，只按大夫之礼服丧，未免太寒碜了，我看应当以君王之礼来安葬。"楚王一听，非常称心地说："你看应该怎样安葬才好呢?"优孟说："我请求能雕玉做棺，刻梓为椁（棺外之棺），好让齐国、赵国陪祭的官员在送殡队伍前面，让韩国、魏国的陪祭官员担任后卫。给马盖祠堂，用大牢来祭祀。这样，各诸侯就能知道大人是如何贱人而贵马的。"楚庄王一听，犹如熟梦惊醒，说："寡人之错，竟至如此地步吗?"于是便改用六畜之礼葬之。

优孟的目的是劝阻楚王贱人而贵马的行为，在"再谏者处死"的严峻形势下，他能顺应语境（适时、适情、适势、适机），先是投其所好，大谈对方感兴趣的话题，获得楚庄王的好感与信任，致使楚王在毫无觉察其真实意图的情况下，将交谈继续下去。最后在相当融洽的气氛下，优孟毫不费力地扭转话题方向，使楚王终于认识了自己重马轻人的错误。

（四）差异性

言语行为的差异性首先表现为个人之间的差异性。造成个人差异的原因是语用者的思想、性格、生活经历等原因。思想性格是主要原因。思想性格可以包括许多内容，比如，世界观、语言观、美学观、文化素养、语言修养，等等。例如：

1. 一位沉浸在爱河中的中年数学家和女友在月下花间散步。

女　　友：我满脸雀斑，你真的不介意吗?

数学家：我一生最爱跟小数点打交道。

2. 蔷薇：有人说："生活是一条江，它是美丽的，然而总是曲折的，可我说，因为它是曲折的，所以才是美丽的！你说呢?"

付尔：要我说，生活就像马路一样，它是美丽的，又总是需要打扫的。

（剧本《付尔》，注：剧中付尔是清洁工，蔷薇是电视台女演员。）

以上两例可见，说话人的话语内容、形式与说话人的生活经历、性格爱好、文化修养、语言修养等有密切关系。

此外，在民族、时代方面也会显出差异。个人风格也是时代风格、民族风格的个别体现。

（五）可塑性

人的行为具有很大的可塑性。言语行为作为人的行为也同样具有可塑性。这种可塑性可以从两方面来看：

一是为了语用目的之达成，常常可以变换语码。语码选择是一种很明显的动态语境转换手段。有意识的语码转换取决于交际者，交际者可以为达到某一交际目的而选择某一种语码，构建一个有利于自己的语境，掌握和控制整个对话。例如：一个墨西哥裔美国青年在求职面试时发现主考官也是墨西哥人，于是，这位青年首先用墨西哥语向主考官打招呼，但主考官却用英语向他提问，青年犹豫了一下，只好用英语回答了主考官提出的问题。

青年发现主考官和自己是同族后，无疑想利用说同一母语这一点来帮助自己达到获职的目的，因此他用墨西哥语打招呼，试图暗示主考和自己均属墨裔。这样，在他建立的语境中，就有意地想利用同胞这种特殊关系沟通感情，消除隔膜，得到优待。这位主考官肯定懂墨西哥语，因为他听懂了青年的问候，但他拒绝接受这位青年建立的话语语境，而改用英语提问。毫无疑问，考官构建了对自己有利的语境，暗示这位青年，现在我是主考，要履行自己的职责，不能因同胞关系而违反考规。在这种语境中他可以不接受青年的暗示，而青年却不得不接受他的暗示，重又回到应试者与主考的关系上去。随着语码的转变，交际者创造的语境也随之转变，说话人从对方那里接受到信息反馈后，构建有利于达到自己交际目的的语境，并用它来影响会话含义，话语特征也因此而得以显现。

二是语用可以通过学习或训练而改变。一个人从一开始学说话就是语用行为的开始，而且通过不断的学习、训练，语用能力也在不断提高。而且许多人的语用活动都是在非理性的指导下进行的，言语行为理论将对人们的言语行为起重要的指导作用。

四、言语行为的条件

"语言游戏"既然是一种游戏,那么它就必须有自己存在的条件。没有这些条件,语言游戏就不能存在。这也就是我们经常说的,不以规矩不成方圆。对于这个问题,奥斯汀和塞尔都有过论述。例如奥斯汀提出的言语行为的六条标准,维特根斯坦也表达相同的观点。不过维特根斯坦对言语行为条件的理解有自己的特点。他特别强调了对语言的理解,是言语行为存在的前提条件。

首先,维特根斯坦认为对语言的理解,是言语行为存在的前提。言语行为之所以能够实施和贯彻,关键是说话者所讲的话,能够被听话者理解并付诸实施。没有这种关系,言语行为就不可能存在。"在命令与其执行之间有着一条鸿沟。只有理解活动才能把这沟填平……"① "每一记号就其本身而言都是死的。是什么赋予了它以生命呢?——它的生命在于它的使用。"② 也就是说,在说话者和听话者之间有一种默契。这种默契的形成,实际上是建立在相互理解的基础之上的。如果同样的话对一个听不懂汉语的外国人讲,就不可能产生言语行为。也就是说,只有听懂了语言才能去行动。

其次,维特根斯坦认为,对言语行为条件的理解,涉及了语言的制度问题。把语言看成是一种制度,是一些语言学家的观点。例如索绪尔就认为,语言是社会的产物,个人只能遵守它,而不能改变它。维特根斯坦认的,个人作为社会的成员,就是被这种制度训练出来的。而且,这种遵守也不是一个人只做一次的事情。他必须把它当做一种规则和制度来对待,把对语言游戏规则的遵守,看成是人类的一种生活方式。只有掌握了它,人类才能运用它。

五、关于间接言语行为

奥斯汀的言语行为理论创立后立即引出了大量哲学论述。其中美国哲学家约翰·塞尔的影响最大,他将言语系统化,阐述了言语行为的原则和分类

---

① [奥]维特根斯坦:《哲学研究》,李步楼译,陈维杭校,商务印书馆1996年版。
② [奥]维特根斯坦:《哲学研究》,李步楼译,陈维杭校,商务印书馆1996年版。

标准,提出了间接言语行为(indirect speech act)这一特殊的言语行为类型。正是通过他的努力,才使言语行为理论成为当今语用学的一个重要组成部分。

所谓间接言语行为是指说话时似乎是在以言语做某一件事,但实际上是以言语做另一件事。比如有时说甲指乙,问句不是询问,祈使句不是命令,陈述句不是陈述,语言学家们认为这都是间接言语行为。间接言语行为的理解以三点为据:

1. 说话者和听话者的共同背景知识。
2. 一般理性常识和思维能力。
3. 推理能力

例如:"你能不能把稿子送过来?"字面意思是询问听话人是否有此能力,但其言外之意是请求对方把稿子送过来,该请求是以询问形式发出的。也就是说,话语意义与语句本身意义不完全一致。受话者如果有共同的背景知识,又具备一般理性常识和思维能力、推理能力,是不难理解说话人的意图的。

又如《雷雨》中周朴园、鲁侍萍重逢的场面,其中对话含有大量言外之意,执行不同的间接言外行为:

(1)鲁侍萍:哦。——老爷没有事了?

周朴园:(指窗)窗户谁叫打开的?

鲁侍萍:哦。(很自然地走到窗前,关上窗户,慢慢地走向中门)

……

鲁侍萍:(泪满眼)我——我——我只要见见我的萍儿。

周朴园:你想见他?

鲁侍萍:他在哪儿?

周朴园:他现在在楼上陪着他的母亲看病,我叫他,他就可以下来见你。不过是……(顿)他很大了,……(顿)并且他以为他母亲早就死了的。

鲁侍萍:哦,你以为我会哭哭啼啼地叫他认母亲么?我不会那样傻的。……这些年我也学乖了,我只想看看他,他究竟是我生的孩子。

"窗户谁叫打开的?"字面是询问,其间接行为是要求侍萍关窗。侍萍听懂并遵守会话原则执行言后行为——关窗,交际得以顺利进行。后半部分中前一句话是鲁想见儿子周萍,提出要求,后一句话字面行为是周作的陈述,言外之意是周表明自己的意图，不想让他们母子见面相认。根据格赖斯的会话原则，鲁经过推理知道周的真正含义，也表明了自己的态度。

（2）周朴园：……我看你的性情好像没有大改，——鲁贵像是个很不老实的人。

鲁侍萍：你不明白。他永远不会知道的。

周朴园在毫无预备的情况下与侍萍重逢，对侍萍的愧疚心理很快被怀疑心理所代替，他以为侍萍是来找他要补偿的，以他的身份和地位，他是绝对不能让任何人知道他年轻时候的"荒唐行为"的，而侍萍现在的丈夫鲁贵又正好在周府做管家，所以他说"鲁贵像个很不老实的人"，即"他（鲁贵）知道了会出乱子"。警告侍萍不能让鲁贵知道这件事，其自私的嘴脸暴露无遗，侍萍了解了他的言外之意，所以回答说"他永远不会知道的"，周朴园的言语交际目的得以有效实现。

再如《围城》中，方鸿渐来张买办家相亲，张太太以输牌来试探未来女婿是否吝钱，可方却无意于亲事能否成功，只想用赢钱换取海绵大衣。八圈打毕，方鸿渐赢了近四百块钱。同局的张太太"有例为证"和"海军大将"一个子儿不付，一字不提，到站起来准备吃饭，鸿渐便唤醒一句道："我今天运气太好了！从来没赢过这许多钱。"这话看似在表惊叹，实际表达的却是提醒、催促的语用义：你们输牌了就应该给钱呀。他的这一言外行为果然奏效，最终方鸿渐如愿得到了那件大衣。例句中用感叹句的形式表达非感叹语用义的用法。

间接言语行为在言语交际中是非常普遍的，间接言语行为的表现形式是多种多样的，影响间接言语行为理解的因素也是多方面的，有时取决于语境，有时取决于听话人的身份、背景等，有的还取决于听话人的分析、推理能力。因此，间接言语行为句的理解已不单纯是语义范畴，而且是语用范畴。

六、如何提高言语行为的能力

（一）言语行为能力

言语行为能力实际上就是交际者的言语进行能力和言语控制能力。

每个言语行为只不过是交际链锁上的一个环节，既存在于现有的语境中，又可引起下一个语境的产生，既可阐明前面语言行为的语义，又可引起后面言语行为的实施。言语行为和语境共同进化的特征表明交际是一个未完成的创造性的过程，而不是局限于一个预定的模式中。这一动态特征还表明交际双方完全有能力通过言语行为改变语境，最终达到改变交际过程的目的。

1. 言语进行能力

奥斯汀归纳了言语行为成功的条件，主要有三大项六条：

（A1）存在社会公认的规约性程序及其所要求的规约性结果，其中包括一定的主体在一定场合下说的一定的话。

（A2）具体情况下的具体的主体与具体的条件有利于完成具体的言语行为。

（B1）所有参与者正确地按程序行事。

（B2）所有参与者完全地执行一定的程序。

（C1）如果在执行某种程序时主体受一定思想或情感所驱使，或程序为任何一个参与者下一行为新阶段的开始，那么执行程序的每一个人应现实地对待它，真正感觉到这种思想或情感，所有参与者应具有完成相应行为的真实意图。

（C2）相应地，他们应按规定行事。

如果违背以上六个规则中的任何一个或几个，言语行为就不能取得成功。A、B四条规则与C两条规则有区别，如果违背A、B规则之一，即使用不正确的方式，或就自己的地位而言，参与者无权实施某种行为，那么这一行为即使被发出，也得不到说话人预期的结果，而且会导致整个言语行为的中断。这样的言语行为就变为无效或无结果的。如果违背C项的两条规则，在这种条件下参与者的目的虽然可能达到，但却可以解释为参与者仅是利用这一程序而缺乏真正的诚意，即说话人没有去执行诺言的诚意。违背C项规则所产生的不成功言语行为也可称为"假心假意"或"不真诚的"。

总之，提高言语进行能力的第一步就是要意识到语言是用来做事的区别性系统，要把"言之所为"与"言之所述"分离开，但两者也并非毫无联系，交际者可在语义行为逻辑之类分析"言之所述"，进而推断出"言之所为"。提高能力的第二步就是要增加对言语行为多层语义的敏感度，一个有能力的交际者应该对言语行为可能产生的潜在含义十分敏感，适当地实施言语行为，不然就会产生不必要的言外效果。例如，在回答别人提出的问题时，要采取和别人合作的态度，适量地提供信息。如果信息量不足，就会使对方认为你在故弄玄虚；如果信息过多，又使对方有被小看的感觉，两种情形都会使语言游戏无法进行下去。因此，提高对语言使用的敏感度是提高言语进行能力的又一因素。

2. 言语控制能力

言语控制能力就是在言语行为共建中，通过实施一个言语行为恰当地引起一新的语义行为逻辑，它不仅包含原有的逻辑关系，而且与之有所区别，足以使原有的语义行为逻辑发生改变。这一行为必须是恰当地改变，否则，如果与原逻辑关系相差甚远，就会使交际对方困惑不解而终止交际，如果相差甚微，就不足以改变原语义行为逻辑，而最终改变不了交际方向。

为了清楚地分析这种言语控制能力，有必要了解交际语境中的诸因素。在言语行为的周围时时环绕着四种关系，即交际者谈论的话题、交际者之间的关系、交际者扮演的角色以及交际者的文化背景。在交际一方实施第一个言语行为时，这四种语境因素就可得到不同程度的明确，此时说话者希望交际双方采取合作的态度，即希望对方维持他所建立的各种关系。如果此时的语境对交际双方无伤害的话，他会在语义行为逻辑之内实施一个得体的言语行为，这时体现的是语言行为能力。但如果此时的语境因素对交际双方不利的话，授话者就要实施言语控制能力以改变原有的局面。实施这种言语行为能力的原则是：对至少一个语境因素采取合作的态度，同时对至少一个语境因素采取不合作的态度。例如，授话者在回答时可遵循原有的交际关系，但对所谈的话题持否定态度，这样实施的言语行为既和原语义行为逻辑有一定联系，又对其有所改变。

（二）言语行为对交际双方的要求

1. 说者在言语行为中的要求

一个言语行为的完成，说者通过在一定的语境中达到以言行事和以言成事的目的，还必须顾及听者的心理和社会环境。唯有当听者能够正确分析和判断出说者的言外之意，说者才能通过其言语表达促使听者做出一个预期的行为，如相信说者的判断，放弃自己的观念而接受说者的观点，或者服从说者的要求并完成其要求，等等。因此，说者不能单方面希望自己的以言行事的行为成功，还必须为这个成功创造一定的条件。换言之，说者要使听者理解自己言语行为的根本目的，必须想方设法去说服听者，使听者在心理上产生响应，以达到听者愿意去实现那个目的的意图。即要成功地实施一个言语行为，说者需要满足三个条件：
(1) 理解条件；
(2) 接受条件；
(3) 愿意执行条件。

这三个条件都是对听者而言的，三个条件环环相扣，缺一不可。其中理解条件是接受条件的前提，接受条件是执行条件的基础。说者的言语行为只有在满足这三个条件的基础上，才能使听者理解其意，愿意接受并最终按照说者的要求去执行，从而达到其言语行为的根本目的。

据说明代开国皇帝朱元璋当了皇帝后，曾有两个小时候的穷朋友结伴前去求见，希望能谋个一官半职。在皇殿上，第一个穷朋友开口说道："还记得我们一起割草的时候吗？有一天我们在芦苇荡里偷了些蚕豆放在瓦罐里煮，没等煮熟你就抢豆子吃，把瓦罐都打烂了，豆撒了一地，你抓了一把撒在地上的豆子就往嘴里送，不小心，把红草叶子也送到嘴里去了，结果一根草棒卡在喉咙里，卡得你直翻白眼，还是我出的主意，弄了一片青菜子放在手上一拍，塞到你嘴里叫你硬咽下去，才把草梗子吞了下去，不然，哪有今天啊！"

朱元璋一听变了脸，连忙喝令武士把他拉出去斩首。朱元璋转过脸问另一位穷朋友："你有什么说的？"那人连忙答道："想当年，微臣跟随陛下东征西战，一把刀砍了多少'草头王'，陛下冲锋在前，抢先打破'罐州城'，虽然逃走了'汤元帅'，但却逮住了'豆将军'，遇到'草霸王'，挡住了咽喉要道，多亏了'菜将军'帮忙，不然，哪有今天啊！"朱元璋听了，笑了，颁旨让他做了将军。

第一个穷朋友的悲哀就在于没有顾及听者的心理和交际场景，他的话没有具备说者需要满足的三个条件，结果不但达不到以言成事的目的，反而白白断送了性命。第二个朋友则正好相反，同一件事的叙述，由于巧妙使用了军事术语，幽默而风趣，这对于刚刚打下江山的朱元璋来说，是很易于接受的，因此，他的目的就得以轻而易举地实现。

2. 听者在言语行为中的要求

听者对说者表达意图的理解和说者相信听者的理解，建立在交际双方拥有的共同的语境、语言、社会和文化背景等知识的这一基础之上。听者如何做到理解和认可说者在一个特定语境中的交际意图，并愿意实施说者以言行事的根本意图呢？这也相应地对听者提出了一定的要求：首先，听者是一个心智健全的人，唯有当听者能够理解说者表达中所潜藏的或潜意识的意图，他才会在一个言语行为中做出一定的反应。相信没有一个人会对一个神志不清的人去实施一个言语行为，并期待对其产生一个特定的效果，以达到说者的以言行事和以言成事的目的。其次，听者与说者应处在同一社会背景中，两者具有相同的文化背景。各国之间不同的文化背景，导致不同的文化差异，往往使交际双方在理解上造成误会。有这么一个例子，当一名英国人和一对中国夫妇一块儿参加一个聚会。会场休息时，这名英国人对这位丈夫说：

"你的夫人真漂亮！"丈夫谦虚地说：

"哪里！哪里！"

当这名英国人听此言后，非常尴尬地说："鼻子、眼睛……难道还要我一一指出吗？"

英国人素以绅士风度著称，当面赞美别人是他们的一种礼貌之举。当他赞美这个人的妻子漂亮，他期待听者能够接受他的赞美，并对他的赞美表示感谢。而由于这位丈夫不了解这种文化背景，仍用中国式的传统谦虚之语回答"哪里，哪里！"，显然这位英国人也缺乏对中国礼仪的了解，最后导致说者和听者在理解上产生误会。这虽是一则笑话，但却从侧面反映了由于文化背景的不同，听者未能正确地分析和判断出说者的言外之意，造成说者和听者的言语行为并没有达到预期的效果。说者不能为了自己的目的而为所欲为，听者也不能随意曲解说者的言语意图，必须还要遵守一定的社会伦理、语言结构等方面的规范。当说者按照正确语言规则表达的时候，听者也要根据自己的知识，理解说者表达的根本目的。

在一个言语行为中，说者依靠他和听者拥有的共同语境、语言或文化的背景知识和信息，向听者传达比他实际说出的话更多的信息，期待听者在理解的基础上去实施言语行为的根本目的。听者在理解的基础上产生相应的意愿，接受并愿意执行说者以言行事行为的根本意图。以言行事行为之间，通过说者和听者在遵守一定的要求，相互合作和理解基础上，达到根本目的，实现言语行为的根本意图而相互紧密地联系在一起。

案例分析

一、语文教师的幽默

韩愈一生的经历相当曲折，25岁成进士，29岁登仕途，从九品官"试校书郎"做到四品官"吏部侍郎"，期间还数度被贬。有位中学语文教师在教授唐代大文学家韩愈的名篇《师说》时，是这样介绍韩愈的：

七品尚为芝麻官，九品呢。只能是菜籽官吧，四品呢，大概是蚕豆官了。（学生笑）从菜籽官的渺小到蚕豆官的伟大，韩愈的提干道路是艰难曲折的，（学生又笑）但是他却是一位屡遭贬斥而不迷"官位"的硬汉，他曾于灾年为民请命而被贬，还曾因反对皇帝迎佛骨而几乎被处死。当时也盛行血统论，（笑声）出身高贵的无须求师学习就可以做大官，出身低贱的学习再努力也受抑制而难出头。这样社会上随之而来的必然也是"读书无用论"了。（笑声）而韩愈的《师说》就是奋起讨伐这股害国害民的逆流的战斗檄文。

这位语文老师正是以生动幽默的语言创造了一个与学生交际的轻松气氛，使学生能够在轻松无压抑的语境中，把原本枯燥乏味的内容深深地铭记心中，从学生的笑声中，我们可以知道课堂气氛是活跃的，语用效果是理想的。

二、禁果逆反

《圣经》上说，上帝创造了天地万物之后，又在东方富饶肥沃的平原上建造了一座花园——伊甸园。上帝将亚当和夏娃安置在伊甸园里，允许他们可以随意吃各种香甜可口的果子。只是，有一棵辨别善恶之树，树上的果子鲜艳夺目，上帝却严令不许动，说是吃了那棵树上的果就会招致死亡。禁果对亚当和夏娃产生了极大的诱惑。终于，有一天，蛇来告诉他们：吃了那果子不但不会死，而且还会眼睛明亮，会跟上帝一样能辨善恶。在蛇的诱惑下，亚当和夏娃挡不住禁果的诱惑，于是禁不住都品尝了它。因为犯了禁，亚当和夏娃都被上帝从伊甸园赶了出来。

明明规定不能做的事，偏偏引起神秘性而跃跃欲试，这在劝导上叫作禁果逆反。据说，马铃薯在德国得以推广，也有个巧借"禁果"而劝导的故事：

马铃薯原产于美洲，像西红柿一样，虽然很早就传入欧洲，却一直不为人们所接受。医生认为马铃薯对人的健康有害，宗教人士认为马铃薯是"鬼苹果"；还有的人认为马铃薯会耗尽土壤肥力。法国有个著名农学家叫安瑞·帕尔曼切，他在战争中当过德国的俘虏，因祸得福，有机会亲自品尝了"鬼苹果"——马铃薯。农学家的独具眼光使他认定推广马铃薯有极大价值。回国后，帕尔曼切就全力以赴做宣传，但是，传统的观念毕竟太强大了，很长时间也未能说服任何人。正面行不通，帕尔曼切耍了个花招，干脆让马铃薯变成伊甸园里的第二只苹果。

农学家说服了国王，在一块出了名的低产田上栽培马铃薯，在旁边立了一块牌，上面写道，"不准偷挖马铃薯，违者必究"，而且有一支全副武装的国王卫队看守。如此专断而神秘的禁止激起了人们的好奇，他们受到引诱，每天晚上都来偷马铃薯，把它们栽到自己的菜园里。反复劝说毫无效果的事，借助于禁果逆反，帕尔曼切成功地达到了自己的目的。

三、"不死药"的风波

相传汉代时期，有一个骗子来见汉武帝，说是带了一种"不死药"进贡给皇上。汉武帝非常高兴，给了骗子一笔丰厚的奖金。当时东方朔正在汉武帝身旁，他上前拿起药问汉武帝："这东西可以吃吗？"汉武帝回答："当然可以。"于是东方朔一口吃了下去。汉武帝见东方朔吃了药，立即暴跳如雷，喝令把东方朔带下去斩首。就在这生死攸关的危急时刻，东方朔不紧不慢地对汉武帝说："我刚刚吃了'不死药'，现在却马上去死，可见那是死药，刚才那人拿死药当不死药来奉献陛下，明明是在欺骗你，犯了欺君之罪。更何况我是经你允许才吃的啊！可见是不该死的，今天你如果处死我，只会让天下人晓得，陛下常被人骗，因此陛下的话也不能相信。"汉武帝听后立即陷入了沉思之中，一会儿就下令免除了东方朔的死罪。

不难看出，东方朔之所以摆脱了危难，这是他晓以利害的言语行为所产生的语用力。他从两个方面分析了皇帝杀害他势必带来的两个不利的后果，其一是说明皇帝经常被人欺骗，因而损害了尊严；其二如果杀东方朔，以后就没有人相信他了，这样就会动摇皇帝的政权，汉武帝正是从东方朔的言语行为中发现了杀害东方朔将会给自己带来的不利因素，因而免除了他的死罪，东方朔也就摆脱了危难。

思辨和训练

一、举例说明言语行为的基本概念。

二、举例说明言语行为的基本特征。

三、什么是言语行为三分说？举例说明。

四、从言语行为理论的角度分析下面的例子。

1. 有则寓言叙述了这么一个故事："有母好麻雀者，呼朋党博己室，其长子怒，以雄辩理论劝谕，长逾半日，其母笑博如故。次子前，低声谓母曰：'儿在校遵师训，在家听母言，他日而效母博，请勿罪焉。'四语甫毕，母悚然惧，扶其背曰：'吾儿言简而意重，母知过矣。'遂绝赌。"

2. 有家食品店被八个小伙子承包了，"小经理"就职时作了如下演讲：

各位：今后我们八个人就要同舟共济了。抵押承包，可不像张飞吃豆腐那么轻松。搞不好会折了兵又赔夫人。我是不想把夫人赔上的，不知各位意下如何？……咱们八个人，应了一句"八仙过海各显神通"的古话，各位有什么绝招，不管是宝葫芦芭蕉扇，还是何仙姑的宝莲花，都可以使出来。不过常言说无规矩不成方圆，咱们也立个章程。一要遵守法纪，讲职业道德。该交的交，该留的留，不能含糊……第二，对顾客要热情，情暖三冬雪，诚招天下客。脸上少挂点霜，不善于笑的，多看几段相声，多听几句笑话。还要讲点仪表美，济公心灵够美了，请他老人家来站柜台恐怕不行。第三点，说出来有点不好听，大家在家不妨吃饱点，最好不要到店里来补充营养。咱们这个店去年有一个月损耗点心 200 斤，人人都说闹耗子。这也太损我们的形象。最后，请各位回家转告自己的妻子、恋人，我们堂堂八条男子汉，绝不会把她们赔上，请她们等着抱金娃娃好了。

五、观看影视片段，试从"言语行为"角度进行分析。

1. 《西厢记》拷红　红娘唱词　张生唱词

红娘：月儿才上柳梢头，
　　　早已人约黄昏后。
　　　夫人啊，
　　　小姐是花中魁首，

那张生是文坛班头。
　　天造地设鸳鸯配,
　　夫人你何必苦追究。
　　生米已经成熟饭,
　　成好事一俊遮百丑。
　　夫人啊,
　　你得放手时且放手,
　　得罢休时且罢休。
　　……
　　老夫人——
　　一不该言而无信把信义丢;
　　再不该知恩不报反作仇;
　　三不该治家不严你捅了漏;
　　四不该相国门第你扬了家丑;
　　五不该……
　　……

崔母：错看你读书人人模人样,
　　　怎知你鲜廉耻蝶浪蜂狂。
　　　全不顾先王道三纲五常,
　　　全不顾我年迈鬓雪鬓霜。
　　　不仁不义不足训,
　　　不郎不秀不自强。
　　　枉读十年圣贤书,
　　　亵渎三代宗祠堂。
　　　我崔府世代不招白衣婿,
　　　你缘木求鱼是虚妄!
张生：老夫人高识宏度怒气平,
　　　珍重贵体莫伤身。
　　　我三生有幸识令爱,
　　　两心相爱前世情。
　　　白马解围九天助,

老夫人许婚万重恩。
张珙将你金口顺,
寸心未忤老夫人。
不才张珙岂无志,
志在人间觅知音,
布衣张珙岂无能,
万卷诗书藏胸襟。
张珙秉性薄功名,
呜呼也,
万方仰望玉堂金马乌纱璎,
老夫人显祖扬宗爱金印。
张君瑞风车云马跳龙门,
只为莺莺岂怕违心。

2.《雷雨》片段

周朴园：四凤，太太的药呢？

四　凤：煎好了。

周朴园：送来给太太吃了吗？

繁　漪：她刚才送来了，我没喝。

周朴园：哦，为什么？药呢？

繁　漪：倒了，我叫四凤给倒了。

周朴园：倒了？药还有吗？

四　凤：药罐里还有一点。

周朴园：倒了来。

繁　漪：我不愿喝那种苦东西。

周朴园：倒了来！

周　冲：爸，妈不同意，你何必这样强迫呢？

周朴园：你同你母亲都不知道你们自己的病在哪里！繁漪，你喝了它病就会完全好的。

四　凤：（端药来）老爷。

周朴园：哦，送到太太那里去。

繁　漪：先放这里吧。

周朴园：不，你最好现在把它喝了吧。

繁　漪：我没有病，四凤，你把它拿走。

周朴园：喝了它，不要任性！当着这么大的孩子。

繁　漪：我不想喝。

周朴园：冲儿，你把药端到母亲面前去。

周　冲：爸！

周朴园：去！（周冲把药端到母亲面前）说，请母亲喝！

周　冲：爸，您不要这样！

周朴园：说！

周　萍：弟弟，听父亲的话吧。

周　冲：（把药递到母亲跟前）您喝吧，为我喝一点吧。

繁　漪：留着我晚上喝不成吗？

周朴园：繁漪，做了母亲的人，处处要替孩子们着想，就是自己不保重身体，也应当替孩子做一个服从的榜样。

繁　漪：不，我喝不下。

周朴园：萍儿，劝你的母亲喝下去。

周　萍：父亲，我……

周朴园：去，走到你母亲面前，跪下劝你的母亲。

周　萍：父亲！

周朴园：去，跪下！（周萍把药端到母亲面前）叫你跪下！

繁　漪：（周萍跪下）我喝，我喝！（接过药喝下，冲出客厅）

参考文献

1. 崔建斌：《论语用学中的"言语行为"理论》，载《渭南师专学报》（社会科学版），1999年第3期。

2. 陈晓华：《谈谈"言外之意"》，载《淮阴师专学报》，1997年第1期。

3. 杜文霞：《论言语行为的施为性意义》，载《徐州师范大学学报》，2005年第1期。

4. 付习涛：《论言语行为的性质》，载《南京社会科学》，2005年第4期。

5. 付习涛：《言语行为理论研究综述》，载《求索》2004年第6期。

6. 何自然：《语用学概论》，湖南教育出版社1988年版。

7. 何自然:《语用学探索》,广东世界图书出版公司2000年版。

8. 刘森林:《语用策略与言语行为》,载《外语教学》2003年第3期。

9. 刘龙根:《言语行为意义观浅论》,载《学习与探索》2003年第2期。

10. 李华:《浅谈语境中言语行为对交际双方的要求》,载《郧阳师范高等专科学校学报》,2003年第1期。

11. 孟俊一:《言语行为和会话含义及其语体意义研究》,载《贵州师范大学学报》(社会科学版),2004年第3期。

12. 钱伟量:《语言与实践》,社会科学文献出版社2003年版。

13. 唐家珑:《交际语用学》,厦门大学出版社2000年版。

14. 王大为:《〈哲学研究〉中的言语行为理论问题》,载《内蒙古工业大学学报》(社会科学版),2003年第1期。

15. [奥]维特根斯坦:《哲学研究》,李步楼译,陈维杭校,商务印书馆1996年版。

16. 虞龙发:《言语行为理论中的语言规则》,载《上海师范大学学报》(哲学社会科学版)2003年第1期。

17. 姚舜霞、邱天河:《请求策略的选择与社会距离变化的互动关系》,载《武汉理工大学学报》(社会科学版),2003年第3期。

18. 杨先顺:《语用推理的定义、种类和模式——语用推理系列研究之三》,载《暨南学报》(哲学社会科学),1997年第2期。

19. 左思民:《汉语语用学》,河南人民出版社2000年版。

20. 张玉上:《也谈言语行为适切条件——兼与王宏军先生商榷》,载《邵阳学院学报》,2003年第1期。

21. 赵英玲、于秀成:《言语行为研究走向——兼论言语事件研究方法》,载《东北师大学报》,2004年第5期。

22. 周建安:《论语用推理机制的认知心理理据》,载《外国语》(上海外国语大学学报),1997年第3期。

第三章

会话含义

理论知识

一、格赖斯的"会话含义"学说

1967年,美国哲学家、加州大学教授格赖斯一石激起千层浪——他在哈佛大学作了题为"逻辑与会话"的演讲,演讲中阐述了会话"合作原则"和"会话含义"。格赖斯的理论首先说明从会话中可以归纳出什么样的原则和准则,然后说明言者/听者是如何利用原则或准则来传递/理解会话信息的。他提出,为了保证会话的顺利进行,谈话双方必须共同遵守一些基本原则,特别是"合作原则"(Cooperative Principle),他认为,人们的言语交际总是互相合作的,合作双方都怀着一个共同的愿望:双方话语都能互相了解,共同配合。因此,他们都遵循着某些合作原则,以求实现这个愿望。但是,在实际交际中,人们并不都严格遵循这些原则的,例如谈话一方出于礼貌或语境的需要,违反合作原则,当另一方觉察到对方的话没有遵循合作原则时,就会迫使自己越过对方的话语的表面意义去设法领会说话人话语中的深层含义,寻求说话人的真正表达意图,于是就产生了"会话含义"的理论。例如:

张老师:杨阳同学这篇论文写得不错,对吧?
陈老师:是的,字写得很漂亮。

陈老师的回答表面上是合作的、礼貌的,但实际上又悄悄违反了关系原则,不正面回答对方的问题,言下之意即论文写得不怎么样。既巧妙地表明了自己的观点，又不至于让人尴尬，使同事之间关系融洽。对于陈老师的话语含义，张老师只有越过对方的话语的表面意义才能领会。格赖斯的这种合作原则和"会话含义"开创了语用学研究的新角度、新论题。

（一）合作原则

1. 什么是合作原则

合作原则是会话的一个基本原则，又叫交际原则或会话原则。语用中的交际双方总是受隐性的合作原则支配的。有一则相声，甲和乙约定答非所问，谁如果在四个回合中违约便是输了。

甲：你早，饭吃了？

乙：今天天气真好。

甲：天气好准备上哪去玩？

乙：世界上战争年年有。

甲：第几句了？

乙：第三句。

只有三个回合，乙就败下阵来了——他之所以不自觉地违反约定，便是由于"要有关联"的合作原则潜移默化地影响着他的思维和话语。

格赖斯认为，"合作原则"包括量、质、关系、方式四原则，每个原则又包括若干次准则。前三原则管"说什么"，第四原则管"怎么说"具体如下。

（1）适量原则——信息适量，不多也不少。

①所说的话应包含交谈目的所需要的信息；

②所说的话不应包含超出需要的信息。

例如：古代有一个商人，开了一个酒馆，请人写了个招牌，上面写道：本店有酒卖。一位客官见了就说，挂在你的门口，不说也知道，何必多个"本店"这么啰唆？店主听了觉得有道理，叫人把"本店"两字去掉。又有一个客官见了说："有酒卖"不雅，而且啰唆，用"买酒"两字即可。店主一听，欣然同意，很快叫人照办了。又过了不久，又有一位客官说：此处择一"酒"字足够也！店主一听乐了，马上请人写了一个大大的"酒"字挂了起来。这个例子说明，任何表达，只要能传达充足信息就行，重复啰唆只会带来负面影响。

（2）真实原则——尽量说真话。
①不说自知是虚假的话；
②不说缺乏足够证据的话。

在交际中，讲真话是基本的行为准则，一般人都会努力去实践这个准则。例如：

> 老者：喂，同志，当心汽车！
> 张玉：哦，啊，谢谢。
>
> （刘雨岚等《爱的抉择》）

老者的话是真实的，张玉对老者的感谢是真心的，所以可以确定他们是遵守真实原则的。

（3）相关原则——切题。
①要求所说的话与话题相关；
②对别人提出的问题不能避而不谈，或答非所问。

例如：

> "快说，你在炕洞里拿了什么？"
> "什么也没拿。"黄淑英断然地回答。
> "那你上场院屋去干啥？"
> "找鸡。"
>
> （《党员登记表》）

不管黄淑英的话是否真实，我们可以肯定她是自觉遵守相关原则的。

（4）方式原则——表达的方式要清楚明白。
①避免晦涩、杂乱；
②避免歧义；
③简练（避免啰唆）
④井井有条。

例如：

> 甲：你有那个吗？
> 乙：你说什么？
> 甲：我是说，你有手表吗？几点了？

乙：哦，十点了。

甲的第一个问话用了指示代词代替所问对象，违背了方式准则，对方当然不知所云。第二个问话克服了所犯的毛病，用了清楚明白的表达，使交谈得以顺利进行。

以上做逐条分析，是为了便于说明，事实上，在言语交际中，这四个原则应综合起来看。例如：

甲：昨晚你去阅览室了吗？
乙：没去。

乙的回答非常明显地遵守了各项合作原则，我们从乙的答话中可以看出如下含义：

A. 事实上乙昨晚没有去阅览室（遵守真实原则）。

B. 仅就昨晚去没去阅览室而言，不谈其他，如别的时间，去过别的什么地方等（遵守适量原则）。

C. 乙的答话是针对甲的问话而说的（遵守相关准则）。

D. 乙的表达方式是最自然最简单明白的（遵守方式原则）。

合作原则是语用学研究的一个重大突破。其中的准则成为人们交谈时大多遵守的规约。道理很简单，在交谈时，人们都期待对方说和话题有关的话（遵守关联准则）；期待对方不说假话（遵守质量准则）；期待对方在讲话中提供你所需要的全部信息（遵守数量准则）；期待对方说话简明扼要，直言不讳（遵守方式准则），等等。遵守这些准则就可使语言交际效率达到最高程度。

2. 合作原则的违反

（1）违反合作原则的准则。

在会话中，人们会故意或不得不违反合作原则的准则。格赖斯注意到一个会话的参与者可能会在四个方面违反合作原则的准则：

①说话人悄悄地违反一项准则：例如"说谎"，如果是这样，在某些情况下他可能产生误导。

②说话人根本不愿意遵守合作原则：他也许会暗示出，或明白表示他无意进行言语交际的信息。比如，"我不想谈""无可奉告"便是典型的表示。

③说话人也许面临着一种冲突：比如，他不可能既遵守了量的准则的第

一条次则（所说的话应包含交谈目的所需要的信息）而又不违反质的准则的第二条次则（不要说缺乏足够证据的话）。请看下面的例子：

　　A：乔治住在何处？
　　B：伦敦的某个地方。

　　显然B所说的话违反了量的准则"所说的话应包含交谈目的所需要的信息"，因为根据B所说，A根本无法知道乔治的确切住址。但如果B遵守量的准则告知A乔治的确切地址，那么B就违反了质的准则"不要说缺乏足够证据的话"，因为B确实不知道乔治的确切地址。所以B就面临着或者遵守量的准则或者遵守质的准则的两难困境。在这种令人困惑的情况下，B选择质的准则是可以接受的，因为B说的话尽管不确切却是真话。

　　④说话人通过故意违反某一项准则来传递会话含义。

　　在会话参与者违反合作准则的上述四种方式中，前两种方式不存在遵守合作原则的基础，意即参与者在谈话中对共同的目的性未达成共识。对于第三种方式，因为存在两种情况的冲突，参与者不得不违反某一准则。对于第四种方式来说，从格赖斯的解释来看，说话者能够实现某个准则，但却选择了去违反这个准则，当然目的并不是误导听话者。显然，在这儿，违反准则是为了表达某种特殊的意思，因而就产生了会话含义。

　　（2）违反合作原则的原因。

　　违反合作原则的语用表达是语言交际中的一种客观存在，是语言现象的一个有机组成部分。在语言交际活动中合作原则的违反表现的形式多种多样，具体原因有以下几个方面。

　　①语言的多义现象导致合作原则的违反。

　　一个句子、一个词一经表达出来，可以根据字的自然意义从不同角度去理解，这是交际中常有的现象。但是有的话语却隐含多个意思，不是那么好理解。例如，"别太用功了"这句话，若是老师出于关心对学生说出，就是一种劝告；如果是由作为竞争对手的同学因担心自己显得不够努力而说出，那就可能是一种请求，甚至是一种威胁。这是由于语言空白的存在导致合作原则中方式准则的违反。语言空白是个形象的说法，准确地讲，是交际一方表达某种意思时具有不完全性。正是这种不完全性，另一方通过推导在理解空白处的意义时产生了伸缩性。从接受美学观点出发，人们常说"一千个读者就有一千个哈姆雷特"。在日常交际中会有这样的情况，甲向乙叙说一件事情，乙再转述给丙，丙再接着讲下去，最后的接受者丙与乙的叙述可能差别很大。比如，甲对乙说："今天的那场足球球赛呀，真是的。"乙可能会对该话作各种各样的理解。

②语言蕴涵的语义在语言交际中更容易导致合作原则的违反。

出于礼貌，说话人常用语言蕴涵的语义来表达思想和看法，这样的语言交际往往会违反合作原则。一个人在表达自己愿望、评价一个事物时，从语言的角度一般只有肯定和否定两方面，但从语用学的角度出发却显得十分丰富。出于礼貌的话，人们在叙述、答问时往往要表达"言外之意"，采取不合作态度。主要有三种表现，一是用于委婉地表示自己的愿望和看法。关羽镇守荆州时，欲与来蜀的马超比武，诸葛亮不便直接反对，而说："超不及美髯公之绝伦超群也。"二是违心地表示自己的看法，有时还用表情、姿势表明自己的违心，使对方可通过推导明白其真正意图。特别是在交际中，一方为了给对方面子，往往不直接反对，但同时又让对方知道并非己愿。三是有意褒扬对方，显示出一种客套或尊重。

③在给自己留退路时，人们在语言交际中常常违反合作原则。

语言交际中，为避免冒昧、求人帮忙又怕引起尴尬、出于矜持避免轻浮等情况下都会发生合作原则违反的现象。例如有一男士夜送一女士回家，到了家门口，男士以"喝杯水"为由，希望进屋坐坐，女士则以"房子乱"为由，委婉拒绝男士的要求。显然，男女交谈实际上都不是围绕能否"喝杯水"展开，在对话中，男士是想进一步发展与此女子的关系，然而女士还拿不定主意。女士的委婉托辞，使得双方都有"台阶"下而避免了难堪。在此双方均有意地违反合作原则，使得语言意味深长且充满着生机。

语言交际中合作原则恰当的违反有利于表达交际者的意图，促使交际的默契。如果大家都一味地信守交际合作原则，语言就会变得单调平淡、枯燥，而失去应有的活力。

(二)"会话含义"的推导

从以上分析可见，在语用中，交际双方必须遵守合作的四条原则，而有时候有意违反这四条原则又不至于交际中断，便会暗含某种含义——会话含义，会话含义的推导，就是对于这些有意违反合作原则而产生的某种语用意义的推导。

1. 利用适量原则推导的会话含义

例如《雷雨》中周朴园和鲁侍萍关于衬衫的一段话，鲁有意违反量的原则，就"雨衣"这个话题补充了许多相关的信息，当然含有言外之意。而对周朴园来说，他为何能理解这种言外之意？便是运用了适量原则的推导：只是叫她转告一下找雨衣的事，她为何要说这么些"多余"的话？在通常情况下，这是不应该的，不适宜的。但她确实这样说了。那无疑是有什么用意的——再联系鲁侍萍说话的内容：对衬衣的有关信息了解得清清楚楚，周朴园自然应该认出她是谁，也能理解她的言外之意了。

2. 利用真实原则推导的会话含义

  江　江：妈妈，爸爸也在家吧？
  欧阳兰：在！爸爸在家等着咱们呢！

（凌儿等《大地的深情》）

江江的父母在朝鲜战场上先后牺牲，志愿军女军医欧阳兰毅然承担起抚养烈士孤儿的重任。显然，欧阳兰回答江江的话没有遵循真实原则。我们能理解这是一种善意的欺骗，她的"谎言"分明告诉小江江：我一定让你远离孤独痛苦，永远生活在充满父母之爱的家庭里。这样的"谎言"在现实生活中并不少见，人们称之为"美丽的谎言"。

3. 利用相关原则推导的会话含义

  老伴：告诉我，你到牧场干啥去？
  吴枫：我，我……我困了，睡觉……

即将离休的吴专员想到牧场去为自己的晚年寻找个宿营地，但又不想让老伴为这件事着急，因此故意把话岔开——通过违反相关原则来传达"现在不想告诉你"的含义。老伴知道吴枫是故意违反相关原则，因此也就知道他所传达的含义。又如：

  杜见春：谢谢，我走了！
  柯碧舟：雨也小了。

（叶辛《蹉跎岁月》）

杜见春在柯碧舟处避雨，根据会话关系准则，杜从柯的话中可以推导出

"无意挽留"的含义。

4. 利用方式原则推导的会话含义

"我们把适应不同语境的需要，采用拐弯抹角（间接）方式，说出的话交际效果最佳。"① 例如，对绝症患者，拐弯抹角地表达、不直说，其交际效果最佳。

　　高圆圆：（咱们之间的老账，也可以一笔勾销。）栾苐，我想保你过关。
　　栾　苐：谢谢！

（广播剧《栾苐》）

栾苐的"谢谢"是在特定语境中的"正话反说"，其含义为"我鄙视你的伎俩"。又如：

　　张　母：是谁来到信？
　　张小燕：是他！
　　张　母：他，他是谁呀？

（牟崇光《暖流》）

人称代词是指代前面已经出现的人，不指代前面不出现的人。张小燕故意用人称代词指代前面未出现的人，造成指代不明，从而违反了方式准则（避免晦涩），由此产生了"不想直说是谁"的会话含义。修辞学对这类语言现象无法作出解释，会话含义理论正好给修辞学解了围。

（三）"会话含义"的种类

1. "规约含义"和"会话含义"

根据格赖斯的观点，话语含义可以分为以下两种：规约含义（conventional implicature）和会话含义（conversational implicature）。两者共性在于它们都是由话语中词语的语义初值再加上一个语义附加值组成。而两者差异在于规约含义不需要考虑语境因素，仅凭直觉即可把握，因此不属于语用意义，而是词语的固有含义；会话含义受语境制约，同一句话在不同的语境中存在不同的理解，这就构成了会话含义的备选项的集合。

---

① 索振羽：《语用学教程》，北京大学出版社2000年版。

从推导特性来看，格赖斯的规约含义强调话语含义与某一特定语言结构的关系。这里我们仅以格赖斯本人给出的一个十分经典的例子予以说明：

Jack is an Englishman; he is, therefore, brave.

在这个例句中"therefore"的一般会话含义在于"它所连接的前后两个命题之间存在一定的因果关系"。这句话的"therefore"不禁让人想到"Jack 的勇敢品行源于他是一个英国人"。

格赖斯认为，这种无需特定语境就能直接解读会话含义本身的词语或短语就是规约含义。类似"therefore"可以传递规约含义的词语还有 but, yet, even, always 等。

此外，规约含义不同于会话含义还表现在，某一语言形式的规约含义与发话人是否遵守合作原则无关，它具有不可取消性。

2. "会话含义"的种类

"会话含义"常常被分为两大类：一般会话含义和特殊会话含义。

（1）一般会话含义

所谓"一般会话含义"就是指发话人在遵守合作原则的某项准则时，话语中通常带有的某一含义。

如"我在学校住三天了。"会话含义是"只住了三天"。

又如下班时突然下雨了。小李说："坏了，我忘了带伞。"小王说："我有两把伞。"从小王的话可以推导出"我有一把多余的伞，可以借给你"之类的一般会话含义。

此外，一般表示客气、谦虚的话，听话人都可以推导出其会话含义。

可见，这种不需要特殊的语境，只需根据一般交际原则就能推导出来的会话含义我们称之为一般性会话含义。

（2）特殊会话含义

"特殊会话含义"是指会话中交际一方有意地违反合作原则的某项准则，从而迫使对方自行去推导出会话含义。

特殊会话含义的推导可以分为两个步骤。

第一，在某个既定的语境内，交际双方首先要假定彼此是遵守合作原则的；

第二，发话人故意违反了合作原则的某项准则，而受话人依据合作原则推导出发话人传递的特殊会话含义。

然而，关键是受话人需要特殊语境的知识才能正确理解话语所传递的特殊会话含义。

例如，[语境：商家向顾客推销某种产品，顾客对此详细咨询]

顾客：你把这商品宣传得可够好的了，真的有那么灵吗？

商家：大姐，看你这话说的。如果不这么好，我们能在这么正式的大商场设点销售吗？现在做买卖也要讲良心，否则还能够得上那一撇一捺吗？

商家的这句"否则还能够得上那一撇一捺吗"违反了合作原则中方式准则（含糊、有歧义）。其实商家想要说的是"那还算得上是人吗"。在当时的语境下，商家通过这句话可能在传递特殊的会话含义——我以我的人品保证我们的产品信得过。商家故意将"人"字说成"一撇一捺"，一方面可以避免直接说出"那还算是人吗"的粗俗话，更何况是说自己；另一方面，这种看似化简为繁、含糊而有歧义的表达方式却能达到强调的作用，进一步强化自己产品质量的可信度。

3. 小结

至此，我们可以对"会话含义"的种类及所谓的"规约含义"做一个简单的归纳：

"会话含义"：

（1）特殊会话含义——有意违反合作原则中某项准则，在特定的语境中推导出来的含义。

（2）一般会话含义——在遵守合作原则中的某项准则时带有的含义。

"规约含义"——它不属于语用含义，与是否遵守合作原则的某项准则无关；它不依赖语境，是一些体现在词语或短语（如 therefore, well, but, yet, even, always, a + N [名词]）中的含义。

（四）"会话含义"的特征

1. 可推导性

所谓可推导，就是听话人一方面根据话语的字面意义，另一方面根据合作原则的各项准则，推导出相应的语用意义。列文森总结的有关"会话含义"的推理过程为：

说话人 S 说的话语 P 具有"会话含义"q，且权当：

（1）S 说了 P；

（2）没有理由认为 S 不遵守准则，或至少 S 会遵守合作原则；

（3）S 说 P，而又要遵守准则或总的合作原则，S 必定想表达 q；

（4）S 必然知道，谈话双方都清楚：如果认为 S 是合作的，必须假设 q；

（5）S 无法阻止我（听话人）考虑 q。

例如，〔语境：丈夫买东西回来后，妻子问起所买的东西。〕

　　妻子：该买的都买了吗？上次那个牌子的水果罐头挺好吃的，买了没？

　　丈夫：哦，我买了水果。

此时妻子听到丈夫的回答并未提到水果罐头，如果他买了就会直接回答，这样丈夫是故意通过违反合作原则的相关准则，据此妻子可以推测出丈夫传递了字面意义以外的信息——没有买水果罐头而买了水果是因为他认为吃水果更健康。

这段"会话含义"的推理过程如下。

说话人丈夫说的话语"我买了水果"具有"会话含义"——"吃水果更健康"，且权当：

（1）丈夫说了"我买了水果"；

（2）没有理由认为丈夫不遵守准则，或至少丈夫会遵守合作原则；

（3）丈夫说"我买了水果"，而又要遵守准则或总的合作原则，丈夫必定想表达"吃水果更健康"；

（4）丈夫必然知道，谈话双方都清楚：如果认为丈夫是合作的，必须假设"吃水果更健康"；

（5）丈夫无法阻止妻子考虑"吃水果更健康"。

2. 不可分离性

"会话含义"是利用合作原则中的各项准则，让对方根据话语的语义内容推导出来的，因此它依附于话语内容，而不依附于话语形式，我们不可能通过同义互换将依附于话语内容的会话意义从话语中分离出来。如果话语在特定的语境中产生了会话意义，则无论使用什么样的同义结构，含义始终存在。

例如：某人十分笨拙，把活干坏了，旁人讽刺他："你可真行。"这里的"真行"若改成"真能干""真了不起""真是个能工巧匠"等，原来的含义"你是个笨蛋"都不会改变。

又如，华希特："用不着那么快呀，孩子，反正你到学校总是挺早的！"

（都德《最后一课》）这句话可换成下面的说法：

……反正你到学校总是第一个！

……反正你到学校总是比别人早！

……反正你到学校总是很准时的！

……反正你到学校总是不会迟到的！

铁匠华希特话中的含义是"即使你再快，反正你到学校总是最晚的！"同义替代后，这一含义始终不变。

3. 不确定性

指具有单一意义的词语在不同的语境中可以产生不同的含义。

例如："约翰是台机器。"其会话含义可能是说他能干，可能说他冷漠或不会动脑筋。

又如以上的例子：栾弗对高圆圆说"谢谢"，是正话反说，而张玉对老者说"谢谢"是正话正说，真心感谢。

对于依靠语境的特殊性会话含义来说，离开语境就无所谓会话含义。由于这种会话含义随语境而异，因此它具有不确定性。

4. 非规约性

非规约性是指会话含义不是话语的规约意义。

会话含义是根据合作原则中的各项准则是否被违反，同时基于话语的字面意义，再结合语境信息推导出来的。话语交际中先有字面意义，然后才有语用含义。因此，会话含义并不等同于字面意义。字面意义在话语交际中往往是不变的，而语用意义却随着语境的变化而变化。如"真冷！"这一简单话语，在某一特定语境中可能表示是"关窗"的含义；但在另一个语境中，比如在空旷的野外说"真冷"时，就不可能有"关窗"的含义，可能隐含"我们回去吧"这样的含义。

另外，会话含义的非规约性还表现在话语命题的真假不影响含义的真假，反之亦然。由此可见，会话含义随着语境的变化而变化，它并不随着命题的真假而变化，这再次证明了它的非规约性特征。

5. 可取消性

可取消性是指话语的语用意义可能会随着交际语境或者语言语境的变化而变化，甚至还有可能会消失。例如，[语境：两个非常要好的同学在一起讨论本次期末考试成绩。]

A：这次考试超级难，估计很多人都得挂科了。复习了 N 个晚上才刚刚及格。你考了多少分啊？

B：90。

A：不会吧，老兄，我没有听错吧，你可真是我的偶像。服了。

B：得了，你可别逗我了。

A：哈哈，你真是我的偶像，呕吐的对象。

就上面这个例子的命题内容而言，表面上存在着明显的语义相关的缺陷，刚看起来似乎觉得很难把"偶像"和"呕吐对象"联系起来。但是稍微思考一下，通过谐音就可以明白 A 的真实用意。从合作原则的角度出发，不难发现 A 是知道这句话"你可真是我的偶像"就表面意义来讲是不符合现实的，有点夸张，因此违反了质的原则，因此受话人 B 推导出是 A 对 B 的恭维。依据日常交际知识，我们也知道把某人看成自己的偶像是一种称赞表达方式。但是如果紧接着通过谐音方式连贯地将"偶像"一词重释为"呕吐对象"，那么原来的含意便马上就被取消了。如果 B 知道或者假设 A 不会将自己尊为偶像的话，那么这句话的含意便是发话人对他有可能讽刺。但是鉴于 A 和 B 之间关系比较好，A 的话语至多表示一种玩笑式的打趣，而非讽刺与厌恶。

几十年来，格赖斯理论受到了语言学界的高度关注。合作原则的支持者认为：格式理论是语用学的分水岭，格式理论出现之前，语用学属于语言哲学研究的领域；格式理论出现之后，语用学才进入话语理解研究阶段。

会话含义理论是语用学最热门的话题，其发展经历了古典理论和新理论两个阶段。格赖斯的"合作原则"将研究视角深入地触及了话语潜在含义的分析上，为语用学研究提供了新的突破口，有重要的理论价值和实际意义。然而，由于其自身的不足，使其并不能完全应对丰富多变的语言事实。因此，学术界此后做了许多大胆的努力和有益的尝试，如列文森的"QIM"三原则、利奇的"礼貌原则"和"关联原则"等，都从不同的角度对合作原则进行了有益的补充。

二、新格赖斯会话含义理论

会话含义理论本质上是一种关于人们如何运用语言的理论，是语用层面上的意义，它构成了语用学的基础。格赖斯认为，会话含义产生于两种途径：一是交际者通过遵守合作原则及准则产生一般含义；二是交际者在遵守合作原则的基础上有意违反某些准则而产生特殊含义。对于特殊含义，格赖斯给予了高度重视，分别从量、质、关系和方式四个方面加以阐述。

格赖斯的会话含义理论虽然解释了语义学难以解释的部分语义现象，但其会话合作原则本身并非尽善尽美。例如，有人指出：合作原则及各准则的性质和来源模糊不清；有人提出疑问：合作原则及其各准则是否具有普遍性？还有人批评：整个理论框架显得较为松散、缺乏严密性，等等。那么，我们究竟应当怎样看待和评价合作原则？合作原则对于言语交际的指导作用是否具有普遍性？应该怎样把握言语交际中的"违反"现象？因此，后来的语用学研究者在不同程度上对格赖斯的会话合作原则进行了修正和发展，这就是后来人们所说的"新格赖斯语用学"。

较早对格赖斯合作原则提出修正的是荷恩（Horn），他把合作原则的四准则改造为数量、关系两原则：（1）数量原则（Q-principle）：要使你的话语充分，能说多少就说多少（以关系原则为条件）；（2）关系原则（R-principle）：要使你的话语只是必需的，不说多于所要求的话（以数量原则为条件）。荷恩从说话者和听话者两个角度构建了两原则，的确做到了简化合作原则的目的，但是由于缺乏推导机制，过于抽象，操作性不强，因而影响不是很大。与此相比，建立在此基础上的列文森三原则就较具体且容易操作，因而影响也要大得多，它构成了"新格赖斯语用学机制"。列文森认为，对会话含义的理解和推导可以依据三条原则：数量原则（Q-principle）、信息原则（I-principle）和方式原则（M-principle），并把各个原则都分为"说话人准则"和"听话人推论"两个部分。其中数量准则是最重要的。列文森还规定，当这三条原则发生矛盾的时候，它们的运用次序是：数量先于方式，方式先于信息，即 $Q>M>I$。列文森的三原则和格赖斯的四准则的不同在于研究的侧重点。格赖斯所要解决的是话语中的特殊会话含义，而不注重一般会话含义；列文森三原则不仅注重特殊会话含义，更注重一般会话含义。因此，三原则比四准则涵盖面更广，具有更强的解释力。它的提出标志着"新格赖斯会话含义理论"的正式诞生。

三、会话中的礼貌原则

（一）礼貌原则的提出

言语交际中，人们不仅要遵循合作原则，还必须遵循礼貌原则。所谓礼貌原则,是指人们在言语交际中,应遵守社会礼貌规范。

礼貌原则理论是继合作原则理论之后提出来的,是"会话含义"学说的发展。人们在讨论合作原则时不断提出一些问题:为什么在交际中一定要遵守合作原则?既然要遵守合作原则,为什么又要故意违反合作原则?换句话说,为什么人们在言语交际中常常不用直接的方式遣词达意,而总是用间接的方式声东击西?为什么只让对方拐弯抹角地意会,而不愿向对方坦率地言传?这些问题在格赖斯的"会话含义"理论中并未作出完满的解答,由布朗、列文森、利奇等学者提出的与合作原则相益补的礼貌原则解答了这个问题,从而丰富和发展了格赖斯的"会话含义"学说。

以布朗与列文森的著作《语言使用中的共性:礼貌现象》为基石的礼貌理论自 20 世纪 80 年代初期以来一直被语言学界奉为研究礼貌现象的经典理论,并为众多相关领域资以借鉴,影响极大。布朗与列文森在书中提出并阐释了该理论的四大核心理念——面子说、损害面子行为、礼貌策略及损害力计算式。

1. 面子说

布朗与列文森沿用了格赖斯的合作原则理论框架,主张将言语礼貌作为合作原则的补充。他们认为,言语交际本质上是理性的,目的明确。鉴于此,布朗与列文森试图用他们的理论为那些与合作原则背离的言语行为提供有章可循的解释。他们指出,一个理想的言说者兼备两点特质——理性和面子。理性指言说者能够识别并利用有助于达成目的的手段。显然,理性说秉承了格赖斯合作原则的理论精神。面子则意指言说者在个人和社会两方面的需求,且两种需求在交际过程中都应顾及,具体体现为消极面子和积极面子。

根据布朗与列文森的定义,消极面子指对领地、个人活动范围及不受侵扰权利的基本要求,积极面子指交际者希望拥有良好一致的个人形象或个性,且被人认可欣赏的要求。简言之,消极面子表达的是自主(autonomy)的个人需要,积极面子表达的是求同(approval)的社会需要。

2. 损害面子行为

布朗与列文森将危及言说者面子的言语行为称为"损害面子行为(FTA)"。受损的既可能是说话人的面子,也可能是受话人的面子;既可能是积极面子,亦可能是消极面子。因此,布朗与列文森将 FTA 细分为以下四组:

(1) 损害受话人消极面子的言语行为,包括命令、请求、建议、警告、恭维等。

（2）损害受话人积极面子的言语行为，如反对、嘲讽、抱怨、谴责、争执等。

（3）损害说话人消极面子的言语行为，包括感激、申辩、接受提议、允诺等。

（4）损害说话人积极面子的言语行为，包括道歉、自谦、推诿、忏悔等。

3. 礼貌策略

由于面子问题是个你来我往的过程，任何理性的交谈者都会尽量回避损害面子的行为，或则采用某些策略将损害降到最低。布朗与列文森认为，说话人会视 FTA 对受话人的面子的损害大小相应选择以下五种策略：（1）直言（bald on record），即说话人不做任何修饰，直抒胸臆；（2）积极礼貌（positive politeness），虽然也直言相告，但视受话人的积极面子调整话语；（3）消极礼貌（negative politeness），虽然也直言相告，但视受话人的消极面子调整话语；（4）婉言（off-record），即说话人不以直接生硬的方式，而以委婉但一听就明白的方式表白意图；（5）回避（nonperformance），即避而不谈、转述其他。布朗与列文森断言言语礼貌不是或有或无截然两分的现象，而是个连续体。从策略（1）到策略（5），对言语行为危害性的调节能力渐次递增，礼貌程度不断增强。说话者预计言语行为危害愈大愈倾向于采用后面的策略。

4. FTA 损害力计算式

要正确使用礼貌策略必须首先对言语行为的危害性做出恰当估计。布朗与列文森选取了他们认为决定言语行为危害性大小的三个因素提出了将 FTA 的损害力（w）具体量化的公式：$Wx = D(S, H) + P(H, S) + Rx$。这三个因素分别为：会话双方的社会差距（D），受话人对说话人的权力优势（P），及所处文化对 FTA 的胁迫感（$Rx = imposition$）的估值。公式体现了 FTA 的损害力与三个变量间的线性函数关系。换言之，变量值越大，即会话双方社会差距、受话人对说话人的权力优势越明显，或所处文化对该 FTA 的胁迫感估值越大，则说话人会认为该 FTA 对面子的损害越大。相应地，说话人在交谈中就应该选择更为礼貌的策略。

（二）礼貌原则范畴

1. 得体原则。尽量减少有损于他人的观点，增加有益于他人的观点。

2. 宽容原则。减少表达利己的观点，使自己多吃亏，少受益。

3. 赞誉原则。减少表达对他人的贬损,对别人少贬低多赞誉。
4. 谦逊原则。减少对自己的表扬,对自己多贬低少赞扬。
5. 一致原则。尽量保持自己与别人在观点上的一致性,尽量避免冲突。
6. 同情原则。减少感情上的对立,尽量体谅、同情对方。

在言语交际中,交际者总是希望得到对方的尊重,为了尊重对方,说话人要适应语境采取一些恰当的交际策略以示礼貌,求得最佳交际效果。

在表态和断言中,最大限度赞美别人是一种礼貌,《红楼梦》中凤姐就是以这种礼貌出场的。她在初见林黛玉时说:"天下竟有这样标致的人物,我今才算见了!况且这通身的气派,竟不像老祖宗的外孙女儿,竟是个嫡亲的孙女,怨不得老祖宗天天口头心头一时不忘。"这短短的几句话,或直接或间接地夸奖了在场三方面的人:其一,夸奖了林黛玉,是"这样标致的人物";其二,赞赏了贾母,"这通身的气派",像贾母的"嫡亲的孙女",用年轻的黛玉来陪衬曾经年轻的贾母,这表明凤姐的讨好手法运用得并不勉强;其三,又不得罪在场的贾府三春。凤姐遵循了得体、赞誉原则,使她的言语在重要的场合,让上上下下的人心里都舒服。

又如《红楼梦》中的两则对话:

(1)(北静王世荣)向贾政笑道:"令郎真乃龙驹凤雏,非小王在老世翁前唐突,将来'雏凤清于老凤声',未可量也。"贾政赔笑道:"犬子岂敢谬承金奖,赖藩郡余祯,果如所言,亦荫生辈之幸矣。"(第十五回)

(2)(凤姐)笑道:"国舅老爷大喜!国舅老爷一路风尘辛苦,小的听见昨日头起报马来报,说今日大驾归府,略预备了一杯水酒掸尘,不知可赐光谬领否?"贾琏笑道:"岂敢岂敢!多承,多承!"……贾琏遂问别后家中诸事,又谢凤姐的操持辛苦。凤姐道:"我哪里管得这些事来?见识又浅,口角又笨,心肠又直率,人家给个棒槌我就认作针,脸又软,搁不住人给两句好话,心里就慈悲了。况且又没经过大事,胆子又小,太太略有些不自在,就吓得我连觉也睡不着了。"(第十六回)

例(1)中,北静王称宝玉为"令郎""龙驹凤雏",称贾政为"老世翁",自称"小王";贾政称儿子宝玉为"犬子",等等。例(2)中凤姐称贾琏为"国舅老爷""大驾",自称"小的",等都是贬己以示谦虚,以示尊人。(2)例中,凤姐用了"见识又浅、口角又笨、心肠又直率""脸又软""胆子又小"等一大串尽力贬损自己的话语,似乎自己一无是处。

当然,礼貌原则的使用不能脱离语境。不同民族、不同社会、文化背景对礼貌原则把握的尺度是不同的。如以上例(2)中,凤姐把自己贬损得一无是处,在中国人看来是一种谦虚的美德,人们并不会真的认为凤姐一无是处;而在西方人眼里,也许会被斥之为"虚伪""不诚实",这说明汉文化中贬己尊人的礼貌准则,是汉文华赋予礼貌的特定内涵。

例如茹志鹃《百合花》中的一段对话:

(我立刻对这位老乡,越加亲热起来。)

我:你多大了?

同乡:十九。

我:参加革命几年了?

同乡:一年。

我:你怎样参加革命的?

同乡:大军北撤时我自己跟来了。

我:家里还有什么人呢?

同乡:娘,爹,弟弟,妹妹,还有一个姑姑也住在我家里。

我:你还没娶媳妇吧?

这样的谈话在西方人听起来倒像是在审讯,或者查户口,是不礼貌的。但在汉文化里,是比较常见的日常生活谈话,是发话人对受话者关心、亲热的表示,不是不礼貌的言语行为。

在言语交际中,交际双方的合作和礼貌非常重要。常言道"酒逢知己千杯少,话不投机半句多",就是说,双方必须有着良好的交际愿望,互相尊重,这样才能彼此默契,言语交际才能顺利进行。但在日常交际中,并非千篇一律都得遵循以上原则,有时出于交际意图的需要,说话人有意违反某些原则,这时会话含义(言外之意)便产生了。

(三)礼貌原则和合作原则的关系

让我们回到上文所提到的问题:为什么在交际中一定要遵守合作原则?既然要遵守合作原则,为什么又要故意违反合作原则?换句话说,为什么人们在言语交际中常常不用直接的方式遣词达意,而总是用间接的方式声东击西?为什么只让对方拐弯抹角地意会,而不愿向对方坦率地言传?这些问题在格赖斯的"会话含义"理论中并未作出完满的解答,由布朗、列文森等学者提出的与合作原则相益补的礼貌原则解答了这个问题。这些问题的答案之一就是出于礼貌的需要。礼貌,按布朗、列文森的解释,是一个面子问题。要给对方留有面子,当然也为了给自己带来某些好处,如得到别人对自己的好感等。利奇曾指出,礼貌原则完善了"会话含义"学说,解释了合作原则无法解释的问题,因此,礼貌原则和合作原则的关系是互为益补的关系。用利奇的话说,礼貌原则可以"援救"合作原则。下面试举例对两者之间的密切关系加以说明。

1. 恪守礼貌原则而有意违反"适量"原则

例如,《红楼梦》中,当贾母责备袭人跟主子讲孝时,凤姐忙过来笑回道:"今儿晚上他便没孝,那园子里也须得他看着,灯烛花炮最是耽险的。这里一唱戏,园子里的人谁不偷来瞧瞧。他还细心,各处照看照看。况且这一散后,宝兄弟回去睡觉,各色都是齐全的。若他再来了,众人又不经心,散了回去,铺盖也是冷的,茶水也不齐备,各色都不便宜,所以我叫他不用来,只看屋子。散了又齐备,我们这里又不担心,又可以全他的礼,岂不三处有益。"凤姐的这段合情合理的解释,一方面明显地违反了适量原则,另一方面又恪守礼貌原则:最小限度地使袭人受损,最大限度地使袭人受益,既消了贾母的气,又在王夫人面前卖了人情。

2. 恪守礼貌原则而有意违反"真实"原则

例如,《红楼梦》中凤姐对尤二姐恨之入骨,却能把尤二姐哄进府里同住,不得不归功于凤姐的以"礼"待人、"口蜜腹剑"的一番话:"皆因奴家妇人之见,一味劝夫慎重,不可在外眠花卧柳,恐惹父母担忧。此皆你我痴心,怎奈二爷错会奴意。眠花宿柳之事瞒奴或可;今娶姐姐二房之大事亦人家大礼,亦不曾对奴说。奴亦曾劝二爷早行此礼,以备生育。不想二爷反以奴为那等嫉妒之妇,私自行此大事,并不说知。使奴有怨难诉,惟天地可表。……"尤二姐是凤姐的眼中钉,她偏偏要这样故意抹杀双方之间那不可调和的矛盾,用"你我之痴心",把二姐和"花""柳"区别开来,把"大房"和"二房"合而为一;"以备生育",这话说得多么合情合理,又为自己开脱了"嫉妒之妇"的罪名,同时使用"有怨无处诉"来求得尤二姐的同情,减少尤二姐对自己的反感,凤姐在最大程度上减少和二姐的分歧,力求和二姐保持一致。所以尤二姐一下就认凤姐为知己,反认为小厮们是"不遂心诽谤主子",乖乖地跟着凤姐进了贾府,白白地送掉了自己的性命。

凤姐虽厉害,但对外人,她还是尽量礼貌的。刘姥姥是个贫苦的乡下妇女,恐怕贾府的三等婆子也要比她高贵些,她来贾府的目的,就是求俩钱花。对这样的穷婆子,凤姐完全有理由不去搭理她,可凤姐又是"满面春风地问好","又嗔着周瑞家的怎么不早说",然后笑着说:"亲戚们不大走动,都疏远了。知道的呢,说你们厌弃我们,不肯常来;不知道的那起小人,还只当我们眼里没人似的。"有点儿过分但不太过分的谦虚,是一种礼貌。刘姥姥说家穷,走不起后,凤姐说:"这话没的叫人恶心。不过借赖着祖父虚名,作了穷官儿,谁家有什么,不过是个旧日的空架子。俗话说,'朝廷还有三门穷亲戚'呢,何况你我"。给别人留面子,是一种礼貌,虽然凤姐心里特别瞧不起这些穷亲戚,但她表面上不露一点儿,话语上更没有轻视、侮辱之言,这对于一个贵妇人来说,恐怕不是很容易做到的吧?难怪在贾府势败、凤姐死后,刘姥姥倾家荡产救出了凤姐的女儿呢!

3. 恪守礼貌原则而有意违反"相关"原则

例如:凤姐巴结贾母,很善于借题发挥,顺手拈来。比如贾母说她年轻时不小心鬓角上破了一个窝儿,凤姐不等人说,先笑道:"……可知老祖宗从小的福寿就不小,鬼使神差碰出那个窝儿来,好盛福寿的。……"凤姐这有意违反关系原则、似贬实褒的即兴之作,使"贾母与这众人都笑软了"。凤姐的目的就是要迎合贾母,故意用这既无必然联系,又略带讽刺的话,去对贾母的口味,既很新鲜,又很得体。

4. 恪守礼貌原则而有意违反"方式"原则

例如《红楼梦》"宝钗借扇机带双敲"一节,宝玉、黛玉、宝钗的处境非常尴尬,这时凤姐便问人道:"你们大暑天,谁还吃生姜呢!"众人不解其意,便回答道:"没人吃生姜",凤姐故意用手摸着腮道:"既没人吃生姜,怎么这么辣辣的?"这句意料之外的话,让宝、黛、钗三人一笑收住。出于礼貌,凤姐没有明说宝钗说话辛辣,而故意说有人吃生姜,违反了方式原则(语义含混),产生了幽默效果,从而化解了矛盾。

(四)礼貌原则的特征

1. 级别性

人们在言语交际中,要恪守礼貌原则,但如何恪守这些原则,就要讲究语言手段的语用特征。我们不但要懂得什么是礼貌的语言，什么是不礼貌的语言，还要懂得礼貌语言的级别，以及在恪守礼貌原则时使用哪种级别才是合适的。礼貌原则级别的表现常常表现在以下方面：

（1）语言手段的礼貌级别。

可以说，语言的礼貌级别是一个连续体，一般说来，用最直接的方式表达的话语是最欠缺礼貌的；用最间接的方式表达的话语则是最讲究礼貌的。这就是说，语言手段越间接，话语就显得越礼貌。试比较下面的例子：

①关上窗。
②把窗关上。
③请关一下窗门好吗？
④你可以关一下窗门吗？
⑤您不会介意关一下窗门吧？
⑥起风了。
⑦这风真大！
⑧真冷！

在①—⑧这个连续体中，①②是最不讲究礼貌的，它一般用于十分稔熟的亲戚朋友之间；③④⑤是较常见、较得体的表示请求的方式，但它们的礼貌级别一句比一句高；后三句是更间接的请求，可谓是顾左右而言他，因此礼貌级别也更高，最后一句最间接，级别最高。一般说来，交际双方关系越疏远，使用的礼貌级别越高。

（2）恪守礼貌原则时的礼貌级别。

礼貌原则的恪守，往往是多给别人方便，多让自己吃亏。从而使对方感到受尊重，反过来又获得对方对自己的好感。显然，对对方越尊重，自己越吃亏，话语的礼貌级别就越高。

2. 冲突性

礼貌原则的冲突性指礼貌原则可能与合作原则冲突；礼貌原则中各准则在同一句话中也可能发生冲突。比如赞誉原则可能与一致原则冲突；一致原则可能与得体原则冲突等。例如：《红楼梦》中，在鸳鸯誓绝鸳鸯偶后，贾母埋怨凤姐，凤姐说："我倒不派老太太的不是，老太太倒寻上我了"，"谁教老太太会调理人，调理的水葱儿似的，怎么怨得人要？"这里，凤姐表面上看是不礼貌的（违反一致原则：对长辈的话不但不保持一致，反而胆敢"派老太太的不是"），实际上却是最大限度地奉承了贾母（恪守赞誉原则：说贾母把人调理得好，用贾母身边的人来陪衬贾母）。

3. 合适性

礼貌原则的合适性表现在：应用礼貌原则时要根据语境的要求，确定礼貌级别。即根据谈话的不同内容、对象及场合考虑谈话双方的受益、受损情况，确定相应的语言手段。凤姐在贾母面前，特别爱说笑话，比如贾母出钱给宝钗过生日，凤姐凑趣道："一个老祖宗给孩子们作生日，不拘怎样，谁还敢争，又办什么酒戏。既高兴要热闹，就说不得自己花上几两。巴巴地找出这霉烂的二十两银子来作东道，这意思还叫我赔上。果然拿不出来也罢了，金的、银的、圆的、扁的，压塌了箱子底，只是勒掯我们。举眼看看，谁不是儿女？难道将来只有宝兄弟顶了你老人家上五台山不成？那些体己只留于他，我们如今虽不配使，也别苦了我们。这个够酒的？够戏的？"一般地说，对地位高的人、长辈，说幽默话应当谨慎，凤姐却能适切语境，用"霉烂的""勒掯"这样与本意相反的词语来表达本意，从而使话语产生幽默情趣。贾母虽无例外地也喜爱这种"能使鬼推磨"的东西，却不至于小气到"勒掯"孙媳妇的地步，深知贾母兴趣的凤姐，偏要这么神乎其神地说，既让大家开了心，又显示了自己的能干和大方。

综上所述，礼貌原则的三种特征是指导正确应用礼貌原则的重要规则，注意这些规则就能很好地将礼貌原则和合作原则有机地结合起来，相互益补，准确地表达语用含义，从而使言语交际得以顺利进行，使谈话双方互相了解、共同配合的愿望得以实现。

（五）从灰色系统理论看合作礼貌原则的运用

合作原则和礼貌原则是语用学上的两个重大理论。尽管人们也发现它们在某些方面有一定的局限性，但它们仍然是言语会话中重要的语用策略。李海《从灰色系统理论看合作礼貌原则的运用》[①] 提出：运用灰色系统理论找出两个原则运用中的某些规律，可以帮助我们更好地掌握会话中的语用策略。

"灰色系统理论（Grey System Theory）"是20世纪80年代由我国邓聚龙

---

① 李海：《从灰色系统理论看合作礼貌原则的运用》，载《西南交通大学学报》（社会科学版），2004年第1期。

教授提出的。该理论把系统论、信息论、控制论的观点方法运用到社会、经济、生态等抽象系统，并在自然科学、社会科学等领域得到运用。近来也有学者将"灰色系统理论"的概念和观点应用到语言、言语研究领域，以期解决动态的语句在语境当中的信息"灰色"问题。

尽管当今科学十分发达，大脑因其不可知道的运作机制仍被人们喻成"黑箱"（Black Box）。根据"灰色系统理论"，大脑能够完全理解和处理的信息被称作"白色"信息，反之被称作"黑色"信息。介于"黑"与"白"两个极端之间，具有摇摆、转化、游移的非单一性、非确定性、非完全性的信息则被称作"灰色信息"。

根据这一理论，在言语领域，"白"的含义是言语的可完全理解性，"黑"是言语的彻底不可理解性，而"灰"的含义则是言语信息解码过程出现的非唯一性、非确定性、非完全性倾向。通常说，言语交际的主要目的是向对方传递信息，尽量消除过程中信息的不明确性，使信息由"黑色""灰色"向"白色"转化。但是，言语交际是复杂的社会活动。有时由于客观条件的制约，人们又需要适当降低明确度，提高灰度，以增加模糊性、含蓄性和可能性空间，从而激活更多的相关外部信息。这种情况下就会出现相反的倾向：在不超出受话人理解限度的条件下，一定程度上违背"合作原则"，故意淡化信息某方面的明确性、单一性，倾向于提高信息灰度。所谓的"灰色信息"就是指的这部分信息。[①]

合作原则是言语交际活动有效性的保障，而礼貌原则好似交际双方之间的润滑剂，使整个交际活动在和谐友好的气氛下进行，从而增大言语交际活动的成功率。何种情况下侧重哪个原则，使言语交际既能有效传达相关信息，又能保证气氛宜人是语用策略一直关注的问题。通过大量的例子，我们可以观察到两个原则运用中的某些规律。

1. 交际双方关系的疏密及交际场合的性质

（1）关系的疏远，交际场合正式——合作原则会让位于礼貌原则，信息灰度增加。

通常，在较为正式的交际场合，或交际双方关系较为疏远，人们会突出礼貌原则，淡化合作原则，从而增加信息的灰度，让对方推断出特殊的隐含

[①] 陈忠：《信息语用学》，山东教育出版社1999年版。

信息。例如：

> 1916年，李柱丞在日本与田泽恭川讨论《源氏物语》。
> 李：……"相壶"就是我国唐代白居易《长恨歌》的影子。而第四回的"夕颜"，同样出自白居易的《闻野砧》。类似很多。
> 田：你以为是抄袭之作？
> 李：哪里，我只是认为樱花兼有梅花香。

在本例中，李柱丞表面上否定了"抄袭"之说，遵守了"得体""同情"的准则，但同时也违背了"关系""方式"和"量"的准则，故意增加信息灰度，暗示出"抄袭"的信息。

（2）关系亲密，交际场合随和——合作原则优先于礼貌原则，信息灰度降低。

在非正式场合，相互熟悉的交际双方之间，礼貌原则往往让位于合作原则。如果在这种场合还过分地客套的话，就会被视为"假惺惺""虚伪"。因为，礼貌原则制约下的信息灰度较高，缺乏自然感，理解起来较为复杂。它所传递的信息被有意地加入了协调双方关系的一些额外信息，而这在熟人、朋友等关系亲密的交际者之间或者非正式场合都显得是画蛇添足。

不过在接受赞扬上，中西文化上有时有一定的差异：西方人更倾向于采用合作原则，接受对方赞扬；中国人更倾向于采用礼貌原则，采取"贬己尊人"的方式，否定对方的赞美，自贬一番，以示谦逊，以贬己达到尊人的礼貌目的。例如，谌容《散淡的人》：

> 田惠中……笑眯眯地举杯祝酒："来，来。今天各位光临寒舍，蓬荜增辉。我代表我自己，也代表我美丽的夫人……""去，去，去！"章淑娴扬着手，那样像轰一只苍蝇。"……再就是，我们美丽的密斯林远道而来。""什么密斯林，都老太太了。"密斯林又笑又摇头。

在西方，一般受了赞扬后会大大方方连声感谢，可是类似的情况下，在中国即便是接受西方思想相对多得多的知识分子的反应也只能是"扬着手，像轰一只苍蝇"，然后是否定的"去，去，去"或者"又笑又摇头"地自贬："都老太太了"。很明显，东方人在这个场合抛弃了合作原则（质量准则）而取礼貌原则（谦虚准则）。

2. 意见不一致的情况——恪守礼貌原则，信息灰度增加

交际双方遇到意见不一致的情况，应当强调礼貌原则，增加信息灰度。例如：

  A：这裙子样式不错吧？
  B：是的，颜色不错。

B是反对A的观点的，他的隐含信息是"这个裙子样式并不怎么样"。从表面上看来，B的回答没有直截了当，违背了"相关"准则，但希望A能从中领悟出他的隐含信息。B遵守了"一致"准则，以隐性方式暗中否定了对方的信息，从而增加了信息的灰度。

有时候故意过分地增加信息灰度也并不一定能起到礼貌的效果，即字面礼貌与实际礼貌并不总是相互对应的。有时候发话者故意借助字面礼貌这一手段来表达实际上并不礼貌的含意。这种表面上的礼貌而实际上的不礼貌被称为"虚假礼貌"。例如：

  A：你听过她唱歌吗？
  B：我曾听她发出类似《甜蜜的生活》的声音。

这是对x小姐所唱的歌的评论。我们可以认为，B违背了合作原则中的方式准则是给x小姐留一些面子，表示对她的礼貌。但是，这种夸张冗长而又过分间接的评价往往会给人挖苦讽刺的印象。

3. 传递及时明确的信息——突出合作原则，信息灰度降低

当受话者信息储备不足而又需要传递及时明确的信息时，应当突出合作原则以防其误解。例如：

  A的计算机感染了计算机病毒，B正准备借用他的计算机拷贝文件。A担心自己机器上的病毒感染B的文件说：
  A："别用我的计算机。"
  B："你放心，我不会乱碰你的文件。"

A的动机是提醒B，他的计算机感染了病毒。用他的机器拷贝文件可能会把病毒传入B的文件。但他没有直接说出来，在受话者没有足够的信息储备的状况下，违反了"适量"准则和"方式"准则，不必要地增加了信息灰

度,从而使受话者在检索相关外部信息无果的情况下推导出错误的终极信息。而这一终极信息与 A 的本意并不符合。在这种情况下,A 应当充分采用合作原则中的"适量"准则和"方式"准则(例如:"我的计算机刚染了病毒,会传染你的文件",把他要表达的警告及时准确地传递给 B)。

4. 维护自己或对方面子——违反合作原则,突出礼貌原则,增加信息灰度

在人际交往中有时碍于双方的面子,很多话不能直接如实地表达,但发话者又要传递某种会话含义,这个时候应当突出礼貌原则,增加信息灰度,以求增加可能性空间,留出足够的回旋余地。例如李克异《归心似箭》:

> 她(玉贞)指着水桶:"那你就一天给我挑两趟罢。"魏德胜:"那,容易,我就一天给你挑两趟……"玉贞:"挑到我儿子娶媳妇,挑到我闺女出门子,给我挑一辈子!"魏德胜:"挑一辈子?"他并不假思索。一抬头,接触到玉贞热情、温柔、羞赧的目光,震动,愕然。玉贞重述:"挑一辈子!"

例中玉贞用极其隐含的方式("给我挑一辈子水")向魏德胜求爱,故意违反了合作原则中的"方式"原则,同时也运用了礼貌原则中的"策略"准则,增加了信息灰度,为双方脸面留出了足够的回旋余地。

通过上面的例子,我们可以看到合作原则在言语交际中更多地决定信息是否精确及时地传递给受话者,起导向性作用,通常起到降低信息灰度的作用;而礼貌原则则决定交谈双方是否能在和谐、积极的气氛下完成言语交际,对会话者关系起润滑和促进作用,一般可以提高信息灰度;另外,灰度的减少可以增加信息的明确性,而灰度的增加可以使言语更间接、委婉。会话者应根据所处的环境,交际双方关系疏密和自己的意图选择语用策略:侧重传递信息就降低信息灰度;要礼貌、间接表达意图就增加信息灰度。当然这一过程中还有很多的影响因素,比如,各国不同的文化。不同的文化,对礼貌的理解不同,也会导致会话者在语用策略上的不同选择。

四、会话中的关联理论

关联理论(Relevance Theory)是语用学中继格赖斯的会话含义理论之后的最新的一种探索会话含义的理论。由斯波伯和威尔逊于 1986 年在他们的合

著《关联性：交际与认知》一书中首次提出。这是颇具影响的一本专著，给语用学带来了新的研究热点。

关联理论从认知的角度对明示推理交际作了较为系统的阐述，描述人们对每个话语的认知过程和话语本身与语境的关联性。在言语交际中，说话人不仅要表明他有某种信息要传递，更要表明他所提供的信息有某种关联；人们总是把注意力集中于对他来说最有关联的信息上。因此，交际就暗示了所交际的信息是有关联的。

例如这段发生在宿舍的对话：

A：冷吗？
B：不呀。
A：我怎么觉得冷呢。
B：哦，那我就把窗子关上。

第一个回合的问答显然是相关的，第二个回合看起来就似乎是不相关的，但其实也相关。B会认为A的话是与交际相关的，故会把A的"我怎么觉得冷呢"理解成一种请求：我希望你能关上窗子。所以，第二轮对话表面看上去没有联系，实际上有着潜在的关联性。由此可以看出，交际过程以关联为取向，人们具有关联的直觉。①

（一）明示——推理交际

关联理论认为，任何话语都是有关联的，话语的理解过程就是寻找关联的过程。在交际过程中，人们具有关联的直觉，而交际是以关联为趋向的。关联理论认为交际是一种明示——推理交际。"明示"和"推理"是交际过程的两个方面。对说话人来讲，交际是一个明示的过程。通过明示行为，说话人意欲向听话人传递两种意图：信息意图和交际意图。如果听话人能明了说话人所作的明示行为，那么这种明示行为便是向听话人显映。明示行为可以是语言的或者是非语言的。对听话人来讲，交际是一个推理过程。听话人结合说话人所提供的信息和自己的认知语境（旧信息）对话语信息（新信息）按一定方向进行推理，以推断说话人的交际意图。语言的交际过程就是

---

① 白丽梅、翟雯婷：《关联理论的语用推理特征》，载《出国与就业》（就业版），2011年第6期。

一个推理的过程。明示是推理的基础。只有说话人说出的话具有明示性，人们的推理才有方向和目标，人们才能准确把握说话人的意图。如果说话者的言语中出现缺乏明示信息或明示信息过多或过少的问题，就会导致误解。例如：

A：新版《射雕》比83年港版的差多了。

B：你那里又有了什么新东西？

A的信息意图是谈了自己对《射雕》这部电视剧的看法，交际意图是想让B也谈谈对这部电视剧的看法，是否赞同自己的观点。但是从B的回答中我们得知，B似乎对这个电视剧不太了解或对此话题不感兴趣，因而B只理解了A传递的信息意图，没能理解A的交际意图。从该例我们可以看出，交际者的假设没有达到与听话人共明的目的，因而不是成功地传递了自己的交际意图。①

（二）最大关联和最佳关联

关联理论的一个重要内容是最大关联与最佳关联。

最大关联就是听话人理解话语时付出尽可能小的努力去获得最大的语境效果；而最佳关联则是听话人理解话语时，付出有效的努力，从而获得足够充分的语境效果。

斯波伯和威尔逊（1986：158）提出的关联原则有两条：

第一关联原则：人的认知常常与最大关联性相吻合。如果各方面相同，根据语境A比根据语境B理解P更容易，则A与P的关联度比B与P的关联度要大。

第二关联原则：任何明示性的交际行为都意味着本交际行为所传递的假设，具有最佳关联。如果话语P在语境C中产生最大可能的语境效应，而根据C又使P最容易理解，则二者具有最佳关联。

关联的第二原则强调最佳关联性，以第一原则为基础，而第一原则本身则突出最大关联性，可预测人们的认知行为，足以对交际产生导向作用。②

---

① 邓娟：《关联理论和言语交际》，载《湖北经济学院学报》（人文社会科学版），2010年第5期。

② 白丽梅、翟雯婷：《关联理论的语用推理特征》，载《出国与就业》（就业版），2011年第6期。

五、其他原则

合作原则、礼貌原则、关联原则是会话含义理论最热门的话题，除此之外，还有学者不断从不同角度提出别的原则，如虚拟原则、逗乐原则、幽默原则、有趣原则、乐观原则、克制原则、智斗原则等。吴小娟、张传奇在《节目主持人语用学——论节目主持人言语行为与语言环境的关系》中提出主持人言语行为的特殊准则：（1）直接准则；（2）启发准则；（3）协调准则；（4）艺术准则；（5）社会准则；（6）生态原则。这是一个很有潜力的研究课题。下面简单介绍虚拟原则、幽默原则的研究成果。

（一）虚拟原则

冯广艺《语言运用中的虚拟原则——语用原则论之四》[①] 对虚拟原则的定义形式等做了论述。

这里所说的"虚拟"不同于一般的汉语语法中所谈及的"假设"，也不同于英语语法中所讲的"虚拟语气"，还不同于人们平时所不屑一顾地说空话，"虚拟原则"是指语用中所实施的一条法规，它从语言形式上貌似虚空，但从语义内容上看却是实在的，即通过虚空的形式表达了实在的内容。

从形式上看，虚拟有时表现为一个单句、一个短语或词（包括"杜撰"的词），有时表现为一个复句或一个句群，有时则表现为一个语言片断，它在形式上的这种特点，使其不受语法上的假设关系的复句所必备的条件的制约。例如：

> 说的是猴年马月鱼日，妻到一个同学家去了一趟，一起看了一个晚上的电视节目，回到家，妻就不满起来。
>
> （王蒙《测试》）

这里的"猴年马月鱼日"就是虚拟，作家并没有说出具体的时间，但通过虚拟的日期同样表达了实在的语义并且富有一定的修辞色彩。

> 捧起清清的湖水
> 吻一吻手中的月亮。
>
> （周家堤《夏夜》）

[①] 冯广艺：《语言运用中的虚拟原则——语用原则论之四》，载《湖北师范学院学报》（哲学社会科学版），1995年第4期。

例中"手中的月亮"是虚拟，通过这种虚拟又反衬出湖水的清澈和月光的皎洁。

当然，利用"如果……就……"这样的假设关系复句的格式也能够构成虚拟。例如：

> 如果你是天上的太阳
> 我就是天上的月亮。

从内容上看，语法中所说的假设关系一般情况下是假设条件并没有实现或假设的条件实现了以后会有什么结果。所以语义上是一种制约关系，即没有条件就没有结果，有了条件就有结果，条件和结果相一致。语言运用中的虚拟内容要丰富得多，情况也要复杂得多。它不受什么条件限制，只要是客观世界不可能有的或不存在的东西，在语用中出现了，并且表达了一定的语义内容，那就是虚拟。

"虚拟"也不是说空话，虚拟是通过空设的语言形式表达实在的语义内容。虚拟原则本身就意味着在语用中表达者有时必须通过虚拟的形式表达语义内容，它是由言语交际的需要所决定的，是一种积极的修辞行为，"空话"则是一种消极的毫无语用价值的语用现象，是应该避免的。"白发三千丈，缘愁似个长"是通过夸张式的虚拟说明忧愁易使人变衰老的事实。"胡须三千丈"恐怕就是臆造的空话了，因为它除了让人感觉是虚假的之外，没有说明什么内容。

虚拟的手法，格式是各种各样的、错综复杂的，这是由语言符号的能指与所指的复杂关系所决定的，通过虚拟的"能指"及其巧妙变化，使"所指"更加丰富多彩，是虚拟手法的实质。虚拟原则指导下的表达方式有两大类：

第一，拟虚表实，虚中有实。这是一种通过拟写虚空的客观现实中没有的东西形成一定的表达方式，表达实际语义内容的一种方法。从表面上看，它所拟的是空幻的，缺乏客观现实根据的东西，但从实质上则揭示了深刻的真实的内容，它是言语表达者乐于运用的一种方法。例如：

(1) 小白脸那周正的面孔上一双大大的眼睛已注满了惊奇。

（肖克凡《黑砂》）

(2) 五十岁，我有了自己的书房，我将在自己的书房里咀嚼人生，收获人生……

（项冰如《五十岁，我有了书房》）

（3）村妇回回头，又继续用镰刀默默地收割着黄绿错综的心事。

（解红雨《村妇》）

例（1）"眼睛已注满了惊奇"构成了"虚"，因为从客观事实上讲，"注满"的不可能是"惊奇"（这是超常搭配），但它却表达了目光惊奇、神态惊异的语义内容。例（2）"咀嚼人生，收获人生"也是拟虚表实的表达方式，从客观实例上讲，"人生"不可能"咀嚼"，也不是"收获"的对象，但通过超常搭配，通过词语的变异使用，就表达了真实的语义内容。例（3）"收割着黄绿错综的心事"同样是拟虚表实的表达方式，"收割"的对象是"庄稼"之类的客观事物，与"心事"组合，就构成了"虚"，但这种"虚"表达了"实"的语义内容。

第二，实中含虚，虚实并置。这是与拟虚表实相对的一种表达方式，它通过实实在在的东西，表达了一定的含义，但这里的"实"往往带有一些"虚"的成分，例如：

（4）光棍逃跑了，逃出养他三十四年的野村，野村狂怒了！七爷爷的旱烟锅把光棍唯一的木桌敲了四十九个坑，九奶奶的龙头杖把光棍家的石头地戳了八十一个洞。光棍的老爹一夜间"多活"了十岁。

（解红雨《野村的故事》）

（5）有什么办法呢？白瑞林瞪大眼睛，放出百分之九十八的眼白来。

（何力力《环球同此凉热》）

（6）父亲像一件古老的法器灿烂辉煌。他脸上有一千条皱纹，每条皱纹里都夹着汗水与泥土，如纵横的河流，滋润着古老的大地。

（莫言《爆炸》）

例（4）中的"木桌敲了四十九个坑""石头地戳了八十一个洞"，也许是"实"，但这种"实"中含有一点"虚"的成分，因为这里所说的数字并非意在其精确和实在，而意在说明"七爷爷""九奶奶"对"光棍"的不满之情，所以"实"的数字中含有"虚"的东西，"虚"的东西又表达了"实"的内容。同理，例（5）中的"百分之九十八的眼白"也是"实"，"实"中含有"虚"，旨在说明人的轻蔑鄙夷之情。例（6）中的"一千条皱纹"也是以实写虚，虚实并置的方法。这里通过实际的数字写脸上的皱纹之多，说明人的老态。

虚拟作为一条语用规律，在语用中常常以灵活多变的形式出现，以上分类只是对虚拟作出的简单分类。应该强调的是，无论是从什么角度分类，我们都应该清醒地认识到，"虚"只是一种表面现象，"实"才是其真正的内在的东西。拟虚表实，实中含虚，其语义内容走向一个是简单的"虚—实"的过程，另一个则是较复杂的"实—虚—实"的过程，所以，两大类别实际上有异曲同工之妙。

（二）幽默原则

幽默是英语 humor 一词的汉译。幽默外谐内庄，它引人发笑，但不庸俗，不轻浮；它言语含蓄，话里含哲理，存机智。它是一种诉诸理智的"可笑性"的精神现象，是语言使用者的思想、学识、经验、智慧的结晶。所谓"幽默原则"就是努力使言语含蓄、富有哲理、轻松诙谐而采取的语用策略。

任何语言本身并不幽默，只有当语言与具体的语境结合起来，与幽默传达的不和谐中的和谐结合起来，我们才可以真正理解幽默。幽默言语是说话者在某一特定情景下说出来的，听话者的任务是通过语境线索，利用自己的语言知识和非语言知识去发现说话者所表达的意图。在幽默产生的过程中，听话者必须体察说话者所表达的意图，发现不和谐因素，根据语境及背景知识找出其中的和谐，并获得愉悦。幽默的理解从根本上讲是语用的问题，因为听话人所感兴趣的是说话人的意图，注意的是话语的言外之意，而不是字面意义。

幽默言语从语用学角度来分析，它的产生与合作原则的违反密切相关，貌似遵守实则违反合作原则或者相反，都能产生幽默。谈话中一方明显地或有意地违反合作原则的某些准则，让另一方越过话语的表面意义去推导出其中的语用含义。可以说幽默言语的产生是违反合作原则中的具体准则的结果。

例如，贾母、薛姨妈、鸳鸯、凤姐四人打牌时，贾母布置好人，以防凤姐"混了我们去"，这时凤姐叹了一声，向探春道："你们知书识字的，倒不学算命！"打牌本不与算命有关，所以探春奇怪，顺着凤姐的话说："这会子你不打点精神赢老太太几个钱，又想算命。"凤姐这时才说出她说的本意："我正要算算命今儿该输多少呢，我还想赢呢！你瞧瞧，场子没上，左右都埋伏下了。"这里凤姐故意违反相关原则，把一句话拆开说，先说一半，"顿"

一下，暗示出语意发展方向，使听话人产生误会，然后再把后一半说出来，而造成了"顿悟式"的笑。

在格赖斯所指出的四类违反合作准则的情况中，可导致幽默的产生的有：

1. 说话的一方悄悄地违反合作原则，从而将听话人引入歧途，上当受骗。例如：

> 一个农夫遇到了萨姆，问他："我的马生病了，你的马生病时，你是怎么做的？"萨姆说："给它吃松节油。"一个星期以后，他们又见面了，农夫对萨姆说："我的马吃了松节油，可是它死了。"萨姆说："我的马也死了。"

在这则幽默中，说话人表面上遵守合作原则，但实质上却违反了合作原则。农夫的真正目的不仅是向萨姆了解治马病用了什么药，而且想了解治疗的结果，但通过对话他实际上只达到了一半目的。萨姆并没有满足农夫想了解治疗结果的要求，他表面上遵守合作原则中的关联原则，对农夫做出礼节性反应，但他违反了"量"的准则，没有完全提供交谈目的所需要的全部信息，结果农夫因未觉察到这一点而受骗上当了。这个对话的幽默之处在于说话人用一种含蓄的方式来隐含地表示他不愿或无法合作，对话中话语表面上符合合作原则中的某些准则而掩盖了其所违反的其他准则。

2. 说话人可能有意地不去遵守某一准则，但他相信听话人会觉察出这一点，并会认为他仍然是合作的。例如：

> 一个大学生买了一件比基尼泳衣，穿上后问妈妈："这件衣服怎么样？"妈妈微笑着说："想当年我要是穿上这种游泳衣，你就会比现在大四岁了。"

在这则幽默中，表面上看，母亲的回答似乎与女儿的问话不相关，女儿和读者要想理解母亲的话外之意，必须做出推理：母亲幽默地道出了"这件泳衣太性感"的话语意义。又例如：

> 姨妈：吉米的历史考得怎样？
> 妈妈：一点也不好，他们尽是考一些孩子还没出生时的事情。

妈妈的回答合乎"质的原则"，却同时违反了"量的原则"。其实，妈妈只要说"一点也不好"就行，她加上后面这些话，就超出了外婆所需要的信息量，正是这句多余的话导致了幽默所在：母亲认为孩子的历史考试不好并不是孩子的过错（因为"他们尽是考一些孩子还没出生时的事情"），可以说她是有意地不去遵守某些原则，让听话人越过话语表面意义去推导出其中的语用含义。因为听话人通过推导，完全可以理解说话人在此时此地此语境下说此话的特殊含义。说话人之所以采取这种说法是为了加强交际效果。而幽默的效果就在于表面上听起来牛头不对马嘴，意义毫不相关，但特殊的语境却使对话包含弦外之音，即话中有话，言外有意。

3. 说话人可能面临一种顾此失彼的局面，只好遵守一些原则而舍弃另一些原则。如说话人想根据情况的要求，遵守"真实"的原则，但同时他可能会违反其他的准则。例如：

父亲：给孩子吃点什么吧。

母亲：可以，但是不能吃 C–H–O–C–O–L–A–T–E。

这则幽默中，父亲想给孩子弄点吃的，母亲同意，她的话遵守"真实"的原则，但故意违反"方式"准则。用晦涩的语句，使父亲推导出她的条件：不许给孩子们吃巧克力。对话中母亲的话语可被看作是她为了维持对话的进行而有意违反"方式"准则。

案例分析

一、迟到有理

老师：你怎么迟到了？

学生：百货大楼抓住一个小偷。

如果只从话语表面看，学生似乎答非所问，但通过语用含义去理解，这句话显然是想说，经过百货大楼时耽搁时间了。

二、闭着眼睛跑步

甲：他一小时可以跑二十公里。

乙：对，而且是闭着眼睛。

乙不相信甲的话，因此说了一句缺乏事实根据的话，其含义是"我不相信你的话""你在瞎说"等。

三、你不是说要换个彩电吗？

甲：黄主任这个人可真够奸的。

乙：哎，你不是说要换个彩电吗？

乙故意岔开话头，其含义可能是"在这里不宜谈论黄主任"，或"我不愿意跟你谈论黄主任"。

四、你可以像我一样说一句谎话

马克·吐温在一次宴会上，与一位女士对坐，出于礼貌，说了一声："你真漂亮！"那位女士不领情，却说："可惜我无法同样地赞美你！"马克·吐温说："那没关系，你可以像我一样说一句谎话！"（言辞委婉，平和，反其意而用之，那位女士赧然低下了头。）马克·吐温说女士"漂亮"一方面只是出于礼貌（恪守礼貌原则中的赞誉准则），另一方面又违反合作原则中的真实原则。当对方不领情，对自己不礼貌时，马克·吐温这时的话仍然是合作的（说真话），礼貌的（尽量与对方保持一致，给对方面子）。

五、"如果有人总是规劝你不要吸烟……"

"如果有人总是规劝你不要吸烟，不要听他们的……他们可能是想要骗你活得长久一些。"（美国防癌协会广告）在这则广告中，广告制作者的心理是想要使更多的人在看到广告后得到警示而停止吸烟，但又考虑到直接采用警告语言反而会引起观众反感，所以故意违反质的原则，表面上是站在吸烟者一边，却达到了委婉地间接地规劝、警告的意图，让观众在体会其中含义之后一笑，又感觉到广告的分量。

六、那是回声！

"哎呀！我的上帝！你的牙齿的洞是我见过的最大的！"牙科医生喊着，"我见过的最大的！"病人厉声说："你没有必要说两遍！""我没有！"医生说："那是回声！"

医生的回答违反了合作原则中质的原则,他的回答不真实,但出于礼貌,他只好做出善意的撒谎,这样既挽回了他自己的面子,又不伤害听话者,可谓一举两得。

思辨和训练

一、为什么要研究会话含义?

二、试解释格赖斯"会话含义"学说的合作原则。

三、"会话含义"是如何推导的?

四、举例说明"会话含义"的特征。

五、礼貌原则是什么?为什么说礼貌原则与合作原则是相互益补的?

六、在言语交际中如何才显得礼貌得体?

七、分析下面各例的会话含义。

1. 女记者问卡特的母亲:"你儿子说如果他说谎,大家就不要投他的票,你敢说,卡特从未说过谎吗?"卡特母亲:"也许我儿子说过谎言,但都是善意的。""何谓善意的谎言?"女记者穷追不舍。"你记不记得,几分钟前,当你跨进我家的门时,我对你说:'你非常漂亮,我见到你十分高兴!'"

2. 甲:你们的领导真令人讨厌!

   乙:今天天气不错,很适合野餐。

3. 甲:你妈还在吗?

   乙:好像不在了。

   妈:我还活得好好的呢,怎么会不在?

4. 张生:小娘子拜揖!

   红娘:先生万福!

   张生:小娘子莫非莺莺小姐的侍妾么?

   红娘:我便是,何劳先生动问?

   张生:小生姓张,名珙,字君瑞,本贯西洛人也,年方二十三岁,正月十七子时建生,并不曾娶妻……

   《西厢记》

5. 谁都看得出,这围墙比原来的好,比没有更好,可也有一部分人左看右看都不踏实,虽然提不出什么褒贬,总觉得有点"那个"。……"那个"是什么,他们也没有好好地想,更说不清楚。要等待权威人士来评定。如果吴所长说一声"好",多数的"那个"也就不"那个"了,少数善于领会"那个"的还会把它说得好上天去哩!

(陆文夫《围墙》)

6. 鲁迅先生曾在《立论》一文中讲述这样一个故事:某人晚年得子,众人贺之。在贺宴上,一人说:"这孩子将来能当大官。"主人很欢喜,给了赏钱。另一人说:"这孩子将来能发财。"主人很欢喜,也给了赏钱。第三个人说:"这孩子将来总要死的。"主人大怒,将其痛打一顿。鲁迅先生写道:"说假话的得了钱,说真话的挨了打,要是我遇上,只好说:'啊呀、哈哈、啊哈、这孩子、哈哈……'"

八、观看以下影视片段,并结合会话含义理论进行分析。

1.《原野》焦母与仇虎对话

焦母:虎子,你过来,咱娘俩聊聊天。(虎子过来,坐下)我的干儿,你的手呢?

仇虎:干什么?

焦母:瞎子拉着手聊天才放心!(仇虎把手伸出)干儿闭上你的眼睛。

仇虎:我闭上了,干妈。

焦母:你没有!

仇虎:这回你可猜错了。

焦母:好,瞎子跟瞎子聊天才踏实啊!(拉着仇虎的手)你的手发烫啊!我的儿!血热攻心啊!

仇虎:干妈,您老手冰凉,我看是心里有病吧?

焦母:虎子,你学得不错了,心里还惦记着我。

仇虎:八年了!我虎子可没一天忘记过你!大妈!

焦母:你是想在这长住?

仇虎:我好侍候您老上西天哪!

焦母:(咬牙切齿地)好孝顺的干儿子啊!(顿一会儿)虎子!我求求你!你早一点走吧!我让你带金子走!

仇虎:我啊,我没这个造化!(唱)一阵那个阴风,刮了个女鬼来……

焦母:仇虎!你要我老婆子的命,我的命就在这!

仇虎：大妈，我怎么敢呢！你老是长命百岁，都死了，你不能死！

2.《沙家浜·智斗》

胡传魁：想当初，老子的队伍才开张，统共才有十几个人，七八条枪，遇皇军追得我晕头转向，多亏了阿庆嫂她将我水缸里面把身藏，她那里提壶取水面不改色无事一样，哄走了东洋军我才躲过大难一场。似这样救命之恩终生不忘，俺胡某讲义气终当报偿。

刁得一：适才听得司令讲，阿庆嫂真是不寻常，我佩服你沉着机智有胆量，竟敢在鬼子面前耍花枪。若无有抗日救国的好思想，焉能够舍己救人不慌张。

阿庆嫂：参谋长休要谬夸奖，舍己救人不敢当。开茶馆，盼兴旺，江湖义气第一桩，司令常来又常往，我有心背靠大树好乘凉。也是司令的洪福广，方能够遇难又呈祥。

刁得一：新四军久在沙家浜，这棵大树有阴凉，你与他们常来往，想必是安排照应更周详。

阿庆嫂：垒起七星灶，铜壶煮三江。摆开八仙桌，招待十六方。来的都是客，全凭嘴一张。相逢开口笑，过后不思量。人一走，茶就凉，说什么周详不周详！

思考：如果有一个智斗原则，它有什么特征呢？遵循什么原则呢？

参考文献

1. 白丽梅、翟雯婷：《关联理论的语用推理特征》，载《出国与就业》（就业版），2011 年第 6 期。

2. 程福菊、付蓉娣：《凤姐语言的得体》，载《阅读与写作》，2002 年第 3 期。

3. 陈忠：《信息语用学》，山东教育出版社 1999 年版。

4. 邓娟：《关联理论和言语交际》，载《湖北经济学院学报》（人文社会科学版），2010 年第 5 期。

5. 冯广艺：《语言运用中的虚拟原则——语用原则论之四》，载《湖北师范学院学报》（哲学社会科学版），1995 年第 4 期。

6. 何兆熊：《新编语用学概要》，上海外语教育出版社 2000 年版。

7. 何自然、冉永平：《语用与认知：关联理论研究》外语教学与研究出版社 2001 年版。

8. 吉少丽：《合作原则在幽默言语中的应用》，载《宝鸡文理学院学报》（社会科学版），2004年第6期。

9. 蒋凤英：《论会话含义》，载《怀化师专学报》，2001年第1期。

10. 蒋冰清：《关联语用推理解读》，载《内蒙古民族大学学报》，2008年第6期。

11. 林六辰：《会话中的意会》，载《洛阳师专学报》，1997年第4期。

12. 李海：《从灰色系统理论看合作礼貌原则的运用》，载《西南交通大学学报》（社会科学版），2004年第1期。

13. 李捷、何自然、霍永寿：《语用学十二讲》，华东师大出版社2011年版。

14. 莫海文：《语言交际中合作原则的违反》，载《喀什师范学院学报》，2005年第2期。

15. 倪慧：《谈合作原则、礼貌原则及关联理论》，载《赤峰学院学报》（科学教育版），2011年第12期。

16. 齐荣军：《关于礼貌原则"拯救"合作原则的探讨》，载《兰州学刊》，2005年第1期。

17. 沈琪：《从语用学角度浅谈中国人的"言不由衷"》，载《西北工业大学学报》（社会科学版），1999年第4期。

18. 王雅刚：《布朗与列文森礼貌理论研究述评》，载《长沙大学学报》，2005年第1期。

19. 熊学亮：《含义的性质和功能》，载《外语研究》（中国人民解放军国际关系学院学报），1997年第2期。

20. 熊学亮：《语言使用中的推理》，上海外语教育出版社2007年版。

21. ［英］约翰·甘柏兹：《会话策略》，徐大明、高海洋译，社会科学文献出版社2001年版。

22. 于全有：《文化差异与言语交际的合作原则》，载《沈阳师范学院学报》（社会科学版），1997年第3期。

23. 左进：《用会话活动类型理论析"卫生部高强记者招待会"》，载《佳木斯大学社会科学学报》，2003年第5期。

24. 左思民：《汉语语用学》，河南人民出版社2000年版。

25. 瞿麦生：《论语用得体性与隐喻得体性》，载《天津商学院学报》，1999年第1期。

第四章

语用预设

理论知识

一、预设的定义及其类别

（一）预设的定义

预设也叫前提，是指言语交际双方都已经知道的常识，或者听到话语之后根据语境可以推理出来的信息；它并不在话语的表面显示出来，而仅仅包含在话语之中。例如：

《红楼梦》中凤姐送林黛玉茶叶的一段话："不用取去，我打发人送来就是了。我明儿还有一件事求你，一同打发人送来。"黛玉一听，顺着她的意思说："这是吃了他们家一点子茶叶，就来使唤人了。"没想到凤姐不但没使唤她，反而继续求她："你既吃了我们家的茶，怎么还不给我们家做媳妇？"

例中凤姐的话在意料之外，却又在情理之中。这里"吃了我们家的茶"，凤姐用的是它的另一层预设含义：女子受聘[①]。语用预设在言语交际中扮演着十分重要的角色。

预设的研究起源于哲学界，是哲学和逻辑学的一个课题，最初由弗雷格于1892年提出来。20世纪50年代，英国语言学家斯特劳森发展了弗雷格这一思想，将这类现象看作是自然语言中的一种特殊的推理关系。他指出，自

[①] 据明朝朗瑛的《七修类稿》记载：种茶下子，不可移植，移植则不复生也，故比喻女子受聘。

然语句中任何有意义的语句都能推导出一个背景假设（预设），该预设可表现为另一个语句，因此，预设进入了语言学的研究范围并成为语言学特别是语用学研究的焦点课题之一。语用学重视预设对语境的依赖关系，把预设与说话人和听话人联系起来，赋予预设动态的特征，这是预设研究的一大进步。预设是一种潜在的已知信息，是交际双方共同认可的背景知识，曾被一些学者认为是"难下定义是出了名的""难以捉摸的概念"。由于预设的特殊复杂性，直到现在仍然没有建立起一种完备的预设理论。何自然认为，语用预设是指那些对语境敏感的，与说话人（有时包括说话对象）的信念、态度、意图有关的前提关系。语言学家对预设从语用角度所作的侧重不同，措辞不同，但他们有一个共同点那就是任何一个语用预设的界定都是把预设和说话人联系在一起的，而语义预设则是把预设和句子或者和句子的命题联系在一起的。也就是说，从语用学的角度看，预设是针对说话人而言的，从语义学的角度看，预设是句子本身所具有的一层意义。语用预设对语境非常敏感，具有很强的语境依赖性，它通常是发话者为了保证其言语的适宜性而必须满足的前提，因而共同性是语用预设被理解的基础，而交际双方所共有的知识在交际过程中会不断得到调整、扩大。也就是说谈话在进展时，上下文也在不断变化，新的内容被吸收，某个命题的陈述在下个命题中就可能成为预设部分。

从逻辑推理的角度看，许多语用预设都暗藏有一个"三段论"。

  如：渡口下午六点停止摆渡。（语境）
  甲：已经七点了！
  乙：过不了河了！

这是一个完整的三段论。其中：
渡口下午六点停止摆渡——大前提（共知的）
"已经七点了！"——小前提（话面内容）
"过不了河了！"——结论（预设）
在日常生活中，人们经常只说一个小前提，结论让听话人推想。
许多广告都是一个三段论推理的语用例子。例如：

  1. 聪明人选"傻瓜"。（长城比特"傻瓜"印刷系统产品广告）

希望自己是聪明人而不是"傻瓜"。——大前提聪明人选"傻瓜"——小前提。

我是聪明人当然要选"傻瓜"！——结论

2. 此地禁止抽烟，连皇冠牌也不例外。（广告词）

皇冠牌香烟是最好的烟。——大前提

此地禁止抽烟，连皇冠牌也不例外。——小前提

买烟就买皇冠牌香烟。——结论

（二）预设的类别

1. 从语义内容来看，大致分为三种：

（1）存在预设。用于陈述某人某事有一定性质的话语，一般都预设讨论对象的存在。如"邓亚萍的每一块金牌都来之不易啊！"预设着"邓亚萍曾获得好几块金牌"。

（2）事实预设。用于陈述事实的表态性话语，一般都预设讨论对象是事实。如"她为自己没考上重点大学而感到遗憾"，预设着"她没有考上重点大学"的事实。

（3）种类预设。凡是谓词意义可以包含某集合属性的话语，一般都预设所讨论的对象属于某种范畴。如"山里的杜鹃开了"，预设着"杜鹃"属于植物一类而不是人类或鸟类的名称。

2. 从表现形式来看，可分为两种：

（1）预设始终不出现

例如，司机："刚才我不小心压死了您的猫，我愿意弥补您的损失。"主妇："很好。但是，您真的会捉老鼠吗？"

司机的本意是属于以言指事承诺类行为，对未来的行为（弥补损失）作出承诺，即赔钱或赔一只猫等，但主妇故意误解了司机的承诺行为："您真的会捉老鼠吗？"的预设是将司机本人作为赔偿物——猫的替身。

（2）预设在前文或后文出现

如"我的手机没电了，借你的用一下。"说话人要借什么？为什么要借？如果没有前一句预设，对方是无法听懂的。

又如，某人收到一条手机短信："我是一个暗恋你的人，见到你的第一眼我就认定你是我今生该等的人，但我唯一的遗憾是：我发错人了。"先扬后抑，开头就故意设下圈套，使人误以为对方真的暗恋自己。"我发错人了"这

一预设突然改变话语路向，彻底粉碎对方头脑已形成的会话含义铺造的境界，使收信者顿悟现实与所想的巨大落差，从而产生不凡的幽默效应。

二、预设的特点

（一）合适性

所谓合适，就是说预设要与语境紧密结合，预设是言语行为的先决条件。从客观真实性的视角可以看出，"语用预设"是实施一个言语行为所要满足的恰当条件，或者说是话语满足必要的社会合适性所需要的条件。如某人说："请把门关上。"预设：A. 有一扇双方都知道的门；B. 这扇门讲话时是开着的；C. 受话人有能力完成关门的动作。若实际语境中并不具备 A、B、C 这些条件，例如门原本就是关着的，这句话就不合适。又比如，经理向部下发号施令："你明天把设计方案交来"，经理发出的这个言语行为是提出一个要求，这个要求是否合适是有一系列的语用前提作为先决条件的。比如，要求明天完成的设计方案是双方都明确的那个方案；经理还知道他的部下有能力如期完成这个方案……如果实际的语境并不具备这样的条件，比如，部下不知道经理说的是哪个方案，或者设计方案的工作量很大，根本无法在短时间内完成等，那么，这位经理"发号施令"不但毫无意义，而且很可能产生负面影响。

运用预设的合适性有助于正确发出言语行为，并使听话人正确理解这个言语行为。有时，说话人发出话语的预设不一定能得到听话人的理解，因为同一话语可能因为语境不同而暗示着不同的预设，所以预设的合适性的一个重要依据就是语境。

（二）共知性

语用预设必须是谈话双方所共知，这一点更为重要。

从交际双方认知背景的视角可以看出，预设是发话人自认为与受话人共有的知识，或者说是背景知识。只有双方都理解这种知识，发话人才可能对受话人说某一句话，并且认为受话人能明白。如某人说"让小张试一试吧。"交际成功的前提至少包括双方都清楚：A. 谁是小张，B. 试什么，C. 在何时何地试。否则，就会出现交际失误。可见"语用预设"应与交际双方的已有知识相适应，具有"共知性"的特点。

预设的共知性可以有三种情况：

1. 预设往往是谈话双方或一般人共知的信息，它与语境紧密结合。语境明确，预设也就为双方或多方所了解，说话人说出的话，听话人可根据语境和预设做出不同的反应。

2. 预设的共知性要通过说话人的话语暗示出来，并得到听话人的理解。

3. 预设的共知性只限于说话的双方，第三者如不了解预设而只依靠语境是难以真正理解说话双方的对话内容的。

语用预设仅仅为发话人对受话人认知状态的主观假设，但客观事实上发话人话语中的语用预设可能并不为受话人所共知。在这种情况下，受话人的理解就会产生歧义，交际就有可能受挫。例如：

朋友A问朋友B："我们家的电脑总死机怎么办？昨天早上死一次机，今天又死两次！"朋友B的姥姥在旁边说："喂土霉素就好了，我家也死鸡，昨天死一只，今天早上我看有一只要死就喂了片土霉素，好了。"

这是一则笑话，此笑话就在于朋友B的姥姥不知道预设（电脑死机），而把它误以为是"死鸡"。预设为交际双方所共有，它存在于整个交际过程的语境中，而交际本身是一个动态的过程，这就意味着共有知识不是固定不变的，它随着交际的深入不断扩大、不断积累。原来不为交际双方所共知的事情会随着语言交际的深入变为双方共知的事情。例如："这篇文章很有价值，你看一看。"原来不为双方所共知的新信息，但到了第二分句就成了双方共知的事情。

（三）隐蔽性

语用预设具有隐蔽性的特点。从与语义载体相联系的视角可以看出，预设并非发话人通过句子的形式传达出的在线信息，而是隐含在话语中，由语境和话语暗示出来的背景信息。如"老王的桑塔纳花了多少钱？"此话预设了"老王曾经购买桑塔纳轿车"，尽管这不是此话所要传达的在线信息，但它却藏于句中，不管老王是否曾经购买桑塔纳轿车，在这句话中都是毋庸置疑的事实。预设在话语中的这种隐蔽性有很大的"欺骗性"，受话人稍不留神，就可能接受发话人隐藏的预设前提。预设的隐蔽性常常为技巧性谈话或广告所利用。比如警察在盘问犯罪嫌疑人时常会问这样的问题让对方措手不及：案发当天你几点离开现场的？这句话的语用预设是案发当天你在场。又如广告：

"为什么脑白金在首府如此热销?"("脑白金"广告)预设:脑白金在首府非常热销。"事实胜于雄辩",广告商将产品良好的销售情况作为已经存在的事实说出,胜于直接夸奖产品的显著功效,不管产品是否真有"热销",这则广告都会引起消费者的注意,并激发起人们的从众心理,从而竞相购买。

(四)动态性

有时说话人根据语用预设在具体语境中的体现方式和隐含意义,往往将预设进行改变,从而实现自己的语用意图。也就是说,在具体的语言环境中,一个话语可能有多个预设,一个预设也可能有多重含义,比如《三国演义》中:

刘备派左半军伊藉出使东吴,孙权想给他来个下马威。伊藉进来拜见孙权。

孙权:"你为无道之君做事,真是受难为了!"

伊藉:"不就是为您行个礼吗?只不过一拜之事,算不上受难为。"

孙权此话说在刘备派伊藉出使东吴之时,虽然没有指名道姓地说谁是无道之君,但依据预设的合适性,一听就明白其预设的信息:刘备是无道之君;你是在替无道之君出使东吴。反应敏捷的伊藉对这个暗示的预设不予理睬,而是借用自己正在跪拜之事,巧妙地将"替刘备出使东吴"转为"向孙权行跪拜之礼",把"无道之君"的骂名加在了孙权头上:"您就是无道之君"。伊藉的预设维护了刘备的尊严,表明了自己的立场,有力地回击了孙权。孙权挨了骂,也是哑巴吃黄连。

在我们给小孩出的脑筋急转弯的题"鱼缸里有十条小鱼,死了一条,还有几条"中,小孩会作出这样的预设——死鱼不是鱼,而出题人的预设是死鱼也是鱼,小孩很容易掉入这种预设认知动态性的"陷阱"中。常常看到商家用"买一送一"这样的广告词招徕生意,使顾客误以为买一台电视机送一台电视机,真值!其实送的只是牙膏、洗衣粉之类的小礼品。这说明预设在语境中是动态的、变化的、多维的。

三、语用预设生成的认知理据

有学者在关联理论的框架下讨论了语用预设生成的认知理据,认为语用预设产生于交际参与者对话语关联性的寻求,是认知关联的结果。话语是否实现意图、交际者是否采取会话合作，可以通过关联性来测量。就明示—推理模式而言，说话人为了实现话语的最大语境效果，从而将双方共知的信息或假定对方已知的信息背景化，即处理为语用预设，以便凸显明示的话语意义。听话人在会话合作、认知关联的基础上，结合话语的明示意义和语用预设，从而推理出话语的隐含意义。①

语用预设把预设和说话人联系在一起，与语境密切相关，是动态的、具体的。简而言之，语用预设是说话人对语境所作的设想，是一个言语行为的必要条件，是交际双方所共有的知识。语用预设的这种"共知性"（mutual-knowledge）是交际得以成功的基础，没有这一共同拥有的背景知识，话语交际就不能顺利进行。语用预设绝大部分是由非语言因素引起的，跟语境密切相关，与交际双方的社会文化背景息息相关，与交际双方的关系密不可分。②

关联理论认为语言交际的目标是用最小的认知努力获得最大的语境效果，即获得最佳的语境关联。交际双方基于相同或相似的认识环境，包括语境知识、背景知识和常规关系等，在交流时会寻找最佳关联点。为了寻找这个最佳关联点，说话人会对听话人的认识状态作一番充分的估计，并根据所做的估计对可以进入话语信息流的事实或事态作恰当判断和选择，断定哪些是对方熟悉的、已知的背景信息，哪些是有待对方了解的断言信息。说话人会将已知的信息作为预设，将其进行背景化的处置，同时将意欲交流的主要信息前景化，类似于格式塔心理学中的背景与图形，从而大大精简了话语，又保证了最佳关联性，确保了交流顺利进行。听话人会基于认知关联的直觉，对说话人明示的意义（显义）做出语义关联的推理，并检索认知图式中相关的知识辨析出说话人的语用预设，从而推导出话语意义中的隐义。这个过程就是关联理论的明示—推理话语交际过程。斯波伯和威尔逊认为，在明示—推理交际中，听话人从言语行为的明说意义推导出说话人的真正意图一般要经过两个步骤：先推导出语境假设（contextual assumption），在此基础上再推导出语境含义（contextual implication），这里的语境假设即是语用预设。例如：

A：今天下午我们去看电影吧，我听说《傲慢与偏见》很不错。你

---

① 邱采真、王红霞、刘竞进：《从关联理论看语用预设的认知理据》，载《北方文学》（下半月），2011年第12期。

② 熊学亮：《认知语用学概论》，上海外语教育出版社1999年版。

有兴趣吗？

　　B：那些古装剧通常都很无聊。

B 显然没有直接回答 A 的问题。A 要理解 B 的话语意义，必须得出以下的隐含意义：

a. 《傲慢与偏见》是一部古装剧。

b. 《傲慢与偏见》很有可能是无聊的电影。

c. B 对观看《傲慢与偏见》并不十分感兴趣。

一旦得出隐含意义（a），就很容易推导出（b）和（c）两个隐含意义：从 B 的话语明示意义和（a）即可推知（b）；从（b）和另一个较易及的语用假设——人们通常不愿意去观看他们认为是枯燥的古装剧——可以推导出（c）。那么，A 是如何得出（a）这个隐含意义的呢？关联理论对此作出了最有说服力的解释。斯波伯和威尔逊（1986）认为，任何明示性的交际活动都意味着本活动有最佳的关联性；关联的程度取决于话语所具有的语境效果和处理话语时所付出的努力这两个因素。人们正是根据话语之间彼此关联的信息来理解说话人的意图。在本例中，A 依照最佳关联假设从 B 的话语编码概念中选取最易提及的假设，并以此为基础来理解 B 的话语。也就是说，即使他不知道《傲慢与偏见》是古装剧，他也会很容易地建构这个假设，因为这个假设的语境效果最大，为之付出的认知努力也最小。

从这个例子可以清楚地看出，在理解蕴涵会话含义的话语时，推理假设都不是直接来自于说话人的话语明示意义，而是听话人在话语明示意义的基础上，借助逻辑知识和百科知识进行语用推理分析的结果。[①]

四、预设在语言交际中的价值

（一）利用预设可以减轻说话者的表述负担，也使得听话者免去理解话语的许多辛劳。其表现为：把那些听话者可能熟悉的信息作为预设，从而使话语避免了令人烦闷的冗长。

如甲对乙说："我的手提电脑修好了。"要是把预设说出来，这段话就冗赘不堪了。他得这么说："你知道，我有一台手提电脑，是名牌，新买的，不

[①] 邱采真、王红霞、刘竞进：《从关联理论看语用预设的认知理据》，载《北方文学》（下半月），2011年第12期。

久前坏了，呃，它原来是好好的。你知道的，学校附近有一家修理店，你看见的，我昨天才拿去，今天就修好了……"

（二）预设使话语蕴涵丰富，耐人寻味。由于说话人的真正含义并不在字面而在字里行间藏着，使人听起来既幽默风趣，又耐人寻味。例如：

> 国王举行盛大的宴会。来参加宴会的，都是有钱有势的人。在宴会上，国王赐给每个客人一套华丽贵重的衣服。同时，国王也叫来了阿凡提，当着众人，赐给他一块披在毛驴身上的麻布。
>
> 阿凡提恭恭敬敬地从国王手里接过麻布，再三向国王道了谢，然后高声向客人们说："贵客们！国王赐给你们的衣裳，虽然都是绫罗绸缎的，可都是从巴札买来的。他是多么尊重我呀！你们瞧，他竟然把自己的王袍赐给我了！"

阿凡提知道国王赏赐给他"一块披在毛驴身上的麻布"，是想当众羞辱他。机智的阿凡提不温不怒，把"麻布"说成"王袍"，预设蕴含的言外之意：这块麻布曾经是国王穿的。从而既把自己从尴尬的境地中解脱出来，又羞辱了国王。

（三）利用预设可以增强话语的说服力。在交际中，说话者要把某些新信息以预设的方式说出，可以造成一种那是众所周知或毋庸置疑的客观效果。

赵元任曾指出："有时候说话人不愿意突出他的主要信息，故意把它塞在一个不显眼的地方，例如：我从前在爱因斯坦家吃饭的时候儿啊……"

"我从前在爱因斯坦家吃饭"的预设是"我曾经在爱因斯坦家吃过饭"，这个信息对听话者而言可能是新的，他或者会产生怀疑，但是说话者把这个信息作为预设处理的做法，可能会使听话者对自己的上述怀疑产生怀疑。

（四）利用预设进行技巧的交谈

有的人为了使自己的言语行为达到某种效果，把自己的话语建筑在一个自己设想出来并对自己有利的预设之中，从而使对方产生错觉，在不知不觉中接受了这一预设，这是言谈的一种技巧。例如：

据说有两个米粉店，A 店的收入总是比不上 B 店，有人细细观察，发现两个店的老板招呼客人的方式有所不同，对比如下：

> A：要不要来一碗炒粉？
> B：要炒的还是要煮的？

A：要不要放鸡蛋？
　　B：放一个蛋还是放两个蛋？

"要不要"预设着"可要可不要"，不一定成交；而"要……还是要……"的预设是已经成交。B店老板正是抓住人们常会顺着发话人的预设回答问题的交谈习惯，换来了红红火火的生意。

有时候，说话人会顺着对方的话巧妙设置预设，也能收到很好的效果。例如：

　　阿凡提害眼病，看不清东西。国王偏要叫他来看这个，看那个，还取笑他道："你不论看什么，都把一件东西看成了两件，是吗？你本来穷得只有一头毛驴，现在可有两头了，阔起来了。哈哈！"
　　"真是这样，陛下！"阿凡提说，"比如我现在看您就有四条腿，和我的毛驴一模一样呢！"

显而易见，国王的话语是嘲笑阿凡提穷。阿凡提将计就计，巧借国王的话作预设：我能把一件东西看成两件。那么，你国王有两条腿，现在我看起来就有四条腿，就和我的毛驴一模一样。国王本来想取笑阿凡提，想不到却反被其所骂，只得哑巴吃黄连，有苦说不出，这就是顺着对方的话巧置预设的妙处。

（五）把已经讲过的话作为下一句话的预设，为话语中各个句子或者分句的排列提供一个制约原则。

利奇指出："更深入地看，我们就会发现语用学认为前提对于开展话语交际起着根本性的作用。当两人交谈时，他们有着各方面的共同的背景知识。他们不仅对谈话的某一特定场合有共同的知识，而且对整个世界有共同的知识。这就是说，可以认为必然对双方所共有的知识的范围在不断扩大。讲话双方所陈述过的命题可以成为下一个命题的前提。"① 利奇在这里说的前提（即预设）包括的范围较广，几乎等于所有已知信息。

例如有一个古老的故事：从前有一座山，山里有一座庙，庙里有一个和尚，和尚在讲着故事……

"庙里有一个和尚"中的"庙"的预设是前一句所说的"山里"的庙；

---

① ［英］杰弗里·利奇：《语义学》，李瑞华等译，上海外语教育出版社1987年版。

"和尚在讲着故事"中的"和尚"的预设是前一句所说的"庙里"的和尚……

又如：有一次，马克·吐温向邻居借阅一本书，邻居说："可以，可以。但我定了一条规则：从我图书室借去的图书必须当场阅读。"一星期后，这位邻居向马克·吐温借用割草机，马克·吐温笑着说："当然可以，毫无问题。不过我定了一条规则：从我家里借去的割草机只能在我的草地上使用。"马克·吐温的邻居所定的规则：从我图书室借去的图书必须当场阅读。其蕴涵的语用预设是：从某处借出的东西只能当场使用。于是，当邻居向马克·吐温借用割草机时，马克·吐温借用其预设，定出了一条可笑的规则：从我家里借去的割草机只能在我的草地上使用，终于报了一箭之仇。

总之，预设是人们言语交际中常见的语言现象，在话语理解和会话交流中都有重要的交际价值，尽管人们有时对它并没有明显的意识。利用语用预设特点形成的交际策略，对提高语言质量，增强交际效果大有裨益。

五、交际中的预设策略

（一）巧置预设

1. 有目的地选择预设，使谈话朝着有利于自己的方向发展。预设是谈话的起点，它决定着谈话的进程和方向，预设的恰当与否往往决定言语表达效果的好坏。我们可以有目的地选择预设，使谈话朝着有利于自己的方向发展。

20世纪30年代，香港茂隆皮箱行经营有方，生意兴隆，因而引起英国商人威尔斯的嫉妒。一次，威尔斯来到茂隆皮箱行订购3000只皮箱，价值港币20万元，合同写明一个月取货，逾期如不按质按量交货，卖方须按违约支付巨额赔偿。皮箱行如期交货时，威尔斯却说，合同上写的是皮箱，而现在做成的皮箱中使用了木料，就不是皮箱，因此，向法庭以"诈骗罪"提起诉讼，要求赔偿损失。皮箱行经理冯灿委托香港名律师罗文锦出庭辩护。正当威尔斯在法庭上步步紧逼之时，罗文锦站了起来，从口袋里取出一只大号金怀表，高声问道："法官先生，请问这是什么表？"法官答："这是英国伦敦出品的金表。可是，这与本案有什么关系呢？""有关系。"罗文锦面对法庭上所有的人说道："这是金表，没有人怀疑了吧？但是请问，这块金表除了表壳是镀金外，内部的机件都是金制的吗？"旁观者闻声议论："当然不是。"罗文锦律师说："那么，人们为什么又叫它金表呢？由此可见，茂隆行的皮箱案，不过是原告无理取闹，存心敲诈而已。"这场诉讼最后对威尔斯以诬告罪处以罚款5000元结案。

律师罗文锦选择了有利于本案的预设，使对方在承认预设的事实的情况下不攻自败。

2. 故意设置预设陷阱，设法引诱或迫使对方掉入陷阱。此法又叫言此意彼，借题发挥法，一般是在无法正面说服或反驳的语境中所使用的一种常用技巧。当对方有意挑衅时，你既不愿隐忍退让，也不愿正面与之发生冲突，运用此种方法能在含蓄中让对方感到你不是好惹的。例如：

某知县为霸占史老汉的财产，故意给他出了个难题，三天之内送来三只怀胎的公牛，做不到将其财产充公。三天后，知县到了史老汉家，出来迎接的却是史老汉的媳妇，二人一问一答。

知：史老汉在家吗？

媳：在是在，就是不好出来。

知：他怕见我，莫非赖账？

媳：哪里话，他在房里生小孩呢！

知：混账，男人怎么会生小孩呢？

媳：男人不会生小孩，公牛又怎么会怀胎呢？

知：……

上文的史老汉是故意设置预设陷阱，设法引诱或迫使对方掉入陷阱。知县图谋不轨，想通过预设公牛怀胎来制造诡辩，故意给老汉出了道难题，企图刁难史老汉，替自己的贪婪做掩护。史老汉是以其人之道还治其人之身，借用知县作出荒谬结论的方式推出另一个同样荒谬的结论来反驳知县。当知县带人来要怀胎的公牛时，听说史老汉在屋里生小孩，忘记了自己荒唐的难题，脱口说出"男人怎么会生小孩"，正中史老汉的计谋："既然男人不会生小孩，公牛又怎么会怀胎呢？"话语预设中的含义非常明显，知县要怀胎的公牛就如要生小孩的男人一样，是十分荒谬的。以荒谬对荒谬，这在客观上拒绝了知县的敲诈勒索，让县官哑口无言，自取其谬。

3. 设置隐蔽性的预设，达到说话人难以达到的目的。发话人若想表达某一内容，有时直接说出并不是最好的方式，利用预设常能达到一种意想不到的效果。有一个电影院，去那里看电影的妇女们总舍不得脱下她们的漂亮帽子，坐在她们后面的观众颇为不满，于是电影院经理在门口写了这样一句话："本院为照顾衰老高龄的女客，允许她们照常戴帽看电影，不必摘下。"此通知一出，女士们纷纷自觉取下了帽子，因为那句话隐含了这样一个预设：戴帽子的女士都是衰老高龄的，有谁愿意将自己放在这个位置上呢？

又如：一对男女青年在舞会上刚认识。

男：明晚我们在什么地方见面？
女：明晚——也在这里。

男青年的话预设着"明晚我们要见面"。男青年利用这一预设悄悄地把"我希望明晚继续与你见面"的个人愿望变为双方的共同愿望，致使对方产生错觉，在不知不觉中接受了邀请。如果先问："明晚我们见一次面好吗？"很可能会节外生枝。

4. 利用谈话双方共知而局外人并不知晓的预设，使语言委婉含蓄，耐人寻味。一般认为，作为语句的语用预设应具有"共知性"，有时，在只有交际双方共知的背景知识下进行交谈是十分必要的，这时候，谈话人往往是不愿让别人了解自己话语中的真正意义。例如当年地下革命者活动接头暗号，局外人是无法了解其话语预设的含义的。《红灯记》中，地下交通员接头时吆喝："卖木梳喽！"；李玉和被捕时叮嘱李铁梅出门时小心防"野狗"……要与奶奶分忧愁，其真正含义在场的特务是理解不了的。下面是亦杰《"黑话"漫议》中的一例。

甲：那个事你那个了没有？
乙：那个事不容易那个。
甲：不管好那个不好那个，你无论如何要那个。
乙：我尽量那个，不过现在办事少不了那个。
甲：你要多少那个我给你多少，不舍得那个还能那个？

为了达到实施语用策略的目的，例中的甲乙双方都利用了他们共享的语境以及指示语对语境的依赖关系，使局外人并不知晓的预设得以准确传达。

（二）误置预设

成功的交际要避免误置预设，而有时候人们却反其道而行之，通过有意的误置预设来达到某种特定的目的。

1. 故意曲解话语的语用预设。这种方法主要是对话语的预设佯装不知，故意误解话语意图，以达到特定目的。例如：

> 班会上，班长为一大沓假条而大发雷霆："看看嘛！看看嘛！你们的理由有几个是真的？"
>
> 小胖说："班长真是英明，假条嘛，本来就是假的，真的还叫'假条'吗？"

小胖故意把班长说的"假条"（请假的条子）的预设改为"不真实的条子"，以此为自己的过错打掩护。

2. 为了诱导听话人，误置话语中的部分先决条件。有时候，说话人为了诱导听话人，故意把应该提供的信息误置于后，以达到意想不到的效果。例如：

> 罗斯福与其政敌梅根一起出席一个记者俱乐部的聚会。梅根首先发言抨击罗斯福的新政。罗斯福随后也发表了演说。
>
> 罗斯福：美国新闻界愚笨透顶，而且傲气十足。编辑和记者们不学无术，水平太差，恐怕连大学入学考试都难以通过……（演讲即将结束时大声宣布）我上面所说的话，均引自梅根的大作《美国新闻界》。

罗斯福的演讲只字不提梅根刚才的讲话，却大肆攻击起美国的新闻界来。在大部分讲话中，他向听众隐瞒了一个最根本的前提：演讲中的话均引自梅根的大作《美国新闻界》。

只在最后一刻，罗斯福才向听众澄清这个误置的预设。这无疑是有意诱导听众误置前提，认为是罗斯福在攻击新闻界。其目的，是先让所有的枪口都对准自己，当听众群情激愤到顶点时，突然出人意料地将众矢之的位置让给梅根，让其难以招架，无力再攻击他的新政。在语用上他采用的是误置预设的策略。

（三）强加预设

在话语中有意无意地加上不存在的前提条件，称为强加预设。从语用的角度看，说话者和听话人并不需要真正认为预设当然为真，他们可以接受一个真假不定的，甚至是虚假的预设，只要这一预设对于谈话来说是不可或缺的，就可以把该预设暂且当作是真的，以保证谈话的顺利进行。语用预设的这一特点给说话人"强加"特定预设提供了可能。因此，我们有理由得出这样的结论：预设作为谈话的起点，并不总是被动消极的，人们完全可以有意识地利用预设来提高语言的表达效果。

1. 利用假话设置预设陷阱。这是一种隐蔽性极强的方法。要点是：在对方难以从正面直接说明、驳倒的情况下，先不暴露自己的论辩意图，而是预先设置一个圈套，然后设法引诱或迫使对方来钻。最后使其陷入进退维谷、四面楚歌的困境之中。如：

> 寓言家拉封登有一个习惯，每天早晨要吃一只烤苹果。一天，他的一个朋友进了屋，随后拉封登发现苹果没有了，就猜到了是怎么回事。于是，他惊叫起来：
> "啊！我的老天，谁把我放在壁炉上的苹果给吃了？"
> "我没吃。"朋友答道。
> "幸亏如此。"
> "为什么幸亏如此？"
> "因为我在苹果里放了些砒霜，好毒死耗子。"
> "砒霜！"他的朋友叫道："我中毒了！"
> 拉封登笑着说："我亲爱的，请安静下来，这是个玩笑，我只不过想知道是谁吃了苹果。"

寓言家拉封登在不能确知苹果被谁吃了的情况下，为了证实自己的判断，故意强加预设：苹果里加了砒霜。从而诱使朋友说出实情，由于朋友不知道拉封登的本意，因此，上当受骗。

又如：电视剧《大宅门》片段：

> 韩荣发去暗查隐姓埋名多年的白颖园。
> 韩荣发："我是北京'隆盛'药行的伙计，来陕西看药材，有些事儿还得请您指教。"
> 颖园（警惕地试探）："不敢！'隆盛'的钱掌柜还好吧？"
> 韩荣发一愣："钱掌柜？"忙随机应变地："啊——好，挺好的。"

颖园（警惕地试探）："他儿子都有三十多岁了吧？"

韩荣发："可不是，三十二！"

颖园号脉的手立即离开了："您什么病都没有！您不是来看病的！"

韩荣发："不看病我干什么？"

颖园："'隆盛'掌柜的不姓钱，他也没有儿子，只有个闺女！"

机警的白颖园先用几个虚假的预设，然后一一否定，致使对方狼狈不堪。

否定了语句的预设，句子所表达的事态就没有了存在的依据和基础。这是一种有力的反驳。

2. 故意编造虚假预设，使语言委婉、幽默。有时候，说话人出于礼貌，给对方留点面子，同时也显得有涵养，故意编造虚假预设，使语言委婉曲折、幽默风趣。请看下例。

编辑：年轻人，这首诗是你自己写的吗？

年轻人：是的，每一行都是我写的。

编辑：那么，莎士比亚先生，见到您我很高兴，我还以为您早已离开人世了呢！

编辑本可以直截了当地"揭露"年轻人："你这首诗是从莎士比亚那儿抄来的"。但这样很可能会使谈话变得尴尬而无趣，为了使谈话更富策略，这位聪明的编辑故意作了一个人人皆知为假的预设："莎士比亚还活在人世间。"以此为基点来设计谈话的内容，从而达到了预期的目的：在轻松的谈话中严肃地批评教育了年轻人。

有时候虚假预设可以避免交际中的尴尬与不愉快，如有一位旅馆老板口试甲、乙、丙三位男性应聘者。

问：假如你无意中推开房门，看见女客一丝不挂在沐浴，而她也看见你了，这时你怎么办？

甲答：说声"对不起"，就关门退出。

乙答：说声"对不起，小姐"，就关门退出。

丙答：说声"对不起，先生"，就关门退出。

结果，丙被录用了。

丙的回答有意加上不存在的前提条件，说假话却避免了交际中的尴尬与不特快,一个巧妙的预设使他轻易地敲开了成功的大门。

(四) 更换语用预设

更换语用预设是指单方面取消话语原来的预设,而代之以新的预设。根据更换语用预设手段的不同,可分为以下几种。

1. 利用转移焦点,更换语用预设。语用预设受话语焦点的影响,随着焦点的转移而变化。如阿凡提的一个有趣的故事:

>国王问阿凡提:要是你面前一边放着金子,一边放着正义,你会选择哪一样呢?
>
>阿凡提:我愿意选择金子。
>
>国王:你怎么了,阿凡提?要是我呀,我一定选择正义,绝不会选择金子。金子有什么稀罕的?正义可是不容易找到的啊!
>
>阿凡提:谁缺什么会想要什么,我的陛下。你想要的东西,正是您最缺少的呀!

试比较国王的逻辑与阿凡提的逻辑。

国王:选择正义的人是正义的,选择金子的人是贪婪的(大前提)。
  我选择正义,阿凡提选择金子。(小前提)
  我是正义的,阿凡提是贪婪的。(结论)

阿凡提:谁缺什么,就想要什么。(大前提)
  国王选择正义,我选择金子。(小前提)
  国王缺的是正义,我缺的是金子。(结论)

聪明的阿凡提有意转换大前提,把话语焦点轻移为"谁缺什么,就想要什么。"这样就使省略了的小前提一语中的:国王缺的不是金子而是正义。国王本想教训教训阿凡提,不料反被揭穿了贪婪、虚伪的真面目。又如:

>一个外交官去见林肯时,发现他正在刷鞋。外交官很惊奇地问道:"哎呀,总统先生,你还要给自己刷鞋吗?"林肯回答:"是呀,那你还要给谁刷鞋呢?"

在这个例子中,按照一般常识,外交官话语的语句焦点应是"你",其语用预设是"总统的鞋不用自己刷而应由别人来刷"。但林肯故意把外交官的语句焦点理解为"给"的宾语——"自己",从而转移焦点,把已有的语用预设更换为"拍马屁之人只给别人刷鞋"这一滑稽的语用预设，因此，取得了幽默的效果。

2. 利用语用含糊，更换语用预设。语用含糊表现为话语在言语行为方面有两种以上的解释，或话语中的结构或某个词语出现多种意义解释。说话者正是利用这一语言结构与意图结构之间可能存在的信息差，更换语用预设。如：

> 萧伯纳因脊椎骨有毛病，从脚跟上截一块骨头来补损。手术后，医生想敲他竹杠，说："萧伯纳先生，这是我从未做过的新手术呵！"
> 萧伯纳风趣地笑着说："那好极了，你打算付给我多少实验费呀？"

其实，医生的语用预设是：做新手术很困难，要多付医疗费。而萧伯纳利用"新手术"的另一语用义：新手术要冒一定风险。于是，更换语用预设为：做新手术是很危险的，要付实验费。萧伯纳巧妙而幽默的话语，自然妥帖，从而堵住医生的口，让他无法说出多付医疗费的非分要求。

（五）接用预设

说话人表面上认同对方的观点，把对方的预设借用为自己说话的前提，使话语按照自己预想的方向发展，最终达到说话人预想的结果。

1. 直接把对方的话语接用为话语的前提。如：

> 一家人家到城里去寻找住房，全家三口，夫妻和一个五岁的孩子，他们跑了一天，好不容易到傍晚才看到一张称心的公寓出租广告。他们满怀希望敲开房东的大门，温和的房东把这三人上下打量了一番，遗憾地说："实在对不起，我们公寓不租给有孩子的住户。"说完就把门关起来了。丈夫和妻子听了不知说什么好，正想默默走开，这时，小男孩那红叶般的小手又敲响了房东的大门，房东又出来了。只见小孩子精神抖擞地对房东说："老爷爷，我没有孩子，只有两位老人，请把房子租给我吧。"房东听了，高兴地笑了，房子也就租成了。

2. 间接接用对方话语的预设，即按照对方话语预设的推导逻辑仿造出一个类似荒谬的预设，让对方的谬误不攻自破。此法又叫依样画瓢，以子之矛攻子之盾法。此法最常用于批驳谬误。如：

> 英国讽刺作家斯威夫特与他的仆从出游，因久雨，道上泥泞，鞋子

弄得很脏。一天晚上,主仆投宿于一家客店。斯威夫特叫仆从把他的鞋刷干净。仆从说:"明天赶路,照样会把鞋弄脏的,何必刷呢?"斯威夫特未作声。第二天一早,两人未吃早餐便上路了,中午时分,仆从饿了,便说:"我的肚子确实饿得不行啦,我们还是吃了饭再走吧。""何必呢!吃了饭还照样会饿的。"斯威夫特不紧不慢地说。

斯威夫特的话是以仆从前面的话作为前提的。他巧妙地接用了仆从的预设,弄得仆从无言以对,哭笑不得。

又如:有个老百姓到县衙门报荒。

县官问道:"今年麦子收成怎样?"
老百姓说:"收了三成。"
"棉花收成怎样?""收了二成。"
"稻子收成怎样?""收了二成。"
县官听了大怒道:"收了七成年景,还来报荒,分明是谎报!"
老百姓想了想说:"老爷息怒,小人活了一百几十岁,实在没有见过这么大的灾情。"县官看他长得不像过百岁的样子,便问他到底多大岁数。老汉说:"我今年七十岁,大儿子四十岁,小儿子三十岁,合在一起,不是一百几十岁吗?"

县官通过预设一年年景的收成等于各种农作物收成的总和来制造诡辩,企图刁难老汉。老汉没有反驳,而是顺其预设,作了快速"联想",由对方预设年景的收成等于各农作物收成的总和,从而在答话中预设一个人的年龄等于一家人年龄的总和,让县官哑口无言,自取其谬。

由此可见,从理解的角度看,预设是从谈话的语句中析出的;而从表达的角度看,预设是谈话的基础,也是谈话的起点,在某种意义上,语用预设是可以由说话人来"规定"的。因此,有效地利用语用预设来构建谈话的框架,可以使谈话更有策略、更富技巧。

六、语用预设应注意的问题

(一) 双方已知的信息不必说出

语用预设具有"合适性""共知性"的特点,设置预设应与交际双方的知识背景相适应。如果提供给对方的都是双方已知的信息，不但所说的毫无意义，还会产生负面影响。例如：

> 古代有个县官，一天乘船去拜见新上任的州官。州官见了他，便问道："你的船停在什么地方？"
>
> "船停在河里。"县官拘谨地回答。
>
> 州官大怒，厉声喝道："你还想把船抬到州府衙门口吗？"县官答道："带的随从少，恐怕抬不动。"

该例中，州官问的是具体的地点，这一点应是非常明确的，但是县官却回答"船停在河里"。按照常识，船肯定是要停在河里的，这也是州官言语的预设，而县官由于拘谨，回答的正好是州官所预设的，等于是没有回答。而作为上司，州官认为县官的这种回答是一种严重的犯上行为，因而大怒说"你还想把船抬到州府衙门口吗？"言下之意是说，你的船不停在河里，难道是要停在我的州府衙门口来吗？面对州官表面的询问实质的责怨，县官却回答"带的随从少，恐怕抬不动"，可想而知州官的怒火了。这个例子也表明了县官和州官的主体差异性。

（二）对方不知晓的信息不宜作为预设的前提

预设是说话人组织信息的策略，受说话人的意图、说话人对听话人对所谈事物的熟悉程度的估计的影响。每一种言语行为总是针对特定交际对象，交际对象不同，共知就不同，说话人传递信息的语言形式也会因此有别，说话人对语言表达方式的取舍，是以他对听话人的假设为依据的。科学家的学术报告，普通百姓听不懂；商人之间的古怪行话，一般顾客即使听了，也是一头雾水。究其原因，都在于：他们所说的并不是局外人心目中的预设所在。例如：

> 甲：我前天买了台电脑，昨天又去买了个"猫儿"（上网用的调制解调器）。
>
> 乙：你喜欢养猫吗？

这个笑话之所以产生，是因为说话人认为"猫儿"这个词的所指是大家都清楚的，便没多做解释，而受话人头脑中预先并没有这个知识，"预设"不能被双方共同理解，于是产生了误解。

下例是甲、乙两名大学生在火车上初次见面时的对话：

甲（看着报纸）：你觉得卡罗斯怎么样？
乙：卡罗斯……？
甲：卡罗斯是足球运动员，你不知道啊？

听到甲学生的提问，乙学生不知所云，他从不关注足球，根本就不知道卡罗斯为何人。甲的话中就预设了"乙知道卡罗斯这人"，这个预设是不恰当的。因此说话时要合理预设对方的认知状态，以确定哪些属于在线信息，哪些可以归为预设信息，这就要对交际双方的职业、知识结构、文化背景等方面做出准确的判断。这一点对于跨文化的语言交流和语言教学很重要。文化差异常常是造成"跨语言交际障碍"的重要原因。

（三）后面的话应与前面的预设保持一致

前面的预设实际上构成了一个语境，因此，后面的话语必须受这个语境约束，否则容易给人钻空子。例如：

哲学课上一名学生正在酣睡，老师便向他提问道："我只提一个问题你回答，你刚才听课了吗？"学生答道："听了！"老师又问："那好，你说一下，什么是哲学？"学生急中生智，答道："你不是只提一个问题吗？现在是第二个问题了，我可以不回答吗？"

老师无语，众生讥笑。老师"只提一个问题你回答"限制了预设的语境，学生的回答符合语境。

（四）不要随便把自己也不相信或者没有把握的信息作为预设处理

值得注意的是，预设如果发挥过头，就会导致说话者把自己也不相信或者没有把握的信息作为预设处理，从而形成欺骗行为。例如：

甲：你手里拿的是什么东西？
乙：小明的玩具火车坏了，让我修一下。
甲：可是小明没有玩具火车啊。
乙：这……

在这段话中，乙的答话以"小明有玩具火车"为预设，或许是为了掩饰玩具火车的来源。但由于采用了没有把握的信息作为预设，极易于被对方识破，以致自己打了自己的嘴巴。又如：

> 巫婆：你若不烧香拜佛，现在杀猪，来世便会托生为猪；现在杀牛，来世就会托生为牛；现在杀羊，来世就会托生为羊。
>
> 屠夫：照你这么说，我只有杀人了！

屠夫接用了巫婆话语的预设作了如下的推理：

杀什么来世便会托生为什么。（接用为大前提）

我当然愿意来世托生为人。（小前提）

我只有杀人了。（结论）

巫婆预设的荒唐逻辑被屠夫接用并加以夸大，得到更荒唐的结论，其荒谬本质更加强化和明朗化。

（五）不要滥用有歧义的预设

例如：

> 某地理老师正上课，为了活跃气氛，他提问道："法国最著名的是什么？""法国香水。"全体女生不约而同地答道。

由于老师的问题可以有多种预设，学生不一定按老师的预设回答问题。又如：

> 爸爸还在睡觉，好友老李来访。妈妈对三岁的女儿说："快，去叫爸爸。"女儿迟疑了一下走到老李面前怯生生喊了声："爸爸！"

显然，"快，去叫爸爸。"这句话因为没有伴随指示动作，在此语境中产生了歧义。妈妈的意思是：嘱咐女儿叫醒睡觉的爸爸来接待老李。女儿的行动则表明她对这话的理解是：妈妈让我叫来人为爸爸。

下面是发生在坎瑞岛国际机场的一个真实的故事：1977年3月27日在坎瑞岛的国际机场上，两架波音747飞机正在待命起飞。它们分别属于荷兰皇家航空公司和美国泛美航空公司。两架飞机同时向机场指挥塔要求起飞，指挥塔在向美国泛美航空公司的飞机发出起飞的命令后，对荷兰飞机说："好，等一下起飞"。这里的等一下，在英文是一个多义词，既有"等一下，先别飞"的意思，也有"准备行动"的意思。指挥塔要表达的是第一种意思，而荷兰飞行员却理解成了第二种意思。于是两架飞机同时加速进入起跑道，一场罕见的空难发生了：两架飞机在空中相撞，机组人员和567名乘客全部遇难，语用预设失误，造成了如此可怕的灾难！

案例分析

一、天下雨啦！

（1）共知前提：久旱无雨。

甲：天下雨啦！

乙：庄稼可有救啦！

（2）共知前提：连续的阴雨天。

甲：天下雨啦！

乙：庄稼可完蛋了！

（3）共知前提：讨论旅行计划。

甲：天下雨啦！

乙：旅行计划泡汤了。

（4）共知前提：放学。

甲：天下雨啦！

乙：我们回不去了。

（5）共知前提：酷热的夏天。

甲：天下雨啦！

乙：这下可凉快了。

（6）共知前提：深秋时节。

甲：天下雨啦！

乙：明天要冷了。

（7）共知前提：残冬时节。

甲：天下雨啦！

乙：春天终于来了。

以上各例，语境明确，前提为双方所了解，因此说话人说出的话，听话人能根据语境和前提做出不同的反应。

二、受骗上当的小偷

小偷把一位女青年的自行车偷了,女青年发现后与之论理,小偷却一口咬定车是他本人的。女青年急中生智,反问道:你说车是你的,那你说:"后轮胎补了几个洞?"小偷想了一下说:"一个或者两个,谁记得那么清楚?"这下可露了馅,因为自行车轮胎根本没有补过。女青年故意设置虚假预设,使小偷受骗上当,从而讨回了公道。

三、你还抱怨什么?

两人在吃饭,只有一碟菜,一大一小两条鱼。一位先生先把大的那条给夹了,另外一个勃然大怒。

"多没规矩!"这个人叫道。

"什么事儿啊?"他的朋友觉得奇怪。

"你吃掉那条大鱼了!"那人满面委屈地喊道。

"假如你是我又怎样?"他的朋友不慌不忙。

"我当然夹那条小的。"

"那好哇!你还抱怨什么?那条小的还在那儿呢!"

两人既为朋友,却为吃大小鱼而争执,实在大失风度。而一个人本意在挑起"战争",令人难堪,直指朋友"小气",意在挖苦他的朋友,而他的朋友明知故问,把问题抛回给对方,让对方承认"我当然夹那条小的"这一前提(已经讲过的话为下一句话的预设),使对方在不知不觉中掉入"陷阱"。

四、伍子胥过关

伍子胥的父亲被楚平王所杀,他与宋太子建密谋报仇,后来事情败露,太子建被杀,伍子胥逃到昭关时被关吏逮住了。伍子胥从容地对关吏说:"你可知大王为何抓我吗?因为我有一颗价值连城的珠宝。这颗珠宝已被我弄丢了。现在你抓住我正好,我会一口咬定是你夺取了我的珠宝,并将它吞到肚子里了。那时大王一定会杀死你,剖开你的肚子找珠宝,等到我被杀时,你的肠子早就断成一寸寸的了。"关吏一听吓傻了眼,立刻乖乖地放伍子胥出关。

关吏当然知道伍子胥是朝廷要提拿的重犯,而对伍子青谋反败露一事知之不详。伍子胥正是抓住了关吏只知其一，不知其二这一点，杜撰了楚王要捉他夺珠宝的虚假前提，进而又推导出关吏如何被楚王剖腹取宝，祸及自身的论断来。伍子胥话语中的预设有真有假，有虚有实，果然吓唬住了关吏。

五、阿凡提染马

巴依：来，阿凡提，给我把这匹马好好染一染。我要染的颜色普通极了。它不是红的，不是蓝的，不是黑的，又不是白的，不是绿的，也不是青的，你明白吗？

阿凡提：我明白了。您就到那一天来取吧。那一天不是星期一，不是星期二，不是星期三和星期四，也不是星期五和星期六，连星期天也不是。我的巴依，到了那一天，你就来取吧！

巴依通过预设中否定所有可能的颜色选择，制造诡辩，企图刁难阿凡提。阿凡提没有正面拒绝，而是顺其预设，作了快速"联想"，由对方的颜色无选择联想到时间无选择，在答话的预设中否定了所有可能的时间选择，让巴依自取其谬。

六、它的哪只眼睛是瞎的？

邻居盗走了华盛顿的马，华盛顿和警察在邻居的牧场找到了被盗的马。但邻居声称马是自己的，不肯交出来。华盛顿（将马的一双眼睛捂住）：如果这马是你的，那么，请你说出它的哪只眼睛是瞎的？邻居：右眼。（华盛顿把手从右眼移开，马的右眼不瞎）。邻居：啊，我弄错了，是左眼。（华盛顿把左手也移开，马的左眼也不瞎。）

警察：够了！这足以证明马不是你的。华盛顿先生，把马牵回去吧！

华盛顿巧设埋伏要回了自己的马。他成功的关键在于他前提中设的一个陷阱，用一个问句预设了"马的两只眼睛有一只是瞎的"，而实际上马的双眼都没有瞎，对方不知道这一点，所以他无论断定哪只眼睛是瞎的，都只能是错误的结论。

七、我要演狮子

某马戏团有一个重要的节目：驯狮表演。一个年轻漂亮的女驯狮员，手拿指挥棒，让狮子做高难度的动作，演到高潮时，女郎口中含一块糖，让狮子用舌头接过去。为了渲染气氛，马戏团的经理问观众："哪位观众敢上来试一试？"

台下一片沉默，突然有位男士应声答道："我敢。"观众一下把目光聚集到他身上，停了片刻，他接着说："不过，我要演狮子。"

马戏团经理是要观众与狮子一起表演，根据预设的合适性特点，一听就明白预设的信息是：像女驯狮员一样与狮子表演。但由于马戏团经理在"试一试"之前省略了"与狮子"三个字，从而给那位男士以可乘之机，他故意曲解话语的语用预设，而误置为他要上去与那位女驯狮员接吻，从而造成出人意料的幽默效果。

八、礼物应属于谁？

一个人对着巴德破口大骂，但巴德却一声不吭。待那人骂完了，巴德问道："年轻人，如果一个人拒绝接受人家送给他礼物，这礼物应属于谁？"

"属于那送礼物的人。"那人答道。

"可爱的年轻人"，巴德说，"我拒绝接受你的辱骂，你收回去自己留着好啦。"

巴德对于年轻人的辱骂不是以牙还牙破口大骂，而是诱使年轻人说出他早已设置好的预设陷阱，即如果一个人拒绝接受人家送给他的东西，这东西就属于那送东西的人。从而顺其自然地回击了年轻人，这样，既显示了他的智慧，又不失自己的身份。

思辨和训练

一、什么是"预设"？为什么要对预设进行语用分析？

二、试述语用前提的特征。

三、从语用预设的角度分析以下各例。

1. 甲：好狗不挡路。

    乙：我从不挡狗路。

2. 真令人不解，别的公司为什么总爱模仿我们的产品。（广告词）

3. 凯歌牌全自动洗衣机就一个缺点，如果能自动晾衣服就好了！（广告

词）

4. 这种运动衫使用的是本国最好的染料，染色技术更是本国优秀的，不过感到遗憾的是，酱紫色之类的颜色至今仍无法做到永不退色。（日本一家运动器具公司为其运动衫做的广告）

5. 当心吞下舌头或胀破肚子，因为这里的食物味道太美了；当心晒黑皮肤或脱几层皮，因为这里的海滩过于迷人了；当心潜在海底太久而忘了上来换气，因为这里的海底生物太令人着迷；当心胶卷不够用，因为这里生动镜头取不胜取；当心登山临渊累坏了身体，因为这里山清水秀使人流连忘返；当心坠入爱河而不能自拔，因为这里是谈情说爱的世外桃源；当心买的东西太多而不易带走，因为这里的物价太便宜了；当心被这里的豪华酒店宠坏，因为这里的服务太体贴入微了；当心与本地所有人都交上朋友，因为他们太友善、太好客了；当心乐不思蜀，不愿回家。（菲律宾国际旅游公司广告）

6. 从前，有一位国王，在桥头上立碑，上书："凡是过桥的人，必须先说一句话，如果说的话是真实的，可以过桥，如果说的话是虚假的，则要杀死在桥头。"有一天，一个小伙子来到桥头，说了一句话："我要死在这里！"这句话让国王左右为难，无所适从。

7. 小祥：爸爸，是不是当人家心里难受的时候，就不应该再给他精神或肉体上的刺激？对吧？

爸爸：那当然。

小祥：那就好，这次考试，我有两门功课不及格，我现在心里很难受⋯⋯

爸爸：你⋯⋯

8.《阿 Q 正传》阿 Q 受审一段

⋯⋯

审判官：那你就从实招来吧，免得皮肉吃苦。你的事我都知道，招了，我就放你回去。

阿 Q：我本来是要投——

审判官：那你为什么不早来投案呢？

阿 Q：说真的，我真想造反，我去投假洋鬼子，假洋鬼子不准我造反！

审判官：（拍案）什么造反不造反！我问的是，你的同党在哪里？

阿Q：……
众人：快点说！说！

四、观看影视片段，试从语用预设的角度进行分析。

1. 观看莎士比亚的著名戏剧《威尼斯商人》中的"法庭辩论"一场：债主夏洛克手持借据，上面早已写明，三个月期限一到，倘若还不出所借之3000元，则从借债人安东尼奥身上割下一磅肉来作为赔偿。法庭上，威尼斯公爵和其他人纷纷替安东尼奥求情，夏洛克不为所动。正在这时，鲍西娅女扮男装，以律师身份登场了，她先是声称谁也无权变更法律，夏洛克有权割取一磅肉，使得夏洛克对她不再持有戒心。继而，"以退为进"，要求可否为安东尼奥请一位医生来实施割肉后的救护，夏当即以合同上没有表示拒绝。至此，鲍开始"进攻"；合同上没有写可以流血，同理，割肉时也不可以流血，否则，夏就是违法。此后，夏洛克节节败退，直至以失败告终。

2. 《西厢记》崔母赖婚（唱词）

伴唱：好一个翻云覆雨的老婆婆，
　　　　竟说出妹妹拜哥哥！
张生：莫非我话听有错？
莺莺：认兄妹莫非有意断丝罗？
红娘：看起来好姻缘天崩地坼！
崔母：门不当户不对无可奈何！
……
莺莺：他怎咽得下这玉液金波？
　　　　母亲你害苦张生还甜语多。
……
张生：饮酒，饮泪，饮苦涩，
　　　　这一杯恰似饮鸩难止渴！
伴唱：合欢酒作了离别宴，
　　　　花烛夜成了梦南柯。
莺莺：张生啊，你无缘我命薄，
　　　　母亲啊，你过河拆桥却误了我！

参考文献

1. 边永卫：《浅谈预设在戏剧语篇中的作用》，载《国际关系学院学报》，2002 年第 3 期。
2. 段宏立：《浅说预设》，载《重庆工学院学报》，2005 年第 4 期。
3. 何自然：《语用学概论》，湖南教育出版社 1988 年版。
4. 何自然：《语用学探索》，广东世界图书出版公司 2000 年版。
5. 华劭：《从语用学的角度看回答》，载《外语与外语教学》（大连外国语学院学报），1996 年第 3 期。
6. 罗国莹：《论广告中的预设和蕴涵》，载《贵州教育学院学报》，2005 年第 3 期。
7. 刘伊俐：《语用预设与跨文化语篇的理解》，载《福州大学学报》（哲学社会科学版），2002 年第 4 期。
8. 孟雪峰：《小议语义预设与语用预设》，载《齐齐哈尔大学学报》（哲学社会科学版），2005 年第 5 期。
9. 邱采真、王红霞、刘竞进：《从关联理论看语用预设的认知理据》，载《北方文学》（下半月），2011 年第 12 期。
10. 任素贞、王盼妮：《语用学理论在篇章分析及阅读理解中的作用》，载《青岛大学师范学报》，1995 年第 2 期。
11. 任晔、张燚：《论语用预设的交际价值》，载《新疆师范大学学报》（哲学社会科学版），2003 年第 4 期。
12. 宋宣：《现代汉语预设句初探》，载《贵州大学学报》（社会科学版），1996 年第 2 期。
13. 宋伟、黄敏：《新闻标题语用预设浅析》，载《洛阳师范学院学报》，2003 年第 3 期。
14. 王相峰、刘龙根：《预设投射理论初探》，载《吉林大学社会科学学报》，1995 年第 6 期。
15. 王扬：《语用预设的特征及其认知阐释》，载《安徽教育学院学报》，2004 年第 2 期。
16. 王晨：《试论论辩中语用预设的把握》，载《广西医科大学学报》，2002 年 S1 期。

17. 熊学亮：《认知语用学概论》，上海外语教育出版社1999年版。

18. 杨年保：《语义预设与语用预设研究》，载《云梦学刊》，2005年第3期。

19. 祝清凯：《幽默寓言的表意功能探索》，载《江汉大学学报》，1996年第1期。

20. 张燚、任晔：《语境与语用预设》，载《新疆教育学院学报》，2003年第4期。

21. ［英］杰弗里·利奇：《语义学》，李瑞华等译，上海外语教育出版社1987年版。

第五章

指示信息

理论知识

一、指示语和指示信息

（一）指示语

指示语（deixis）是用作指示的语言单位。它可能是语法上的指示代词、人称代词、物主代词、时态、某些情态助动词和表示移动的动词、时间和地点副词、某些称谓，以及在特定语境中表示事物关系和人的社交关系的词语，等等。按其指代性及其跟语境结合的不同情况，指示语可分为五类：人称指示、社交指示、时间指示、空间指示、语篇指示。

"指示语是语用学的重要组成部分。语用学研究的是特定情景中的特定话语，研究不同的语言交际环境下如何理解和运用语言。这就是说，语用学研究的不是那种依附于词句本身的静态意义，而是在一定语境中词句传达的言语行为的动态意义，即语言使用者在一定的语境中赋予词句的语用意义。列文森认为：话语和语境之间的关系是通过指示语才明显地在语言结构上表现出来的。人们在话语中通过使用指示词和其他手段，使话语与一定的人物、事物、空间、时间发生直接联系。"[1] 作为一种特殊而复杂的语言现象，指示语对一系列有关自然语言本质的意义及指称理论提出了质疑，对研究意义理

---

[1] 向朝红、刘露营、李天梅：《人称指示在汉语、英语中的语用对比分析》，载《渝西学院报》（社会科学版），2003年第4期。

论和指称理论有十分重要的理论价值,近几十年来,它已成为语言哲学、语义学、语用学及心理语言学共同关注的课题。

(二) 指示信息

话语中的典型指示信息是一些指称信息,包括时间、空间、移动等概念;也指话语进程、会话双方相互识别及相互关系。这些指示信息依靠一系列与语境有直接联系的词语,通过它们的语法特征和意义表达出来。指示信息是理解和表达意思的关键。指示信息缺失或不清楚的话语往往很费解,甚至会导致误会。有一则笑话:有一位小伙子在火车上与同座的一位女青年谈得火热,有心交个朋友,他得知女青年在玉林下车,而男青年将在玉林的前一站贵港下车。小伙子下车前写了一张字条:"三天后在玉林公园见面",悄悄压在女青年的杯子下便下了车。恰巧,另一位男青年上车后坐到了刚才那个男青年的位置上,也和女青年谈得火热。女青年要在玉林站下车了,而男青年还要到下一站才到家。男青年依依不舍地与女青年告别,但很快便转悲为喜——他发现了女青年遗忘的杯子下的字条——以后的故事可想而知——这就是"指示信息"缺失惹的祸!

指示语和指示信息的关系即所指和能指的关系。指示的信息是依赖于一定的指示语及语言环境,才能得以确定。如上例中的字条:"三天后在玉林公园见面",其指示语和指示信息的关系如表5.1:

表 5.1

指示语(能指)	指示信息(所指)
"三天后"(时间指示)	写字条后的第四天
"玉林公园"(处所名词)	位于玉林城区的公园
缺失(人称指示)	缺失

例中由于编码者没有标明人称指示语,引起了解码者的误会。可见,指示的信息是依赖于一定的指示语及语言环境,才能得以确定。

(三) 指示语的特点

1. 指示语的一个重要特点就是只有在其使用的语境中,才能明确显示它所指示的语义,指示语运用得清楚得当,能使所指示的信息明白无疑。如使用不当,语境不明,其所指示的信息也就不明,话语意思变得令人费解,甚至引出矛盾和误会,例如:

(1) 一要求离婚的女士对她的律师说:"有那么20年,我丈夫和我都非常快乐，可后来……"律师问："后来怎么了？"

女士说："我们相遇了。"

显然在语境没变的情况下，"我们"所指并不是前面所说的"我丈夫和我"，这显然是超越了具体的一种非常规指代，说话人不说"我和另一个男性"而故意用"我们"代之，含蓄幽默，并表明二人的密切关系已成定局。听话人如果不明语境，是难以理解其所指的。

（2）某大学生物系设有动物学、昆虫学、植物学三大专业。有一次在全系学生大会上，主持人大声疾呼："动物坐左边，昆虫坐右边，植物坐中间。"

主持人的这句话完全要依赖语境听话者才能理解。首先，听话者要理解他所用动物、昆虫和植物指代这三个专业的学生；其次，听话者要理解他所说的左边和右边，是在说话人还是在听话人的左边和右边。所以主持人的这句话实质上没有交代清楚方向，听话人还是无法入座。可见，对指示语的理解，必须牢牢把握语境才不会产生误解。

在文学作品里更要借助语境对指示语的所指——指示信息进行深入细致的分析。如《红楼梦》中的两例：

（3）袭人咬着牙说道："我的娘，怎么下这般的狠手！你但凡听我一句话，也不得到这步地位。幸而没动筋骨，倘或打出个残疾来，可叫人怎么样呢！"

（4）宝钗点头叹道："早听人一句话，也不至今日。"

同样是劝慰挨打后的宝玉，袭人与宝钗的表达却明显不同，这与双方的身份以及所处的地位等有很大关系。袭人是宝玉的贴身大丫环，对其时常规劝，且劝主子走正路也是仆人的职责之一。所以在"但凡听我一句话"中直言"我"是很自然的。而宝钗在说到同样的话时，却把"我"字改成"人"，宝钗先前曾劝说宝玉专心仕途，探伤时旧事重提，既有心疼又有怨。但这种感情不宜直接表露，封建社会的大家闺秀宝钗不会也不可能直接说"我"怎样怎样，若说"我"则仿佛从自己一方首先挑明了双方的亲密关系，这不符合大家闺秀的身份和端庄贤淑的淑女风范。于是她巧妙地选用了"人"来指代自己，借泛指人称代词的广泛性，仿佛拉上了曾规劝宝玉的其他人，以此来委婉地表明心意。

袭人的后一句"可叫人怎么样呢"稍稍地把"我"转换成了"人",这是为什么呢?大丫环袭人暗中属意于宝玉,两人本也行过夫妻之实;但现实中大家眼里她只是个丫环,宝玉曾说过不让她回家,却未明言以后两人的身份关系;袭人又是一个典型的忠顺婢女。因此袭人不可能自己直言"打坏了你,我以后终身靠谁"的话。然而她的爱怜担忧又是那样深切。在这种情况下她聪明地选择了"人"来代自己,仿若包括疼爱宝玉的所有人,实质上婉转地表达了自己的一腔心事。一句"可叫人怎么样呢"有心疼,有埋怨,又有许多不便明言的苦楚。

2. 指示语的另一特点就是自我为中心(egocentric),即在语言事件中说话者以自身的视角为中心。奥地利心理语言学家卡尔·比勒(K. Bühler)认为:所谓指示场(deictic field)就是言语行为中的"我——这里——现在"主体定位系统。指示场(或指示坐标)以说话人"我"说话时刻"现在"及说话地点"这里"为中心(或原点),指示语的意义便是在这样一个指示场中获得填充的。只有在"我"确定后,才能确定"你""他";只有当"现在"确定之后,才能确定"过去"和"将来";只有在"这里"确定后,才能确定"那里"。而"现在""这里"最终也得以"我"为参照,因为什么是"现在",什么是"这里",是根据说话人的说话时刻和说话时所在地点来确定的。简言之,卡尔·比勒的"我——这里——现在"系统就是指示语的自我中心特性。

(四)指示语的偏离

在语用活动中,偏离指示语基本用法的所谓非常规用法是很值得研究的。因为这些偏离往往都有特定的目的,产生特定的含义。如我们常常见到父母间这样一些对话:如果一方说:"看!这才是我的儿子!"儿子一定表现还不错,这时的他(她)当然会沾沾自喜:有其父(母)便有其子嘛!如果一方说:"看!这就是你的儿子!"儿子一定表现很糟糕。这时的他(她)则本能的把责任推给对方:看你把孩子惯得!又如:

"乔治·丹丁!乔治·丹丁!你干了一件蠢事……"

(莫里哀剧作)

这是专有人名活用为指示符号的典型用法。乔治·丹丁独白时居然直呼

自己的名字以谴责自己，疏远自己。（关于这个问题，下面将分类介绍）

（五）西方指示语研究的历史及现状

"指示语"一词源于古希腊文。古希腊语法学家（主要指斯多葛学派）将语词划为称谓词和指示词两大范畴，认为：指示代词与称谓词相比，其特点在于它不赋予对象任何特性，而仅仅是指出该对象。这说明古人早就注意到了从客观特性方面去描述对象与从主观角度去指示对象的本质差异。

不过，只是到了19世纪末20世纪初，指示语才被当作一种重要而特殊的语言现象，成为人们进行专门研究的课题。

指示语进入语言学界，成为语言学家热衷的话题，主要是受了奥地利心理语言学家卡尔·比勒的影响。他于1934年出版了经典之作《语言理论：语言的描述功能》，提出了一系列十分重要的语言学理论，其中一个最重要的原理就是语言具有指示场和标志场。比勒把人称指示、空间指示、时间指示看作指示语的三个基本范畴，认为人称、时空是构成言语行为的三个基本参数。比勒对指示语的本质也有非常深刻的认识，他指出，指示与命名是两种不同的活动，指示语与称谓词是两种完全不同的词类。比勒把指示语分为（1）直观指示：指示说话人视野中存在的东西；（2）臆想指示：指示不能直接感觉到，但却存在于说话人和听话人经验之中或者存在于说话人所描绘情景之中的东西；（3）照应指示：指示上下文和话语中的某个成分。比勒认为，直观指示是臆想指示和照应指示的基础。另外，卡尔·比勒的"我"——"这里"——"现在"主体定位系统使人们对指示语本质的认识前进了一大步，为指示语的深入研究奠定了基础。

俄裔美籍语言学家雅各布森在1972年的一篇论文中，将指示语称为语言代码。雅各布森从符号学的角度对指示语进行了分析，他以典型的语言代码人称代词 I（我）为例，分析了指示语的两面性：（1）指示语是象征符号，因为它的意义是固定在发音上的，因此指示语有一般的、固定的意义；（2）指示语同时又是指示符号，不在现实的话语中便不能表明自己的客体。雅各布森从符号学观点出发，将前人思想推到了一个更新的理论高度。

法国学者本维尼斯特（E. Benveniste）在指示语研究史上也具有相当大的影响。他在《普通语言学》（1974）一书中把指示语归于语言的"主观性"现象，称之为"语言中的主观性词语"，而"指示词"这一术语则只表示指示代词。本维尼斯特认为，人称代词是表示语言主观性的首要支点，其他代词都要受人称代词的制约。指示性代词、副词、形容词亦是如此。它们必须围绕"主体"这个定位参照来组织时空关系，如"这个""这里""现在"以及与它相对应的"那个""那里""去年""明天"，等等。这些词有一个共同的特点——它们都是要根据它们使用于其中的一次性言语行为来确定，也就是说，它们都取决于在该言语行为中说话的那个"我"。真正的主观人称代词是"我"，因为"我"与话语的关系是一种内在的关系，"我"与"你"的关系仅是一种外在关系；"我"被本维尼斯特视为主观性人称，而"你"则是非主观性人称，较之"我"和"你"，"他"则是"非人称"。

在指示语研究中具有重大影响的另一位学者是莱昂斯。他在1977年出版的《语义学》（两卷本）对指示语具体问题，如人称指示语、指示代词与定冠词、指示语与照应、时间指示语、空间指示语等，作了深入细致卓有成效的研究。他认为，指示是人称代词、指示代词、时态和其他一些语法及词汇手段的功能，这些语法及词汇的手段将话语与言语行为的时空坐标联系在一起。莱昂斯对指示作了迄今仍被认为较有权威性的定义。莱昂斯指出，典型的语境是以自我为中心的，就是说，说话人给自己安排了自我（ego）的角色，叙述每一事物都以他自己的视角为出发点。他处在语境时空坐标的零点位置。莱昂斯也指出：一、二人称才是言语行为的实际参与者，是任何语言都不可或缺的，而第三人称代词有时并不是真正的"人称"。莱昂斯还指出了指示投射现象，但在此书中，他对这种指示语的派生用法未作系统阐释。

莱昂斯把指示语归入语义学的研究范围，而列文森则把指示语写进了他1983年出版的专著《语用学》。他认为：语言结构本身反映语言和语境之间的关系，最明显的就是指示现象。从本质上讲，指示现象牵涉到如何用语言编码或语法手段表示出语境或言语行为的特征，因此它也涉及如何依靠语境分析来理解说的话，例如指示代词"这"（this）在不同的使用场合指不同的对象，它是一个变项，所指对象由语境（如手势）确定。列文森指出，指示现象的传统分类是人称指示、地点指示、时间指示；现在又增加了两类：话语指示和社交指示。一般来说，指示系统以自我为中心。就是说，指示中心或指示中枢一般是：（1）中枢人物是说话人；（2）中枢时间是说话时间；（3）中枢地点是说话人在说话时所处位置；（4）话语中枢是一句话中说话人当时正说到的部分；（5）社交中枢是说话人相对于说话对象的社会地位和等级。不过，列文森承认：有些语言的指示语一部分是以说话人以外的参加者所处的位置为中心的。

二、人称指示

关于人称指示语，近年来国内外已有不少学者对此做过研究。但主要是就其基本用法进行的论述，如对词汇—语法层面上语境对人称指示意义的选择与体现的具体形式及其语用意义进行的研究；对言语交际中的指示人称代词的研究，这些研究主要从文体分析和语篇分析的角度探讨人称代词使用情况。关于人称指示语的非常规用法及其所凸现的语用内涵，专门对此进行研究的还不多见。

（一）人称指示语

人称指示语是指对编码与言语活动中的参与者或相关角色的符号指称。它跟地点指示语，时间指示语等密切相关，在各指示语中占据主体与核心地位。

人称指示语包括第一人称（话语中用来指说话人自身）、第二人称（用来指听话人）和第三人称（指说话人和听话人之外的人或物）。第一和第二人称指示语通常只能是相应的人称代词，第三人称的指示语除人称代词外还可以是名词或名词短语。

语言中的代词系统是语用学上典型的人称指示语。但语法上的代词概念同语用上的人称指示语并不完全相同。人称指示语是以发话人为基准的，受话人理解话语时要对人称代词作相应的变换。说话者、听话者和其他人分别被冠以"你、我、他"。人称代词三分在人类语言中具有普遍性，因此人称指示构成了语用学中指示词语的典型。

（二）人称指示语的常规和非常规用法

人称指示语的使用常规，即说话人（或写作者）和受话人（或读者）所认可的、遵守一般的、惯常的或约定的人称指示语使用准则的一种规范。这些人称指示语的选择不是随意的，他们跟各自所指之间不仅有既定的现实对应关系，且遵守一定的量（单或复数）和质（性别、人或非人）准则。若选择不当，将直接影响人际交往的质量和语用效果的表达。有学者把这种一般的、惯常的或约定的用法称作"无标记用法"；与之相对的"有标记用法"指的是特殊的、个别的、例外的或不常见的用法。人称指示语的非常规用法属其分类中的"有标记用法"，它是指：话话人（或写作者）为达到一定的语用目的，故意违背人称指示语的使用常规而产生的一种语言现象。按格赖斯关于合作原则遵守和违反的论述，人称指示语的这种变换应属于说话者有意地不去遵守某一准则，而让听话人越过话语的表面意义去推导其中的语用含义。

1. 第一人称指示语

（1）第一人称指示语如用复数代词表示，在许多语言中都有两种用法：一种用于包括谈话对方，一种用于不包括谈话对方。例如：

①我们都曾经历过青年时代，应该能理解青年们的心情。（包括谈话对方）

②你们先回去吧，我们还得办点年货。（不包括谈话对方）

在北方话里，包括说话人和听话人双方的第一人称指示语是"咱们"，"我们"却只指说话人及其伴随者一方。在普通话中，"我们""咱们"都可用于包括谈话对方，但在正式场合常用"我们"，而在口语中常用"咱们"。

用复数第一人称代替单数第一人称来指说话人自己，即将单数的说话者编码为复数形式，例如：

③咱（我）是个外行，可不敢碰那玩意儿。

说话人在具有直接、现实的权势的情景下，自我指称时采用复数指称，其目的是企图从权势或主体性地位向平等关系方向下移，向亲密、谦逊方向归度，从而缩短双方的心理距离。根据顺应论，这正是说话人在语言选择时对交际双方社会心理的顺应。

④根据以上材料分析的情况看，我们（我）认为……

像这样用"我们"作为"我"的"礼仪"上的替代的用法多见于学术写作中，或当说话人谈到自己在某方面所取得的成就时，这显然是说话人谦虚的表现，似乎在说他所取得的成就不完全归功于他个人。因而，在谈到过失或缺点时，便不能这样用，否则便成了推卸责任了。

⑤都怪我们不小心碰倒了墨水瓶，把书弄脏了。（说话人是唯一碰倒了墨水瓶的人）

（2）用复数第一人称来指听话人。例如：

①我们大学生既要勤奋务实，又要开拓创新。
②我相信，我们每个青年学生都不会辜负党和人民的殷切期望。

以上的话若出自一位长者之口，"我们"一词传达了语重心长的口吻，若直接用第二人称"你们"则多多少少有些教训人的口气。

③同志，咱们（你们）这儿有联想电脑吗？

这种"移花接木"的指示信息常给听话人一种亲切感，故在正式场合多出自长者、领导之口，而在非正式场合则为顾客，父母等乐于使用。

（3）用第一人称单数指代第一人称复数。例如：

①走，咱（咱们）一块喝酒去。
②还我（我们的）河山！

这种用法常见于方言，口语或标语体中。

（4）第一人称零成分的使用。在汉语文化圈里，一般认为恭敬谦让是礼貌得体的，有学者认为：汉语中第一人称零成分的使用就是一种谦虚表现。例如：

每个学期，（ ）满工作量，（ ）有时还超一些，（ ）花大量时间备课，（ ）努力上好每一堂课，（ ）认真批改作业，课后（ ）还给予辅导……（ ）对较差的学生，（ ）多加鼓励，（ ）对较好的学生，严格要求，（ ）也给予指导，……

如果有所有括号内都把第一人称"我"加进去，就会给人一种自负的傲慢感觉。这是因为汉文化不太喜欢凸显自我，而英美文化则不同，突出自我，强调个体，这在英语的大写"I"字中得到了充分体现。

2. 第二人称指示语

（1）第二人称复数指代第二人称单数。例如：

你们（你）这样对待病人，太不应该了！

第二人称复数的这种用法，往往有责备对方的含义。

（2）第二人称单数指示泛指任何人。例如：

①他那犟脾气由不得你不听从。

这里的"你"可以用任何人称指示语来代替。而下面两例中的"你"可指任何人，似乎是一个非人称指示符号，但实际上指"我"和"我们"。

②这个人性格内向，不善言表，你（我）问他十句，他才答你（我）一句。
③你（我们）不打，它就不倒。

（3）"您"的用法

"您"表示尊称，一般用于下级对上级，晚辈对长辈，但也有例外。马洛剧本《帖木儿大帝》第四幕中的这样一段对话：

帖：嘿，土耳其人，您要不要个干净盘子？
巴：要啊，暴君，再来点肉。
帖：先生，慢点，您得按规定吃，吃多了撑着。

帖木儿对被俘的土耳其国王的特使巴耶齐用的不是一般对俘虏的称呼"你"，而是"您""先生"等敬语，显然不是为了尊重他，而是要羞辱他，触动他失去权力的苦处。

（4）第二人称指示语是呼语。呼语包括姓名、头衔，基于社会地位的称呼，以及第二人称代词"你"等。如：

你，站出来！

呼语的作用是说话人向听话人表明，他（们）已被选定为他的交际对象。

3. 第三人称指示语

由于第三人称不是基本会话的直接参与者，而是作为局外人，因此第三人称代词是一种远指指示语。

（1）使用第三人称形式借指第一、二人称。

第三人称指示用于借指说话人或听话人，也是语用学所注意的问题。在指示词中，第三人称不是谈话的直接参与者，因此，作为局外人的第三人称，势必与说话人之间的距离要远一些。这就是说，第三人称代词是人称指示语中处于距离末端的形式。因此，使用第三人称形式借指第一、二人称是一种传达疏远或非亲密含义的方式。但也有例外，如：

①你可别忘了老同学（我）呀！
②宝宝别哭了，奶奶（我）给买糖去。

这种用法多为了拉近双方的距离，产生亲切感。如果将这两句中的"老同学""奶奶"改为"我"，说话的语气就没有那么亲切，双方的关系就没有这么密切。

③宝宝（你）乖，（你）快别哭。

用"宝宝"代替"你"有两个原因：一是儿童的认知能力有限，对具体名词"宝宝"比对抽象的代词"你"有更好的领悟；二是"宝宝"这种充满怜爱的词语能使听话人得到更大的慰藉。如果用"你乖，你快别哭"这种生硬的话来劝孩子，孩子也许会哭得更厉害呢！

④这是总司令（我）的命令！

"总司令"一词界定的是一种上下级关系，表达了说话人的权威，听起来威严有力、掷地有声！

⑤人家（我）可不是开玩笑。
⑥有的人又闹别扭！

这种与第三人称形式有关的距离感也可用于使对对方潜在的指责变得不那么直接或使潜在的与个人有关的事件变成似乎不牵涉个人的事件，以达到给对方留余地、留面子的目的。

⑦我给大少爷（你）的晚餐准备好了，请慢用吧！（妻子对丈夫说的话）

这种用法起到讽刺或幽默的效果。

写信或留言落款只能用第三人称而不用第一人称；正式邀请函，说话人（即邀请者）不是由第一人称指示语表示，而是用姓名加头衔。这样，说话人就拉大了与听话人之间的距离，因而也就非常正式。这种用法是由语篇类型和正式语体决定的。主持人在称呼自己时一般不用第一人称"我"，而是用自己的名字代之，这样指示中心便映射到了听众身上。此类情况很大程度上受制于电台节目的特殊性，即非面对面的交流使主持人与听众之间缺乏即时互动，主持人若总是以"我"自居，会给听众"自我中心主义者"的感觉，不利于拉近彼此的距离。若改用自己的名字自指，忽略发话者本人的感受，对听众来说却是非常容易接受的，因此对节目的成功与否也会产生不可低估的影响。根据顺应理论，这是说话人在语言选择时对语言语境的顺应。

（2）第三人称指示语可以泛指。比如：

①人言可畏。
②一个人活着就要有志气！

为了情感表达的需要，我们有时用比喻、拟人、移情等修辞方法，把无生命的物体描绘成有生命的，把一般的动物写成人，因而造成指示语的借用指代。

通过以上分析可以看出，人称指示语形式上的简单性掩盖了其使用上的复杂性。这是由于人称代词三分这样一个系统的形成是一个漫长的历史过程，是人类文化交际的积淀，也因此造成了人称代词用法的多样性和意义的复杂性。在对话中，同一个人要不停地在人称代词"我"和"你"之间转换。这就是为什么几乎所有小孩在习得语言时都要经历将两者混淆的阶段。人们在使用过程中，有时会发生一些看上去是违反了人称指示语基本用法的情况，这些现象只能从语用的角度去解释，也就是说，在特定情况下说话人对指示方式的特定选择表明了说话人对听话人的态度，情感和相互关系。

三、社交指示

（一）社交指示语

社交指示语指语言结构中能反映出语言使用者的身份和相对社会地位的那些词语和语法范畴。具体地说，社交指示涉及以下三方面：（1）言语交际参与者的身份；（2）说话人和听话人之间相对的社会地位；（3）说话人和所谈到的人（第三者）之间相对的社会地位。社会指示的参照点是说话人的社会地位。社交指示语包括人称标记；人名、职务和亲属的称谓；坦率或礼貌的言谈、敬语或谦语以及作为社交行为的言语表现形式，如问候、道歉等。社交指示信息可以通过不同的人称标记、不同的言语层面（speech levels）所使用的语言手段、不同的谈话场合、不同的称谓、不同的言语行为等表达出来。和其他类型的指示语相比，社交指示语更多、更明显地传达了说话者心理层面的信息。谈话双方的身份决定双方在社交场合中的称呼。涉及谈话双方与谈话对象的关系的称呼方式也是重要的社交指示信息。

（二）社交指示语常规和非常规用法

1. 敬语、谦语

在一些亚洲语言中，如日本语、朝鲜语、爪哇语中，存在"敬语"（honorific）体系。这是一种语法形态体系，它可以体现出交际参与者之间、说话人和所谈及的人之间相对的社会地位。从传统上说，社会地位的差异要求地位低的人对地位高的人说话用敬语体系，而敬语体系在表示尊敬的同时传达了另外的信息，即感情的疏远和心理距离的存在。汉语中经常用两种方式：一是通过贬低自己，抬高对方；二是直接抬高别人。对自己要"贬"，要"谦"，对别人要"举"，要"尊"。汉语表示第一人称的自谦语多达十几个，如："鄙人、仆、小弟、不佞、不敏、小可、在下、窃、愚"，等等。直接抬高别人的称呼也不少，如："您、您老、先生、阁下、师傅、老师"，等等；称自己的妻室为"内助、老婆"，而称对方的为"夫人、太太"。此外，在汉语中，还常用行政职务来称呼对方，如"x科长""x处长""x校长""x经理"，等等。因此，说话人只有兼顾敬意与情感距离两方面的因素，才能进行成功的交际。

值得注意的是，敬称的使用也有条件制约，如果私人之间感情交流密切的交际对象，在言语交际中使用敬称，往往会使对方产生情感疏远的感觉，而如果对身份、地位明显比自己低的交际对象使用敬称，有时则可能使对方产生受到讽刺、嘲弄的感觉。

敬称，在言语交际中，有时也可以表示贬斥、否定的情感，尤其是将其与含有贬斥、否定色彩的动词、形容词等连用时，具有强化此类情感色彩的作用。例如，有人迟到后被责问："阁下何故姗姗来迟？"其话语中含有责难、讽刺的意味。

2. 称呼语

通过选用不同的称呼来表示说话人和听话人之间的关系是一种典型的社交指示方式。汉语中，双方很熟悉或朋友之间相称时，一般在姓前加"老"或"小"，年长的加"老"，年轻的加"小"，这类称呼使交际者之间的气氛显得随便、轻松或亲切。母亲呼唤孩子多用亲昵的口吻，以示亲近宠爱。夫妻之间、恋人之间、朋友之间常用昵称表示亲密的关系。有时候一般称呼能传达出"非一般"的信息。据说在总理病重期间，周恩来在南开时的同学、身在檀香山经营杂货店的黄春谷到北京旅游，写信问候总理。当时总理已很少活动，这次出乎意料地接见了他们夫妻俩。为什么破例呢？总理解释说："本来不打算见黄春谷，看到他写给我的信，叫我'翔宇弟'是老同学的口气，不落俗套，我很欣赏，决定还是见见他。……如果他的信叫我'总理'写些恭维话，我就不见了。""翔宇弟"本是一般称呼，但用来称呼堂堂一位国家总理就显得很不一般，这就是他念在老同学旧情，不落俗套的地方。称呼语的神奇就是这样在不知不觉中显示出来。

在人们的交际中，一般的称呼往往显得平淡无奇，有时为了表达强烈的感情或特殊的含义，人们深感有必要使用有别于一般平称的特殊称呼。如莫言《红高粱家族》中曾外祖母唠唠叨叨的话："小祖宗哟，你不吃不喝，是成了仙还是化了佛，你把娘难受死了。"称晚辈为"小祖宗"，把说话人那种对晚辈既疼爱又无奈的心情淋漓尽致地表现了出来。

（三）心理距离对称呼语用法的影响

心理距离影响着社交指示语的使用。当交际双方心理距离较远，为陌生人或感情不深厚时，往往使用较正式或礼貌的称呼。英语中经常用"Mr., Mrs., Miss., Sir"等形式，而汉语中常用"师傅、老师、先生、女士、小姐、同志"等称呼形式。若双方很熟悉，心理距离很近时，人们不再使用这种礼貌称呼。英语中熟人之间直呼其名，甚至以昵称相称。

值得注意的是，心理距离的远近是相对的，是一种动态的距离，处于变化之中，随着它的变化，称呼语也相应发生变化。谈恋爱时，男女双方初次见面，可能称呼"周丹梅小姐"，双方较熟了称呼"丹梅"，进入热恋时，称呼"梅"。在家里，若孩子的名字为"刘海冬"，父母平时可能称呼他"冬冬"或"儿子"表现出父母与孩子间那种亲密的关系。当父母生气时，往往称全名"刘海冬"，而且重读，此时他们的心理距离一下子拉远，那种亲密无间的感情也随之消失。

称呼语的变化，很明显就能看出交际双方关系由远到近的变化。也就是说，由于双方心理距离的不同而造成称呼语的变化。

1. 通过拉近交际双方的心理距离来改变称呼语

汉语中，为了拉近交际双方的心理距离，常把非血缘关系的亲属以血缘关系相称。称姐夫为"哥哥"，管嫂子称"姐姐"，管岳父岳母或公公婆婆称"爸爸妈妈"的情况很普遍，这种称呼充满了人情味。而英语中，一般直呼其名，在书面语中以"brother in law, sister in law, father in law, mother in law"的形式出现，体现了法律在亲属形成中的作用。虽然所指相同，但两种语言所表示的心理距离有明显的差别。

令英美人更无法理解的是，汉民族把没有任何血缘关系，甚至根本不认识人以家庭称呼相称。如"小姐""师父""徒弟""徒儿""刘哥""王姐"，等等；小孩对与自己的父辈年龄相近的称"叔叔""阿姨"；青年人对自己的朋友的父母称"伯父""伯母"；对不大相识的长辈称"大叔""大婶"。这种称呼的目的在于拉近双方的心理距离，传达着浓厚的情感。英语中没有这种称呼方式，所以在跨文化交际时容易引起误解。

2. 通过拉远交际双方的心理距离来改变称呼语

通过拉远交际双方的心理距离来改变称呼语，能达到对对方表示礼貌或尊重的目的。从礼貌原则出发，汉语常常通过贬低自己，抬高对方以给对方面子；在正式场合，即使双方很熟悉也以行政职务相称。这些称呼都拉远了心理距离，达到了对对方的尊重的目的。但英美人很难接受这种称呼，在他们的文化中，他们更喜欢直呼其名。

在中国，人们家庭观念相对强烈，因而家庭成为调节心理距离的重要工具，进而影响称呼语的使用。在中国农村，夫妻双方的互称带有浓厚的家庭色彩，以孩子为中介间接地称呼对方，如"孩子他妈""孩子他爹"。这种称呼本身就带有一种距离感，在中国传统看来，夫妻双方不宜公开表示亲密，夫妻或者恋人之间公开表示亲热，被认为是一种不道德的行为。与之相反，英美夫妻常用亲昵的称呼，如 darling, my dear, sweetheart 等，更注重二人心灵的交流，给人一种亲密无间的感觉。

四、时间指示

（一）定义和类别

1. 时间指示指谈话双方用话语传达信息时提到的时间。从所指的角度分类，时间指示有三大类。

（1）指示说话的时间，如：今天、本星期、这个月、今年、本世纪等；

（2）指示说话之前的时间，如：刚才、昨天、上星期、上个月、去年、前年、上世纪等；

（3）指示说话之后的时间，如：明天、后天、下星期、下个月、明年、后年、下世纪等。

2. 从构成的角度分类，也可分为三类。

（1）时间指示语：今天、昨天、明天、今年、去年、明年、刚才、以前等；

（2）时间指示短语：这星期、近几年、1998年9月1日、巴黎公社成立那一天、春夏秋冬等；

（3）时间副词：刚刚、立刻、马上、常常、迅速、正在等。

（二）时间指示语常规和非常规用法

1. 依赖语境，准确使用和理解时间指示语

时间指示常以说话人的说话时刻为依据。由于语境不同，说话人使用时间指示语表达的指示信息也不一样。例如：

（1）"我一小时后即回，等我，不见不散。"

如果你看到一张没有标明姓名、时间的字条，明智的人是不会傻傻地等上一个小时又一个小时的。

（2）星期三我要听一个学术讲座。

"星期三"应是指本周三，如果指的是下周星期三，应该用"下周星期三"或"某月某日"指示。

（3）十月一日是一个庄严的日子。

这句话如果换成"明天是一个庄严的日子"或"大后天是一个庄严的日子"就会失于庄重、严肃，尤其不适合于书面语。

2. 准确把握不可循环的和可循环的时间指示

利用一个不可循环的时间划分系统为参照系来指示时间，这种指示是自足的、绝对的，其性质是语义的。如"2004年1月1日"其所指的时间为何是不依语境而改变的。但是若截取该系统中具有可循环性质的下位部分为

参照系进行指示，则这种指示便是相对的。如"1月1日"在某些语境中所指为何时是不确定的。当我们回顾历史时，应使用不可循环的时间指示，如：1919年5月4日；1949年10月1日。

利用可循环的时间划分系统来指示时间，这种指示在本质上是不自足的、相对的，其性质是语用的。比如某人在星期二说："星期五我有一个重要会议。"在本质上"星期五"是可循环的、不自足的，但人们根据语境及语用规则仍能确定为"本周星期五"。

有的人故意混淆时间的可循环和不可循环性，以达到个人目的。例如：老师宣布明天交作业，第二天，当值日生催肖强交作业时，肖强理直气壮地说：老师不是说"明天交作业"吗？

3. 准确把握时间的绝对指示和相对指示

时间的绝对指示有利于精确传递交际信息，比如海报："本周六晚八时在逸夫楼举行学术报告……"绝不能说"几天后约八时在逸夫楼举行学术报告……"。

时间的绝对指示可以用一些描摹性的面貌出现，有利于凸现说话人的表意重点、事件。比如："辛亥革命爆发那年"（指1911年）。

但是并不是任何时候都必须使用绝对指示，有时，相对指示效果反而更佳。如："我马上就到！"没有必要说"我五分钟零三秒后就到！"

由于时间的相对指示语所表时间较为模糊，往往要依赖语境及其交际者具备的知识来加以估测。如过去、现在、将来、以前、清明过后等。

4. 用实指表达虚指，用具体代替概括

如："我们的明天更美好。""明天"是实指，也是具体的时间指示，但在这儿是虚指的、概括的。又如："我们现在生活好了，可别忘了过去。""现在"是以实指表达虚指，以具体代替概括的用法。

5. 把历史"拉回"，使叙述和描写栩栩如生

叙述者把本来有一定时间距离的过去事件"拉回"到说话时间，人为地缩短实际存在的时间距离，能产生栩栩如生的叙述效果，给人以身临其境之感。人们在叙事时，一般遵循时间与空间的由近及远的顺序，这种无标记的叙述方式常出现在科技文体，传记作品中，它符合人的认知顺序。但在大多数的文学作品中，常常采用倒叙、插叙等形式，使人物和事件在时空的隧道中自由穿行，指示语体现着在时间的流动和空间前后相继的顺序中，思维在

其中所处的位置。例如电影《泰坦尼克号》使用了倒叙、插叙的手法：在露丝的脑海里，大海、船舱、乘客，以及84年前发生的一切都好像刚刚经历过一样。在那场海难中，"是尼克救了我的命"，"是尼克使我懂得了生命的真谛"，"尼克永远活在我的生命里"。随着露丝的回忆，84年前发生的那个爱情故事重现，过去与现实交错；结尾处，时空倒转，年轻的尼克和露丝又一次相逢在"梦想之船"上。在这个叙述过程中，如果没有时间指示的准确运用，是很难达到应有的效果的。

五、空间指示

（一）空间指示语

用指示语表示相对于发话者说话时所在地点的各种空间位置，就是空间指示。现代汉语指示语用近指、远指两种指示方式将整个空间分为两部分。

表示空间上的远近距离恐怕是语言指示词的基本原始意义。说话者用近指词来指称实际话语环境中离自己较近的人或物，用远指词来指称离自己较远的人或物，这在英汉两种语言中都是一致的。

汉语指示词 { 远称：那，那些，那里，等等
近称：这，这些，这里，等等

英语指示词 { 远称：that, those, there, etc.
近称：this, these, here, etc.
中性：it, the.

空间指示还有一种动态的形式，它反映的不是空间位置本身，而是相对于发话者所在空间位置的运动方向：是趋近于这个位置呢？还是背离这个位置？在现代汉语中动态的空间指示又有两种方式：

一是内在的，包含在动词"来""去"的语义之中。在选择其中一个动词时，就必须先考虑是趋向于还是背离于发话者所在的位置。

另一种是外在的，当我们把"来""去"作为助动词，附加在任何一个有方向性的行为动词之后，这个动词就具备了趋向或背离发话者所在位置方向意义，如"走来""走去""推去""推来"等。

（二）空间指示语的非常规用法

方位指示词看上去比较简单，但在具体用法上有时会出现一些异常的情况。具体表现在以下三个方面

1. "礼貌的方位转移"

一般来说，表示方位和空间的指示性词语以说话人所处的空间位置为参照点，以此来明确话语内容中所指事物与话语活动参与者的远近方位关系。以趋向动词"来""去"为例，前者表示朝说话人而来，后者表示远离说话人而去。然而，在具体使用时，为了表达心理、情感的需要，说话人往往做出似乎异常的选择。例如，在回答敲门时，人们不说"我就去"而说"我就来"。这种现象被称为"礼貌的方位转移"，即说话人在说话时不以自身为参照点，而把参照点转移到听话人位置上去，以示礼貌。听话人听到"我就来"时，心理上感觉对方离自己的空间距离在缩短。这种语用异常现象是说话人出于礼貌的考虑，或是为了增加与听话人之间的亲近感而采用的。试想，一位病人听到医生、一位受害者听到警察、一位家里失火的人听到消防员说"我就来"该感到多么亲切和欣慰。

再看一例："嫁给我吧！"小伙子向姑娘求婚，为什么不说"娶给我吧"偏要说"嫁给我吧"呢？嫁/娶是一对具有中国文化思维特色的指示词。"嫁"这一动词有"往，到"这一用法，我们现在常用于指女子出嫁。也常可转喻为"转移，嫁祸"，如"嫁怨"；而"娶"在《辞海》中则有"娶妻"之意。由此可见，"娶"指向说话者或说话者背景一方移动，"嫁"指偏离说话者或说话者背景。当向一位自己心仪的女子发出求婚的言语行为时，我们应该说："娶给我吧！"而在日常的语言使用中，人们从不这样说，而用"嫁给我吧！"取而代之，在语用上包含着参照点从说话人身上转移到了听话人身上，这主要是出于礼貌的目的，以增强说话双方感情上的亲近。

2. 空间实际距离的反常指示

心理距离和实际距离在不少情况下是一致的，但也会出现不一致的情况。例如：

①两个毕业生讨论即将在本校举行的人才招聘会
A：这可是一个好机会啊！
B：那也未必。

例中A用"这"表达出对交易会的热切和期盼之情，拉近了与所述事件的距离。对同一件事，B用"那"却表示了他/她的冷淡和迟疑，拉大了与所述事件的距离。

②到四川来，觉得此地人建造房屋最经济。火烧过的砖，常常用来做柱子，孤零零地砌起四根砖柱，上面盖上一个木头架子，看上去瘦骨嶙峋，单薄得可怜；……我现在住的"雅舍"正是这样一座房子。不消说，这房子有砖柱，有竹篦，一切特点都应有尽有。

（梁实秋《雅舍菁华》）

梁实秋先生在台湾的"雅舍"命笔抒怀，把雅舍说成"这房子"满足自我中心原则（也是语境使然），但身在台湾却把四川说成"此地"，把四川的房子的样子说成"这样"，又如何解释呢？

这种方位指示词语的使用同空间上的实际距离相冲突的现象其实是说话人心理距离的反映。心理距离包含的是说话者的个人感情因素。说话人自觉、不自觉地在利用使用指示词语过程中的心理基础，来缩短自己和听话人之间的心理距离，或者说感情距离，以表示友好、亲近和礼貌。

③"这倒难以说定。可是你只要看看这儿的小客厅，就得了解答。这里面有一位金融界的大亨，又有一位工业界的巨头；这小客厅就是中国社会的缩影。"

（茅盾《子夜》）

例中的"这儿"指的是吴荪甫的公馆。因为两位说话者在吴公馆里，因此这个近指词表示的是实际的空间距离。但是"这里面"和"这小客厅"却是指说话者隔壁的一间房间，而不是说话者所在的那间房间。如果要选用一个指示词来表示那间房间离说话者的实际距离的话，在汉语中一般要用远指。因而，这两句话中所用的两个近指词所指的也主要是一种心理距离上的拉近，在此给人以身临其境的感觉。也就是说，心理距离是空间指示的语用基础。

3. 用法多变，蕴涵丰富

空间指示语的用法千变万化，蕴涵丰富，试简略分析如下：

①假如你真肯做我的主人，让我做你的奴仆，那我一定听你的使唤。

（张天翼《宝葫芦的秘密》）

"那"从句法角度可有可无。但从语用角度看，"那"自然有它的作用。"那"使该句的条件话题化，为说话人和听话人建立了共享知识框架，有力地导入结论句，加强了条件和结论的连接力度，也强化了结论句表达的个人意愿。

②"……反正天冬草也是草,醉浆草也是草,不过上面两字儿稍微混了一混。那有什么关系呢。"

(张天翼《宝葫芦的秘密》)

我们知道,在料到听话人不会产生误解的情况下,汉语的语篇结构允许省去主位和宾位的代词,句中的"那"就属可有可无。这意味着用或不用"那",不为汉语句法结构所左右,用"那"的效果,从话语语用学角度可见。从话语角度看,用"那"把前设部分话题化,不仅使得前后部分的关系更紧密,而且起到抓住听话人注意力、把其引向评论部分的作用。从语用角度看,"那"的使用加强了说话人态度的表达力度,淡化他混淆花草名称所造成的麻烦。"那"的使用,在句子所表达的命题基础上,增添了有关个人态度的信息量,体现了语用中的"信息原则",其效果是语用强化。在音韵上,"那"重读,强化了说话人表达的"没什么了不起"的命题态度。在这里,说话人借"那"实现了自我表达,构成话语中的"主观性"现象。

上述分析表明,说话人对空间指示语的选择不是机械地严格按照规则,或固定地按照形式——功能关系进行的,具有高度灵活的语用原则和策略。这恰好体现了语言的商讨性。说话人对空间指示语进行了变通性选择,其目的是为了顺应对方或自身的心理。

六、语篇指示

(一) 语篇指示

语篇指示(话语指示)也是一种指示现象,但与人称指示、空间指示、时间指示相比,研究得并不充分。语篇指示定义的界定至今还没有一个相对统一的或大多数人承认的界定。在此暂采用唐善生先生的说法:话语指示就是指在语篇中用需要以说话人为参照才能确定意义的词或短语指向篇内或篇外另一个话语对象的语用现象。用来指示话语对象的词语就是话语指示语。①

---

① 唐善生:《指示性与话语性——话语指示的本质特征》,载《修辞学习》,2004 年第 6 期。

（二）语篇指示的构成、特征及分类

1. 语篇指示的构成

语篇指示与一般的指示（人称指示、时间指示、空间指示）最大的不同在于：

（1）一般指示所指的是客观对象（我们这里的客观对象是狭义的），即语言之外的对象，语篇指示所指的是语言对象，即语言自身。

（2）一般的指示有专用指示语，语篇指示没有专用指示语。一般指示常常用到下列指示语。

人称指示语：你、我、你们、我们、他们、咱们等。

时间指示语：这时、那时、现在、刚才、不久、最近等。

空间指示语：这里、那里、上、下、以上、以下等。

语篇指示没有专用指示语的，其构成有三种情况：

（1）借用代词作语篇指示语。这样的代词有"这、这些、那些、它、它们、此"等。

（2）借用空间指示语作语篇指示语。主要有"这里、那里"等。

（3）用专有指示语修饰话语名词构成语篇指示语。包括以下几类。

人称指示语＋话语名词：他的论文、对方的观点、你的肯定等。

时间指示语＋话语名词：今天的新闻、昨天的话、最近的消息等。

空间指示语＋话语名词：这里的语句、那些阐述等。

我们把专门指称语言单位或言语单位（言语作品）的词语称作话语词语。任何一种语言中都有大量的话语词语。如汉语的"词语、词、新词、短语、偏正短语、句子"等表示语言静态单位的词语，"话、评论、表达、段落、上文、小说、散文、消息"等都是表示动态言语单位的词语。表示言说或表达一类的"的"字短语也属于话语词语，如"所说的（话）""她写的（文章）"等。"意见、观点、想法"等通常必须依赖一个话语存在，因此也可以把这些词当作话语名词看待。

2. 语篇指示的特征

作为一种指示现象，指示性和话语性是语篇指示的根本特征。

（1）指示性。

语篇指示的指示性就是指充当话语指示语的部分的意义理解要以说话人为参照，并且话语的实际所指需要依赖它所指向对象来确定。比较：

①他的话你都记住了吗?
②张老师的话你都记住了吗?

①中"他"与说话人相参照,"他的话"是语篇指示语。"他的话"到底是什么,需要在上下文或篇外寻找。②中"张老师的话"是一个单纯的表示定指的话语指称。

话语名词本身没有指示性,但是一旦它受一般指示语的修饰后,就使得整个话语名词短语具有了指示的性质。如:

③本文是讨论话语指示的。
④那篇文章的开头写得非常好。
⑤我方不同意对方的观点。

这里"本""那""我""对方"都是以说话人正说到的部分或是以说话人为参照的指示成分。"本文""那篇文章""对方的观点"都指向另一话语成分,都是语篇指示语。也就是说,这些语篇指示语的存在是以已经出现过的一个话语为参照的。"我"虽然具有指示性,但是它指向的并不是话语,而是人称,是人称指示。

(2) 话语性。

话语性是指"语篇指示语的所指对象是话语(语言)"。到底什么是话语呢? 一个语言单位(包括静态的单位"词、短语、句子"等和动态的单位"篇章、小说"等)进入到一个语篇中,它可以以各种不同的形式进入到表达当中。任何一个语言单位都包括形式和意义(内容)两方面。但是当一个语言单位作为我们谈论的对象的时候,我们关注的可能是其中的某一方面。我们以一个小句为例加以说明:

①<u>我国的语用学研究还刚刚开始</u>,这句话陈教授是讲过。
②他的笔记本里写着这样一行字:<u>我国的语用学研究还刚刚开始</u>。
③有人说,<u>我国的语用学研究还刚刚开始</u>,这种说法是客观的。
④我有点疑惑:<u>我国的语用学研究还刚刚开始</u>,到底是不是这么回事?"

①中画线部分既有形式又有意义,它是以整体的形式进入到表达当中的,或者说画线的这个分句的形式和意义同时被作为我们谈论的对象的。②中画

线部分是以"文字"即语言的书写符号的形式进入表达的。③关注的不是这一分句的形式,关注的是它的意义。因为"说法"是对这个分句的意义的概括。④中画线部分是以它的所指进入到话语表达中的,在这个表达中关注的不是它的形式也不是它的意义,而是它的所指即一个事实。①既关注形式又关注意义,是一个典型的话语,是狭义的话语指示或者说是严格意义上的话语指示;②、③分别关注这个分句的形式和意义,它们与这个句子有着密切的联系,从广义的角度说,它们也是话语。因此①—③都是话语指示用法。但是④中画线部分是以所指客体的形式进入表述的,与句子本身并没有多大联系,这里的"这么回事"也表明它是一个事实,因此画线部分在这里不是以话语的形式进入表述的,因此这一句不是话语指示用法。

不但句子是这样,词、短语等都会出现这样的情况。任何一个语言单位都可能以四种不同的形式进入表达:所指、意义、形式、意义和形式的统一体。其中形式又包括文字形式和语音形式。只有一个语言单位的形式和意义整体进入表达或者单独以形式或意义进入表达的才是话语,而以语言单位的所指进入表达的就不是话语。

3. 语篇指示的分类

由于话语都是按时间顺序展开的,所以语篇指示与时间指示一样也是三分的:

(1) 发话者正写到或说到的部分,指示语通常用"这里""这儿"或"这";

(2) 这部分之前的话语,即话语的前述部分;

(3) 这部分之后的话语,即话语的后述部分。

二和三的指示语常用"上文""下文""上篇""下篇""那句话""那个词""在上一段里""在下一节中"等。

(三) 语篇指示语的常规用法

1. 掌握指示现象,关键问题在于确定哪些词语是指示语。只有以一个正在进行的言语行为的某要素为参照点才能拥有所指对象的词语才是指示语。比如"我"是指示语,"自己"就不是指示语。因为自己可以选择任何一个人作为参照,而不要求一定要以此时此刻的说话人为参照。同样,"前天"是指示语,而"前一天"就不是;"此刻"是,"即刻"就不是。语篇指示也是这样,要确定语篇指示也得确定它的指示语。值得注意的是,有些词语如

"前面、后面、上面、下面、上、下"等方位名词，不能用于空间指示，但是可以用于语篇指示。比较：

（1）宿舍前面是一个体育馆。

（2）我们在文章前面论述了话语的指示性。

例（1）中的"前面"不能用于空间指示，例（2）中的"前面"用于语篇指示。

2. 话语指示语的所指的话语可以在篇章内出现，形成篇内话语指示，如：

（1）我不喜欢"前进"，并非因为这个词具有政治色彩而在于它的方向性。（潘军《流动的沙丘》）

（2）不知道谁从小飞蛾的娘家东主庄带来了一条消息，说小飞蛾在娘家有个相好的叫保安。这消息传到张家庄……（赵树理《登记》）

例（1）指示语"这个词"的所指"前进"在前一分句出现，是篇内话语指示；例（2）"这消息"是话语指示语，它的所指就是篇内的画线部分；"一条消息"是话语指称，不是语篇指示语，它没有指示性，后面的"这消息"与它形成回指（照应）关系。

3. 语篇指示语的所指的话语也可以在篇外，形成篇外话语指示，如：

（1）可别忘了你的承诺。

（2）本文主要探讨两个问题。

（3）这篇文章的观点有待商榷。

（4）这部小说的结尾很有意思。

以上加点的词语是语篇指示语，所指的话语在篇外。

4. 语篇指示语的所指可以是篇章、段落、章节、话语。也可以是词、短语、句子，甚至剥离了语义内容的纯语言形式。如：

（1）上文讨论了语篇指示的几个定义。

（2）张老师一看下课的时间到了，合起书本说："好，今天就讲到这里，再见！"

例（1）中的"上文"指篇章的一部分，例（2）中的"这里"指的是这节课所讲内容的最后部分。

（五）语篇指示的语用功能

1. 依赖语境，明确所指

语篇指示语不能单独出现，要了解其确切含义，必须依赖于语境。例如：

(1) 我的话你都记住了吗？

(2) 昨天的事儿就算了吧！

上例中"我的话""昨天的事儿"到底指什么，需要在上下文或篇外寻找。

2. 承上启下，连贯通畅

用语篇指示语概括话语的前述部分和后述部分，能使表达更简洁、清晰、顺畅。例如：

(1) 我们在文章前面论述了指示性，下面要论述话语性。

(2) 上文谈了作品的创作背景，下文我们将探讨作者的创作动机。

案例分析

一、我们什么时候举行婚礼？

倪翔：告诉我，我们什么时候举行婚礼？

杨帆：跟谁？

倪翔：你开什么玩笑？

（张延龄等《跨过高度》）

根据词语规约，"我们"可以用于包含式，也可以用于排除式，倪翔的问话中"我们"暗含包含式，而杨帆却故意理解为排除式，正是"我们"一词的多义性，才使对话呈现出了波澜。

二、你的第二个儿子

《雷雨》周朴园和鲁侍萍的对话：

（1）周朴园：你可以冷静点。现在你我都是有子女的人。如果你觉得心里有委屈，这么大年纪，我们先可以不必哭哭啼啼的。

鲁侍萍：哼，我的眼泪早哭干了，我没有委屈，我有的是恨，是悔，是三十年我一天一天受的苦。你大概已经忘了你做的事了！三十年前，过年三十的晚上我生下你的第二个儿子才三天，你为了要赶紧娶那位有钱有门第的小姐，你们逼着我冒着大雪出去，要我离开你们周家的门。

（2）鲁侍萍：可是自从我被你们赶出来以后，我没有死成，我把我的母亲可给气死了，我亲生的两个孩子你们家里逼着我留在你们家里。

周朴园：你的第二个儿子你不是已经抱走了吗？

鲁侍萍：那是你们老太太看着孩子快死了，才叫我抱走的。

本来儿子是两人共有的，为什么偏要说"你的第二个儿子"，这里蕴含着丰富的含义：例（1）鲁侍萍这么说，是对周家血的控诉：孩子是你的，可你们却那么狠心地将孩子的母亲赶走，你们还有人性吗？例（2）周朴园也这么说，则蕴含了他不想认这个孩子，表现了他冷酷、自私的本质。如果把这两处"你的"省去不用，以上的语用含义便无法显示出来。如两处都改成都"我的"或"我们的"，则可以带上其他含义：或有意强化自己与孩子的关系，蕴含对孩子的所有权；或故意密切双方的关系，蕴含"破镜重圆"的愿望。根据剧中矛盾关系的发展以及确定的语境可知，这两种可能性都不存在，故剧中这两处的"你的"指示是十分恰当的。

三、秦某人

秦仲义："我现在明白了！王掌柜，求你一件事吧：工厂拆平了，这是我由那儿捡来的小东西。这支笔上刻着我的名字呢，它知道，我用它签过多少张支票，写过多少计划书。我把它交给你，没事的时候，你可以跟喝茶的人们当个笑话谈谈，你说呀：当初有那么一个不知好歹的秦某人，爱办实业。办了几十年临完他只有工厂的土堆里捡回来这么点小东西！你应当劝告大家，有钱哪，就该吃喝嫖赌，胡作非为，可千万别干好事！告诉他们哪，秦某人七十多岁了才明白这点大道理！他是天生来的笨蛋！"（老舍《茶馆》）

秦仲义年轻时是一个雄心勃勃、以实业救国的爱国者，奋斗一生，只落得一无所有。他的沉痛与愤怒是厚重的。可是身处一个不讲理的混乱时代，亦无可奈何，唯有借王掌柜的口讽谏世人。这里他用第三人称的方式谈论自己，增强了其话语的客观性，也更有利于对有关自己的一切进行审视、评判，持一种冷静尖锐的态度。"他是天生来的笨蛋"的痛骂就更有力，更沉重。

四、《雷雨》片段

繁漪：老爷呢？

四凤：老爷昨天上楼看您，您把门锁了。

繁漪：他呢？

四凤：谁？

繁漪：嗯，大少爷，怎么这两天没见他？

四凤：大概很忙吧。

繁漪：听说他要到矿上去了，是吗？

四凤：哦，我没听说。

繁漪：他昨天晚上什么时候回来的？

四凤：我不知道，太太，我每天晚上总是回家睡觉。

繁漪：哦，你每天总是回家睡觉。老爷刚从矿上回来，家里没人伺候，你怎么天天要回家呢？

四凤：老爷念经吃素，我怕他不喜欢我们伺候他。

繁漪：他昨天晚上又喝酒了吗？

四凤：您说的是……

繁漪：算了，算了。

这一段对话，真是绘声绘色，惟妙惟肖，耐人寻味。繁漪和四凤这两个人，一个是周家的主妇，一个是周家的女仆。可她们却同爱着一个人——周家的大少爷周萍。这在她们之间，自然就存在着冲突。但从这两个人的名分、地位来说，又都是不容与周萍相爱的：繁漪是周萍的后母，相爱就是乱伦；而四凤与周萍之间，也有着主仆关系（实际上他们还是异父兄妹），在那个社会里，他们相爱，也是一种越礼的行为。因而他们与周萍的爱情关系，又都是不能公开或是不便公开的。最近一个时期来，周萍竭力回避着繁漪，并且正想离开周公馆，撇下繁漪，到远处的他父亲的矿上去。这繁漪也略有所闻。但由于周萍避而不见，她得不到确凿的消息。现在，她与四凤碰到一起了，她就想从四凤嘴里打听一些关于周萍的消息。

繁漪本是非常急切地想要知道周萍的消息，但又不便显得过于关切，因而装作只是随随便便地问了一句："老爷呢？"她本来是望着四凤的，问的时候，忽然又故意地转过头去，目的是在突出她的不在意的态度。但其实，这却正表现出她的心虚，表现出她唯恐自己和周萍间的暧昧关系被人察觉。然而，不由自主地，她忽又问道："他呢？"言为心声，她想藏住心头的秘密，舌尖却偏偏给她泄漏出去了。

"他"是指谁？四凤当然心知肚明，但由于繁漪这句话问得太突兀，其中的代名词"他"，又缺少先行词，所以，四凤只能小心翼翼地问："谁？"四凤居然会发生这样的疑问，是颇出繁漪的意外的。她这才警觉到自己是太过专注于周萍的身上了，于是不得不急忙收敛一下。

周繁漪：他昨天晚上又喝醉了吗？

这究竟是向四凤提出的询问呢，还是她自己的内心独语？这恐怕连她自己也搞不清楚，我们自然也就更难分辨了。总之，她是念兹在兹，心心念念只想着周萍。所以说着说着，忽然一下子又会突然地搭到周萍身上。但，这却很使站在她面前的四凤为难。四凤这一次当然知道她又是在说周萍，但她既未曾明白地提出周萍来，又不便无头无脑地回答。但如果再像前面一样地问一声："谁？"又显得好像是有些假痴假呆，而且难免会使繁漪觉得难堪，这都是与四凤的为人态度、与四凤的性格不合的。因此，只得胆怯地问："您说的是……"从四凤这方面说，她是于情于理，都不能不作此问。但从繁漪一方面说，她那句话，本是无意中漏出来的，本不一定是拿来问四凤的。听到四凤接嘴，才发觉自己竟又把心底的秘密泄露出去了，不免有一些颜怍。不得不草草结束这场不愉快的谈话。

思辨和训练

一、什么是指示语、指示信息？它们有哪些类别？

二、指示语为什么是语用学研究的对象？离开语境就无法确定其意义的指示语有哪些？举例说明。

三、分析下面各例指示语的语用

1. 他的那个"她"呀，别提有多能干啦！
2. 你的"另一半"呢？

3.（男人）觉得对女人最大的恩惠，便是把赚来的钱全部或部分拿回家来，但是当他把一卷卷的钞票从衣袋里掏出来的时候，他的脸上的表情是骄傲的成分多，亲爱的成分少，好像是在说："看我！你行么？我这样待你，你多幸运！"（梁实秋《雅舍菁华》）

4. 电视连续剧《破天荒》最后一集：高大喜和方春闹了几十年矛盾，他们和解时的对话如下：

方　春：老高！

高大喜：老方！

方　春：高大喜！

高大喜：方春！

方　春：喜儿！

高大喜：春儿！

（两双手紧紧地握在了一起）

四、观看影视片段，试从"指示信息"角度进行分析。

1.《原野》中的人称指示：你们、我们、人家。

焦母：你们打算怎么办？

金子：我们？

焦母：别跟我装！我知道那个人是虎子！

金子：我没装！做得出来就不怕知道！

焦母：我知道，从小你就许配给虎子了。这么办吧，明儿一早，我就让你们走！过去的事呢，咱们谁也不要再提了！没有盘缠，我出！

金子：你让我跟虎子走？我们前脚走，你好后脚报稽查队抓我们！

焦母：虎子就跟我亲生儿子一样，一家子人我哪能这样做呀？

金子：一家人？是谁霸占人家的地？是谁打断人家的腿？卖了人家的妹妹、杀死人家的爹？！

2.《阿 Q 正传》片段

片段一：

阿 Q：我革命了！造反了！我革命了！我造反了！我喜欢什么就是什么！我喜欢谁就是谁！（唱）我手执钢鞭将你打！……

赵太爷：老贵呀！现在你发财啊？

阿 Q：发财？当然！要什么就是什么！

秀才：老贵，请问这个革命党……？

阿 Q：革命党——就是要造反！

赵白眼：阿贵哥，像我这样的穷朋友总不要紧吧？

阿 Q：你穷？吃得这么白白胖胖的，还穷？！

片段二：阿 Q 梦境：有人给送来大把银元。

片段三：阿 Q 梦境：有人给送来高档家具。

片段四：阿 Q 梦境：女人（吴妈）投怀送抱。

[提示]　面对"革命了""造反了"的阿 Q，向来骄横霸道的赵太爷换了一副面孔，怯生生地迎着他低声叫"老贵"，赵白眼也改口称他"阿贵哥"，想从他这里探听"革命党"的口风。从他们对阿 Q 称呼的改变，其中语用含义耐人寻味。

3.《日出》"称兄道弟"

李石清：公债算是买对了……经理啊，我粗粗地算一算，我们这一次说不定有三四十万的赚头哇！哈哈！不过月亭兄哪，这一次成功了，我主张以后行里头再也不要冒这样的险！

潘月亭：我看，你太高兴了。

李石清：我这次帮你做得相当漂亮，我的确高兴！

潘月亭：（微微一笑）对不起，我忘记了，你早已经是襄理了。

李石清：（感到潘月亭的话里有刺）您这句话什么意思？

潘月亭：（不动声色）李襄理，现在我手里这张公债是一笔钱了吧？

李石清：当然。

潘月亭：这个赚头足够还金八的款子了吧？

李石清：（小心逢迎地）自然，还大大地富余。

潘月亭：准备金也有了吧？

李石清：是啊，有。

潘月亭：好极了！石清啊，你想，现在我还怕不怕有人跟我捣乱？

李石清：（含糊地）经理，我不明白你的话。

潘月亭：不明白？现在我还怕不怕有人出去说，我的房地产彻底押出去了？（停住，眯起眼睛望着李石清）

李石清：你提这个干什么？（变色）

潘月亭：我不愿意提，最怕有人偏要提。

李石清：（强作镇静）经理，您这是何苦呢？圣人说过：小不忍则乱大谋。

潘月亭：（冷酷地）忍？我是很忍了一阵子。哼，你也许还不知道，行里的同仁背后骂我是老糊涂，瞎了眼，让你这不学无术的三等货做我的襄理！

李石清：（极力压制自己）我们都是多年在外做事的人，我想大事小事最低应该讲点信用吧？！

潘月亭：信用？（一阵大笑）你也谈信用？（由身上取出一个封套）李先生，这是你的薪水清单，襄理的薪水一个月是270块，会计告诉我，这个月你预支了250块，我看我们还是客气点好，我照付你一个月的全薪，这是剩下的20块，请你点一点。不过，你今天的汽车费，行里是不能再给你付的了。（李石清睁着一双愤怒得呆住了的眼睛，瞪视着潘月亭）好，我不陪你了，以后你没事可以经常到这儿来玩玩，你叫我月亭也可以，你跟我称兄道弟也可以，跟我"你呀我呀"地说话也可以，现在我们是平等的，再见！（转身走进小客厅，把门关上）

参考文献

1. ［日］奥田宽：《汉语的任意性指示语"这"——有关语用学的探讨》，周刚译，载《汉语学习》，1998年第2期。

2. 陈夏芳：《跨文化交际中称呼语的使用与语用失误》，载《东北师大学报》（哲学社会科学版），1997年第4期。

3. 陈治安、彭宣维：《人称指示语研究》，见束定芳主编：《中国语用学研究论文精选》，上海外语教育出版社2001年版。

4. 崔桂珍：《方位指示语语用异常现象分析》，载《巢湖学院学报》，2002年第2期。

5. 杜小红：《人称指示语的非常规选择及其语用探析》，载《山东外语教学》，2003年第2期。

6. 段玲琍：《汉语幽默的语用分析》，载《贵州大学学报》（社会科学版），2002年第3期。

7. 刘丽静：《从人物称呼的变化看〈荷花淀〉的匠心》，载《阅读与写作》，2003年第11期。

8. 刘森林：《语用策略与指示词语》，载《解放军外国语学院学报》，2004年第6期。

9. 刘颖：《指示语的认知分析》，载《齐齐哈尔医学院学报》，2005 年第 6 期。

10. 刘宇红：《指示语的多元认知研究》，载《外语学刊》，2002 年第 4 期。

11. 彭芳：《指示现象的认知心理分析》，载《广东外语外贸大学学报》，2003 年第 1 期。

12. 石锡书：《心理造成的"移花接木"——漫谈心理距离对指示语用法的影响》，载《山东外语教学》，2004 年第 1 期。

13. 孙蕾：《西方指示语研究的历史及现状》，载《四川大学学报》（哲学社会科学版），2002 年第 6 期。

14. 唐善生：《指示性与话语性——话语指示的本质特征》，载《修辞学习》，2004 年第 6 期。

15. 王松岩：《言语中发话人称谓语的选择及意义》，载《齐齐哈尔大学学报》（哲学社会科学版），2003 年第 3 期。

16. 吴一安：《空间指示语与语言的主观性》，载《外语教学与研究》，2003 年第 6 期。

17. 徐学平：《顺应论与语用距离》载《外国语言文学》，2005 年第 2 期。

18. 向朝红、刘露营、李天梅：《人称指示在汉语、英语中的语用对比分析》，载《渝西学院学报》（社会科学版），2003 年第 4 期。

19. 熊学亮：《从指代研究看新格赖斯语用学的实用性》，载《外国语》（上海外国语大学学报），1997 年第 3 期。

20. 俞晓霞：《指示语的自我中心性和指示映射现象》，载《齐齐哈尔大学学报》（哲学社会科学版），2005 年第 1 期。

21. 张静：《指示语映射现象探析》，载《重庆交通学院学报》（社会科学版），2004 年第 4 期。

22. 张权：《试论指示语的先用现象》，见束定芳主编：《中国语用学研究论文精选》，上海外语教育出版社 2001 年版。

23. 赵英玲：《论称呼语的社交指示功能》，载《东北师大学报》（哲学社会科学版），1997 年第 1 期。

24. 朱荔芳：《指示语透视的心理距离之语用解释》，载《西安外国语学院学报》，2003 年第 1 期。

第六章

话语结构与信息

理论知识

一、话语的信息结构

(一) 信息和信息结构

信息一词指的是发话人传递给受话人音信内容,多用于通信系统及计算机领域。语言学所说的信息,也同消息内容有关,但总是把研究的重点放在以语言符号作为载体这个范围之内,所以语言学所说的信息指的是以语言为载体所传输出的消息,也称之为话语信息。信息结构是把语言组织成为"信息单位"的结构。信息单位是信息交流中的基本成分。所谓信息交流,即言语活动过程中已知内容与新内容之间的相互作用。

(二) 话语的结构和信息结构模式

话语的结构即信息传递结构。信息结构单位由已知信息和未知信息两大类构成。已知信息指已由环境或上文或背景等提供了的信息,未知信息(新信息)指不能从环境或上文预测的信息。一般情况下的交际,总是由已知信息导入未知信息(新信息)。

常见的信息结构模式:已知→未知。一般说来,在信息结构中已知信息在前,新信息在后,这种顺序称为"无标记"(unmarked)模式。在一般的情况下,人们获取新信息时遵循"从已知信息到未知信息"的心理顺序,也就是说,我们在遇到未接触过的情况时,总是先调动大脑中储存着的已有的知识,以它为基础对新情况进行解释,从而掌握了一种新知识。而一旦掌握了它,它也就转化为我们已有的新知识,成为下次碰到新情况获取新经验时的基础。

已知信息是说话人和受话人的共有知识,不一定总是由说话人提供给受话人的,还包括受话人能够通过自己的经验和判断得到的存在于情景语境或文化语境之中的信息,而新信息通常是由说话人提供的,一般来说信息总是从已知信息向新信息流动的。例如:

1. "美的"空调2000元一台。
2. 她的男朋友是广东人。

例1"'美的'空调"是已知信息,"2000元一台"是新信息。如换成"2000元一台'美的'空调"听起来就没有那么顺畅。例2如果把新信息放在前面就更不像话了。

在话语信息中,已知信息和新信息的认定非常重要。

话语信息结构的研究实际上是语用结构的研究。心理学家曾考察儿童在认识发展过程中对语用结构的习得,结果得出这样的结论:"句法结构产生于语义结构,语义结构产生于语用结构。"(Elizabeth Bates,1976)有人更从此结论中引申出"语用决定了句子和句法结构"。不管这种说法是否恰当,但语用对语法的制约作用是不言自明的。

在过去的半个多世纪中,我国语法学家一向偏重于从语法、语义两个层面对句子作微观静态研究,并且成就斐然。而在对句子的语用结构研究方面,虽然也作过一些零星的探索,但其力度仍显薄弱。直至20世纪八九十年代,语法学家们提出了"语法研究的三个平面"的理论,为语法的研究开拓了新路,并着重在语用层面加大了研究力度。这是一个颇有潜力的研究课题,有待于深入挖掘。

(三)话语结构中的限制成分

在话语表层出现的若干语义限制成分,它一方面显示了说话人的心理意图,隐含了某种意义,另一方面又引导并制约听话人对此的接受、理解。

英国语言学家史密斯和威尔逊曾在《现代语言学》一书中举过这样的例子:

甲:我真的讨厌你给我介绍的那个人。

乙：1. 他是你的新上司。

2. 说实在的，他是你的新上司。

3. 不管怎样，他是你的新上司。

4. 他毕竟是你的新上司。

5. 尽管如此，他是你的新上司。

6. 喔，他是你的新上司。

他们指出，对照乙1，乙2—6话语中含有不同的言外之意：或表示甲应该重新考虑乙的话；或表示甲的厌恶无关紧要；或表示甲之所以讨厌那人正是因为后者是新上司；或表示甲应尽量好自为之；或表示甲有问题；等等。两位语言学家指出，这些限制成分"很适合我们所讲的语用解释的框架"，"本身完全可以构成一个有意思的研究课题"。

相关的语言材料我们在日常生活中处处可见，例如：有一对恋人，男孩对女孩说："你不戴墨镜的时候很漂亮。"女孩马上沉下脸："那我戴墨镜的时候一定很丑了。"男孩觉得很委屈，女孩坚持对方讲的就是这个意思，嘴上没讲出来而已。闹了个不欢而散。试想如果男孩改动一下附加成分，把"很漂亮"改为"更漂亮"，"不欢而散"不就变成"皆大欢喜"了。汉语中常见的限定成分有时地名词、形容词、副词限定、各种短语等。例如：

1. 老地方见。
2. 我可是尽力争取了呀。
3. 一对恋人走在路上，男的对着广告里的女明星不禁惊叹：真美！看见女友不高兴，急忙补了一句："你也算一位美人！""也算？！"女友仍是一脸的不高兴。
4. 这可是老人一辈子辛辛苦苦挣来的血汗钱啊！

例1中的限定成分是地点名词，恋爱中的情人喜欢说"老地方见"而不说"××公园见"或"××咖啡屋见"，除了语言表达简洁、明快的需要外，应该还体现了交际双方的默契，对爱情经历的珍惜、认同等。例2的限定成分是形容词，"尽力"表示争取的程度，言外之意：我不遗憾，或：你们没理由责怪我。例3的限定成分是副词，"也算"的"也"有勉强凑数之意，女友当然不高兴了。例4的限定成分是短语，"一辈子辛辛苦苦"说明钱来之不易，言外之意：你们可要珍惜啊！或：你们可不能辜负老人家的一片心意啊！

二、话语的心理结构

话语的心理结构与说话人的心理意图密切相关，话语的心理结构可以同语法结构、信息结构相一致，但也常常不一致，在话语表层的体现为同构、异构、重音、停顿等。下面略作分析：

（一）同构

所谓同构即话语的心理结构同语法结构、信息结构相一致。我们都希望所说的话能让对方听明白，达到这一心理意图的前提是所说的话必须符合一定的语法结构规则，比如"老王的儿子今年考上了重点大学。"就可以有效、快捷传达所要传达的信息，假如说成"今年考上了老王重点大学的儿子。"就很难传达话语信息。

（二）异构

所谓异构，指的是对语法规则的偏离。我们知道，现代汉语语法结构是有规则的，但是，语言现实并不总是规规矩矩，不越雷池一步，若真是那样，语言的功能就很有限，使用起来也太乏味了。说写者运用语言常常有一定的主动性。他们的主观意图和强调中心可以通过话语结构的变异来体现，这时便出现了"异构现象"。例如《祝福》中鲁四婶三次叫祥林嫂不要动祭品。前两次是"祥林嫂，你放着吧！"虽然其意义是明确禁止，但语序正常，语气亦不太强烈。而第三次采用变序结构，则明显地增加了急迫、紧张、严厉斥责的意思，要比前两次的禁止严格得多。超越或违背语言常规以达到某种表达效果的现象都属于异构现象。

1. 句子结构缺省

在静态句法结构中，一些基本句式的句法成分是必不可少的，否则不能成句。然而在动态的语言运用中，由于受特定语境影响，常常出现一些句子成分的缺省，这又分为省略和隐含两种。

（1）省略。

在一定的语境中，句子的一些基本成分常常省略而不出现。例如：

①小张有个大学的同学，考上了北京大学博士研究生。
②他可是个老实人，那经得住你打趣。

例①中后分句的主语即"小张大学的同学"，这一名词性成分在前一分句中首次被引出,是未知、定指的成分,而一当它被引出后,就成了已知、定指的了。后一分句中,它虽是全句的主题,但根据话语简洁的语用要求,它只能被承前省略。例②"打趣"后的宾语"他"承前省去了。

(2)隐含。

在特定的语境中,句法结构中的基本成分常因隐含而不出现。例如:

①站正了,就不怕别人说三道四!
②这可真是!
③在迷人的夜晚里……(法国利朗香水广告)

这几例中的缺省成分不是省略,而是隐含,因为它们都虽可由语境推知,但都不能确切补出。①句中前一分句是个无主句,这是一般道理的说教,并不是对具体对象的命令,其主语是无定的,因此无法补出。②句这样的句子表评价,但评价的内容没有出现,因为"真是"一词鲜明地表现出说话人的最高级评价的态度,——已经难以做出具体的对应评价了,或者说已经接近"词穷"的程度了。由于交际是在当前进行的,话语隐含的意义可以依据说话者的情态、说话的情景推测。③中的隐含极易引起人们的联想:喷上芳香迷人的"利朗香水"的夜晚,是个何等清幽的夜晚,与恋人约会,或散步、看电影、享受烛光晚餐……这种隐含构成的模糊修辞方式,既勾画出了一幅幽静的画面,引起人们的向往,使人感受到其中的意境美,又暗地里点明了"利朗香水"极富魅力的品质。

2. 常规语序的突破

汉语的语序作为一种重要的语法手段,其规则较西洋语言而言,十分严格,但在动态的使用中的句子却常常因为语用的需要而突破这些常规,导致各种句子成分的移位现象。

(1)主语后移。

静态的句法结构中,主谓句的常规语序是主语在前,谓语在后。但在动态的话语运用中,常因表达的需要,谓语超前,主语后移。根据其后移的语用价值,又可分为两类。

第一类:表达急促的口气

说话人表达的心理影响是主语后移最直接的语用因素。那些最先想到的也是说话人认为最重要的信息,总是最先浮现在脑子里,人们情不自禁地脱口而出，说出来以后，又担心遗漏掉什么，于是就把遗漏的部分赶紧补上，主语后移由此而形成。疑问句和祈使句主语的后移最为常见、自由，这跟说话人求取信息和要求别人施行时焦急的心态紧紧相关。例如：

①怎么啦，你？（表达紧张情绪）

②给我滚，臭小子！（表愤怒情绪）

第二类：突出新信息

后移的主语一般都是有指的旧信息，被移至句末作为附带追加的信息显现。而负载新信息的谓语则提前出现在对话语流中，得到凸现。例如：

③多么清新啊，这早晨的空气！

④"表哥就要从英国回来了。""什么时候回来呀，表哥？"

A句凸现对"清新"的感叹，B句表达说话人的对疑问的急于求知，从而凸现这一待定信息。

（2）定语的后移。

定语后移现象在日常生活中是比较常见的现象。而且能够表达多种语用意义。

第一，能够突出定语所含的内容和信息。

定语在句法上是非结构中心，语义上虽然处于中心的地位，但由于它的句法位置靠前，它所包含的信息，不能通过句尾的语调核心自然地凸显。因此说话人改变它的位置，使它成为句末焦点，从而使它所含信息受到听话人的关注。例如：

①他们一下子就干掉敌人两个连。

②顽抗到底就是死路一条。

③飞舞的萤火虫闪着光，柔和的，青绿的，把夜晚点缀得更加可爱。

第二，信息安排的需要。

为了简化结构，避免定语位置结构臃肿、信息安排过密，当定语位置出现多重定语时，常采用后移部分的策略。例如：

④院子里的花儿开得正欢，红的，紫的、黄的、绿的……

第三，为了补充说明的需要。

这类定语后移大都出现在口语中。说话人表达时常急于传达某个信息，说出来后又觉得这个信息的某个方面应加以补充，由此形成了定语后移。例如：

⑤我今天买了一台笔记本电脑，名牌的。

第四，为了避免重复。

同一句中不同的中心语前有时会使用同一个定语，这个重现的定语无疑负载着重要的信息，为避免重复，常把这个重现的定语作为公因子提取出来后移。例如：

⑥我们是为了我们的孩子们和所有的孩子们，睡着的和醒着的。

（3）状语后移

后移的状语往往是作者着重强调的内容。这个后移的状语应该重读，例如：

①如果我能够，我要写下我的悔恨和悲哀，为子君，为自己。（《伤逝》）

②然而现在呢，但有寂静和空虚依旧，子君却决不再来了，而且永远，永远地！（《伤逝》）

可见，在语言运用中的各种反常规语序都有其特定的语用意义，受到语用因素的指引和制约。

3. 词语的超常搭配

（1）名词并列组合。

①鸡声茅店月，人迹板桥霜。

（唐·温庭筠《商山早行》）

②枯藤老树昏鸦，小桥流水人家，古道西风瘦马。

（元·马致远《天净沙》）

从结构上看，几个名词并列组合，缺少了连接的关键——动词或形容词，似乎不合语法和语义规则。这也是一种异构结构。从语用上看，这种名词并列式的结构之间有一种张力，构成了上下文语境特定的语义场，带上了某种特定的结构义。纷至沓来的意象堆砌在一起,有很深的意境和很好的审美效果。如例①六个名词的静态组合,却构成了一幅动态的画面:客旅之人住在茅店,听到鸡鸣,于是出门了。走在路上,抬头看到月亮;再一低头,只见板桥上的寒霜,分明有人走过的痕迹——"莫道君行早,更有早行人"。例②三句话中九个名词意象互相联系和补充,语义之间得到最大程度的张扬,构成了一幅辽远、空旷、冷寂、凄凉的艺术画面,能给读者以"心灵的震撼"。

(2) 无次序的排列

例如鲁迅小说《风波》中描写七斤的心理状态:

辫子呢辫子?丈八蛇矛。一代不如一代!皇帝坐龙庭。破的碗须得上城去钉好。谁能抵挡他?书上一条一条写着。入娘的!……

这段话为若干个毫无次序地排列着的片段,构成一串杂乱的意象,出色地表现了七斤杂乱的心绪。

(3) 出乎常理的词义搭配。

在言语交际中,寻常词语的悖理移用在与事理不合的不协调配合中造成言语表面意义的不确定,借此唤起听者或读者的丰富想象,进而获得异于一般的表达效果。如:

①生命就应该浪费在美好的事物上。(蔓士德咖啡广告)

生命本是很宝贵的东西,岂能浪费?不和谐之中足见蔓士德咖啡的魅力之大,进而吸引人们前来购买。

②今年二十,明年十八。(白丽香皂广告)

时间不可倒流,故此例听起来荒唐可笑,不合公理,但在这荒唐诙谐的背后隐藏着广告中的深层信息:白丽香皂有着极强的美容功能,经常使用可以延缓衰老。

③寺院
　金色的钟声
　将夕阳击落
　野草丛中

(王润华《春》)

诗人把黄昏中的视觉形象夕阳与听觉形象钟声联系在一起，在瞬间的感受中，凝练为一句形象化的"金黄色的钟声"，珍重用色彩描绘只能作用于人的听觉的钟声，是不合理的语言组合。诗人把黄昏给人的一瞬间的感觉立体化和流动化了，并巧妙地传达出了客观景物在激情的影响下，在心灵中产生的印象。

（三）重音

重音可以分为语法重音和语义重音，前者是根据语法结构特点而重读的；后者则是受说话人心理意图支配的，又叫逻辑重音或感情重音。这里所讲的当然是后者。语义重音在语用学上叫"焦点"，它常常是语用的兴趣中心，是需要突出强调的。同一句话，可以因说话人不同的心理带上不同的重音，因而强调不同意图。

重音在单一的一个句子里是比较难以确定的，只有把它同上下句每一层次，以至全篇联系起来，才可能找准。语义重音的确定与表达，有时是合乎语法习惯或词的轻重格式的，但有时有这样的现象：一般情况下认为不重要的词或词组，在具体的语言环境中，有可能变成很重要的组成部分，甚至可能成为非强调不可的重要组成部分。因此，语义重音的位置是不固定的，它是为了突出某个意思、某种感情、某种事情有意识地进行的重读。同一句话，强调的意思不同，重音的位置也就不同。如：

张教授明天去哈尔滨。（重在"张教授"，意思是别人不去，张教授去。）

张教授明天去哈尔滨。（重在"明天"，意思是今天不去。）

张教授明天去哈尔滨。（重在"去"，谁说张教授不去呢？）

张教授明天去哈尔滨。（重在"哈尔滨"，不去别的地方。）

语义重音常用来表示强调、夸张、突出、并列、承认、确定、对偶等。

表示强调的：这篇论文的确不错！

表示夸张的：听君一席话，胜读十年书。

表示突出的：我就是喜欢他！

表示并列的：这院子东边是一片树林，西边是一个菜园。

表示确定的：不用说，这件事就是他干的！

表示对比的：这一筐苹果是好的，那一筐苹果是烂的。

在一个具体的句子中，究竟哪里是语义重音，只有仔细阅读、仔细品味、仔细揣摩作者的用意和文章的具体内容，才能准确地确定。例如《雷雨》中周朴园向鲁侍萍试探性的问话中有一句："三十年前你在无锡？"就可以有不同的焦点，从而形成不同的语义中心。

1. 焦点落在"三十年前"上面，强调的是这个特定的时间；
2. 焦点落在"你"上面，是对"你"加以确认和强调；
3. 焦点落在"在无锡"上面，强调的是这个特定的地点。

从剧情线索来分析，这里三个成分都是周朴园关心的重点。不过，联系上文和具体语境："你"指的是交谈对象鲁侍萍，而且侍萍刚刚已说明"我从小就在无锡长大的"，无疑，"你""在无锡"都不会是周朴园此时强调、确认的内容，他急于想知道的是时间，即"三十年前"，这是本句的焦点，应该重读——在这里，心理结构的两个方面：重音和语序重合起来，很好地表达了周朴园此刻的心理意图及言语行为。

有时由于感情表达的需要，对语句中某些词或词组以感情色彩的强调，使自己心中蕴藏的激情"一吐为快"。例如《我骄傲，我属于中国》这首诗的最后一节中：

> 不！我就是我
> 是我
> 我是一个
> 血肉之躯的我呵
> 我骄傲
> 我的信仰
> 我的爱情
> 我的一切一切
> 都属于我的母亲
> ——中国（用拖腔读）

诗的前几节写了祖国的"痛苦""贫穷"和"坎坷"，写了祖国的"开拓""微笑"和"希望"，回顾历史，展望未来，全诗充满了对祖国的执着的爱，而这种爱如同股股热血不断撞击着朗读者的心，使朗读者的感情达到了高峰，那就是对母亲"中国"的深情呼唤，在朗读"中国"二字时给予加重、突出，使她成为全诗的最强音。这样，就能更好地表达诗中所体现的浓烈的激情，更鲜明地显现作品的思想，使朗读者和听者产生共鸣。

（四）停顿

1. 停顿

所谓停顿，就是语音上的间歇。停顿是语用中常见的现象，有生理需要的停顿、语法结构上的停顿和语义强调的停顿几种情况。前两种情况属于自然停顿现象，不必讨论。语用中更重要的是后一种停顿——语义停顿。

语义停顿是用来把握语言结构层次，准确表达语义的。停顿不同，语义也就不同。比如："我赞成你也赞成他怎么样"这个句子没有用标点，可以采用两种不同的语义停顿，构成不同的句子，表达不同的语义。究其缘由，有的是语境作用，同一个句子，进入一定的语言环境，歧义就自然消除了，有的是语音的作用，语音停顿可排除它的多义性。一般句子，有些对联、笑话，甚至于大家熟练的古诗词，同样可能有这种情况。如：

（1）①明日逢春好/不晦气/年终倒运少/有余财

②明日逢春/好不晦气/年终倒运/少有余财

（2）①无鸡鸭也可/无鱼肉也可/唯蔬菜不可少/分文不取

②无鸡/鸭也可/无鱼/肉也可/唯蔬菜不可/少分文不取

又如杜牧的七绝《清明》，有人将它断句改变成为咏清明的长短句。

①清明时节雨纷纷/路上行人欲断魂/

借问酒家何处有/牧童遥指杏花村/

②清明时节雨/纷纷路上行人/欲断魂/

借问酒家何处/有牧童遥指/杏花村/

我们这里讲的停顿不是简单休止，不是切断，更不仅仅为了换气。停顿是为了使语意、思想感情的表达更加准确鲜明，更重要的是停顿把表达者的语意和思想感情继续延伸表现出来，停在妙处，停得恰到好处，以达到"此时无声胜有声"的效果。美国杰出作家、著名演说家马克·吐温自称"经常玩停顿这个把戏，如同孩子们玩弄玩具一样"。

2. 停顿的语用功能

停顿的千变万化给语言带来了丰富的表现力。

(1) 强调某一事物或突出某个语意。

①什么/叫社会主义,什么/叫马克思主义?我过去对这个问题的认识不是完全清楚的。

②求知太慢/会驰惰,为装潢而求知/是欺人自欺,只会照书本条条办事/会变成偏执的呆子。

③是幸福/或是眼泪,都系在这交易所里的电子数字的显示牌上。

这种停顿,常常和重音互相配合着用。
上三例停顿,给人留下思考、回味的时间。

④当初恋的情思觉醒时,那爱的四季/也该一起/醒来。美好的初恋,是一首特别美好的/四季歌,它的追求/是春,激情/是夏,求索/是秋,冷静/是/冬。

这一段例句,描述了初恋的全过程。虽然在每一个过程中只有一句话四个字,可人人都会引起许许多多的反思回味。"春情"那似隐似现的情思萌动;"热恋"情思的裸露,一展真实的容颜;冬的"冷静"则生发出了强韧的情结……在处理这些停顿时,必须开掘出其中所蕴含着的丰富内容。

(2) 强调某种感情

朗读中,由于作品的意图、人物的感情和心理活动的变化使语言的节奏和语调有所改变,这就需要利用停顿来表达感情或揭示某种心理活动。如:

我错了。(是一般的认错)
我/错了。(认错者有复杂的心理活动,有一定的深度)

①在紧张、惊愕处安排停顿

人遇到意外的惊吓时,由于神经系统的高度紧张,一时无所适从,自然会出现"呆住""愣住"等现象,这种现象常需要用停顿来表现。如:

我使劲伸手去拉他,可是/什么也没有抓住。他陷下去了,已经/没顶了。

《草地夜行》中，老红军战士背着"我"突然掉进了泥潭，然后用力将"我"顶出泥潭，甩在一边，"我"急忙去拉"他"时，却抓了个空……眼前所发生这一切都在一瞬间，这时候的我来不及反应判断，只能作出本能的挣扎，"可是""已经"后面各安排一处停顿。表达出"我"由于紧张、惊愕根本不敢相信，也不愿相信刚才还背着"我"的老红军战士突然牺牲的心情。又如：

> 我的心绷得紧紧的。这怎么忍受得了呢？我担心这个年轻的战士会突然跳起来，或者突然叫起来。我不敢朝他那儿看，不忍眼巴巴地看着我的战友/活活地烧死。但是/我忍不住不看，我盼望着出现什么奇迹——火突然间//熄灭了。（注："//"相对"/"来说停顿时间稍长些）

在这段例句中，通过战友的眼睛和感受反映出邱少云当时被火烧着的情景。为了把这种紧张惊愕的心情表达出来，在"活活地烧死""熄灭了"之前安排两处比较长的停顿，第一处是不忍心看到战友被烧死，第二处是看到战友被烧死。这两处都安排在邱少云的生死处。这是多么令人不愿看到的现实，可偏偏又要承受眼前这现实，心像被揪住一样疼痛。

②感情哀怨、悲痛处安排停顿

人在哀怨、悲痛时，往往会出现"硬咽""抽泣"等现象，要把这种感情表达出来，就必须利用停顿。如：

> 1994年，钱先生在上海/去世了。那时；我正在重庆，关山遥隔，难寄我/悼念之情。我伫立山城，遥望远天，眼前唯有那/飘游不尽的茫茫白雾……

在"去世"前安排停顿，来表现"我"不忍说出这悲痛的两个字，在"悼念之情"和"飘游不尽"前安排停顿，是为了表现我不能够见先生一面的痛惜感伤之情，但此时应是声停而意不停。

又如：我真想，摔开车门，向你奔去，在你的肩上，失声痛哭，我忍不住，我真/忍不住。在这个例句中，表现了无法抑制的悲伤情感。"我真"后面安排了一个较长的停顿，像是要把悲伤情感忍住一样。

（3）戏剧创作中的"停顿"可揭示人物内心之律动。

从戏剧语言角度来看，停顿乃无声的独白，为人物心灵的解说者，是默默的倾诉，是"出声音之外，乃得真味"。可以这样说，停顿是以一种寓动于静的韵味深长的含蓄方式，表现人物微妙复杂的情感搏斗与心灵的鏖战，因而不啻揭示人物内心隐秘的某种重要手法。

如《雷雨》第二幕中，在戏剧波澜几经起落之后，周朴园认出逗留于客厅的鲁妈，正是三十年前被自己诱使失身并"始乱终弃"的使女梅侍萍（她因自杀未遂，后嫁给鲁贵而改姓"鲁侍萍"）：

　　周朴园：（徐徐立起）哦，你，你，你是——
　　鲁侍萍：我是从前侍候过老爷的下人。
　　周朴园：哦，侍萍！（低声）是你？
　　鲁侍萍：你自然想不到，侍萍的相貌有一天也会老得连你都不认识了。
　　（周朴园不觉地望望柜子上的相片，又望鲁侍萍。）
　　［半晌。］
　　周朴园：（忽然严厉地）你来干什么？
　　鲁侍萍：不是我要来的。
　　周朴园：谁指使你来的？
　　鲁侍萍：（悲愤）命，不公平的命指使我来的！

这里剧作家在鲁、周二人"相认"的戏剧情节中，有意使用了几个停顿很好刻画了周朴园当时的心情：几经试探之后，终于证实面前这个人正是三十多年前的故人，"你，你，"两个短停顿，反映了他难以相信又不得不信，难以接受又不得不面对现实的窘态；"你是——"一个长停顿，又反映了他虽然觉察了，但还心存侥幸或不愿相认的心情。后一停顿（即"半晌"）包含着极其丰富而又复杂的人物心理活动，恰到好处地揭示出此时此刻双方彼此内心的律动：针对周朴园而言，他看看相片，又望望侍萍，不敢承认而又不得不承认，自然而然地陷入无言的回忆；而就鲁侍萍来说，她是委实不愿相认而又不自觉地相认，一经周朴园道破，便禁不住悲愤交加，触痛了其潜隐于心底达三十年之久的血淋淋的创伤，陷入饱含酸楚的难以溢表的追溯！

再看《雷雨》中的两例：

①周朴园：我叫他，他就可以下来见你。不过——（顿）他很大了，——（顿）并且他以为他母亲早就死了的。

②鲁侍萍：你是萍……凭——凭什么打我的儿子？
周　萍：你是谁？
鲁侍萍：我是你的——你打的这个人的妈。

例①的两处长停顿，语义中有转折，反映了周朴园当时的心理状态：即不便回绝侍萍的要求，又担心她做出令人难堪的举动。真是欲言又止。例②几处突现的停顿都是作为语义转换衔接的重要手段。特别是第一句，本来鲁侍萍想说"你是萍儿"，但当时语境迫使她不能相认，只得利用停顿和同音词，不露痕迹地转换成"凭什么打我的儿子？"隐忍转换后爆发的一句反诘，语气强烈，十分恰当地表现了这位母亲此刻痛如刀割的心情。

三、话语结构与语境信息

我们知道，任何话语都是在一定语境中进行的。为了表达的简练，语境能够提供的信息在话语结构中则不必出现，这就是非主谓句、省略句等简约句型存在的原因。非主谓句没有主语，但并不妨碍我们对句子的理解，因为在交际双方共有的语境知识中，原来应由主语传递的信息不仅是不言而喻的，甚至简直无须了解的。省略句就更明显了，句中所省略的信息，听话人可以从上下文，从双方共享的知识中找回来。所以尽管必要的信息没有在句中出现，却丝毫不影响双方的沟通理解。例如：

我把你这个小淘气鬼！

这类把字句虽有自己独特的语用功能——表示责骂、嘲讽、疼爱等，但这语用功能也还是从处置义引申出来的。虽然它不再表示处置，但主语对"把"的宾语的控制仍是存在的。这种把字句一般多出现在口语或者对话中，是交际双方面对面的交谈，句子的主语一般是第一人称，"把"的宾语里包含第二人称。句子一般表示说话者用这样的句子表示自己的不满、嘲讽或戏谑的语气。由于是在当前语境下，动词及其动词导致的结果都隐含了，听话者可通过说话人的表情、语气、伴随的动作，理解说话人的意图。因此，这类句子对当前语境的依赖特别大，离开了口语的语境（包括书面的对话），这类把字句就不自足。可见，句子结构成分的省略与隐含都与语境有着密切的联系，受其制约。

不仅如此，许多看来似乎很完整的话语其实也缺失了一些信息环节，因为发话人认为听话人完全有能力从语境中找回来。例如一部小说中有这样一个情节：主人公到澳门狂赌，输得一干二净。有人不知情，想请他赞助慈善事业，知情者便说："他刚从澳门回来，没钱了！"发话者相信听话人了解澳门有赌场而赌博能让人倾家荡产，也相信听话人了解主人公嗜赌，他一定能用这些信息填补"他刚从澳门回来"和"没钱了"之间的空缺。可是如果对于一个来自闭塞山区毫无相关知识的听话者，发话者就不能也不会这样说话了。

在正常的言语交际中，我们找不到一个只掌握了汉语的语言知识而其余的知识为零的人，所以说话时我们总是在分析判断我们能与听话人共享的语境知识有哪些，并且根据它们来确定该采取什么样的话语形式。正因为如此，我们平常运用的所谓成篇的话语，无论它的结构看似如何严密，实际上都留有许多语义空白等待听话人去填补。

四、信息结构的功能探索

（一）已知—未知模式符合认知规律，使人易于接受新信息

听别人说话也是一个认知过程，同样遵循"从已知信息到未知信息"的心理规律。为了让受话者能最大限度地理解话语的意思，我们说话时就会有意识地或不知不觉地去设想，在我所要传递的信息总量中哪一些是听话人已经掌握的，属于他的已知信息；哪一些对他来说是新经验，属于他的未知信息。说话时就能选择已知信息作为出发点，这意味着把听话人相应的知识贮存调动了起来，然后再把对于听话人而言的未知知识加上去。在这样的心理状态中，听话人能最轻松、最合理地理解话语的意思。

例如，有经验的教师在传授新知识前，往往简要回顾前面所学过的有关知识，在已有知识的基础上带出新知识，这样做能收到事半功倍的效果。有时候为了说明一个深奥的道理，人们喜欢使用比喻，即用形象生动的事物（已知信息）带出抽象深奥的事理（未知信息），这种做法效果更佳。例如，一位哲学家为了说明"学海无涯"这么一个抽象的道理，打了一个比方：知识就像一个圆：外延越大，未知的领域也就越大。比喻耐人寻味，富有哲理，令人终生难忘。

有些诗歌的比兴同样遵循"已知—未知"这一模式，例如：信天游《妹妹心思我知道》："井子里绞水桶桶里倒，妹妹的心事我知道。"起兴中："水"是从井里绞上来的，是井"心里"的水，把水倒进桶里，这是共知常

识,由此推出它的含义:我把妹妹的心事放进自己的心里,就像井"心里"的水,倒进了桶里。又如:"墙头上跑马还嫌低,面对面坐下还想你。"这里起兴的预设前提是:墙头很高,都已经在高墙上跑马了,可我还觉得不够高,话中含有不满足的意思,这是常人能推测出来的信息。这样下句"面对面坐下还想你",和起兴就结合得天衣无缝,而把自己对对方的爱恋表现得淋漓尽致。

(二)合理地判断受话者的知识状态,提高言语的信息度

信息度(informativity)是波格然德和德雷斯(Beaugrande & Dressler, 1981)提出的篇章七标准之一,指的是语篇信息超越或低于受话者期望值的程度,即语篇信息在多大程度上是预料之中的还是出乎意料的,是已知的还是未知的。合格的语篇信息的编排应符合递增条件(the graded informativeness condition),所传递的新信息中应有一定不可完全预测的变量,否则只能是已知信息的重复堆积,造成语句冗赘烦琐。

在言语交际中,如果能合理地判断受话者的知识状态,提高言语的信息度,不仅使语篇简洁明了,而且还会因受话者需付出一定认知努力而达到引起受话者注意力的效果。成功的广告往往用以提高信息度。例如:

1. 夏天里的一场雪(美的空调广告)
2. 第一流产品,为足下增光(一则宣传鞋油的商业广告)
3. 当夕阳西下的时候……(美国一家保险公司设计制作了一幅户外广告画。)

三个广告词都极其简短,有的甚至只有半截话,却起到事半功倍的效果。读者为了理解该广告内容必然要根据常识做出合理的推断,从而收到良好的效果。例1中没有直言空调的效果,而是用看似费解的语句"夏天里的一场雪"来表述,但创作者相信,凭一般人的已知信息:空调是送冷气的,再加上常人的认知能力:自然地把冷气与夏天的雪联系起来,产生了一种美好的感受。例2"为足下增光"同时关联着两层意思:一是指鞋油质量好,擦用之后,脚下增加不少光彩;二是指"为您增添风采","足下"是朋友间的敬称。广告语中"足下"兼顾两意,左右逢源,表意灵巧,加大了文字传递信息的容量。对于缺乏这种文化常识的外国朋友当然无法接受其中的全部信息。例3画面主体是夕阳余晖照耀下的一位老人。广告语中既没有直说当你即将老去的时候,记住要买上一份保险以防不测,也只字未提保险公司的服务如

何的好，只是很委婉地说了句"当夕阳西下的时候……"并配以一幅夕阳老人图，但一切尽在不言中，透过言语环境所提供的"潜信息"，一些单独看起来似乎无法理解的语言，就变得可以理解，而且相得益彰，更为委婉、动人。

（三）信息结构的可预设性有利于突出信息中心

已知信息是发话者认为受话者已了解的信息，是为引出新信息服务的，但从信息内容重要性方面而言不如新信息，因此在言语生成过程中为了突出主要信息（通常为与主题有关的新信息），往往把已知信息以隐含的方式表述为预设命题，并以此作为信息传递的背景信息，达到言语结构紧凑、蕴含丰富、突出信息中心的效果。例如：

我们的钓竿连鱼看了都喜欢。（某渔具广告）

此例预设所隐含的已知信息是：鱼岂有什么喜好？更不可能喜欢自己的克星——钓竿！广告有意背离人们的常态思维和生活常识，使用了夸张和拟人的手法传递未知信息："我们的钓竿连鱼看了都喜欢"，含蓄巧妙地道出了钓竿外形内质之美的特色。人们可以透过语表去破解其底蕴：连鱼看了都喜欢，雅好钓鱼的人岂能不喜欢，不自动"上钩"才怪呢。

已知信息的预设处理对于解决学生作文中存在的文章松散，主题不突出等问题具有一定的启示。

（四）语篇生成的指导作用

语篇中的信息是以语言为载体所传出的消息内容。语篇生成过程是信息传递的过程。每一语句都是一个信息单元，包括已知信息和新信息。语篇的展开一般是由已知信息到新信息不断循环交替推进的。语篇作者对已知信息和新信息的编排方式决定语篇质量。

目前写作教程及课堂教学多偏重于句子段落和谋篇等规范性语言知识，这对学生了解什么是合格的语篇及掌握一定的写作技能无疑是有益的。但在写作实践中我们发现，学生尽管掌握了一定词汇、语法及写作知识，写出的文章仍存在语言思维跳跃性大，句间衔接不自然，层次不清，语句堆积等问题。这是因为语篇不是一个简单的语法单位，而是一个语义单位，是用语言向读者传递信息的动态过程。语义间信息连贯是构成书面语篇清晰脉络的内在机制，因此信息结构理论对语篇的连贯性、经济性及语篇组织方面具有一定的解释力。

在语篇生成过程中，还得处理好主位结构与信息结构的关系。对主位结构的研究可以追溯到布拉格学派。早在20世纪30年代，马泰休斯就修改了"主语"和"谓语"的提法，提出了"主位"（theme）和"述位"（rheme）这两个术语。主位是话语的出发点，述位是围绕主位所说的话，往往是话语的核心内容。一个主位结构，简单地说，是由主位和述位构成，主位一旦确定，剩下的成分便是述位。主位和主语是两个不同的概念，主位是新信息的出发点，属于语义层上的一个概念；主语指的是谓语的陈述对象，指出谓语说的是谁或者是什么的句子成分，属于语法层上的一个单位。

马泰休斯认为主位结构与信息结构同属于语篇功能的两个系统，它们交织在一起，共同推动着语篇信息的顺利进展，构成一个和谐连贯的语篇。语言是用来交际的，交际的过程实际就是一种信息传递的过程。说话人在发出信息之时，必须把有声的意义单位（词）按一定的语法规则组成信息结构（句），这就是信息的编码过程。受话人接收信息，就必须根据说话人所产生的语句来理解对方所表达的意义，这就是信息的解码过程。所以说信息结构以受话者为标准，主位结构以说话者为标准。从语篇的信息组织上来看，已知信息是可复原（recoverable）的信息，指的是上文提及过的事物或处于情景语境或文化语境中为交际双方所熟知的、理解起来毫不费力的事物。新信息是不可复原（unrecoverable）的信息，是意料不到的事物，是上文未提及的并且将要介绍到的事物。从语篇的内容来讲，已知信息是新信息的支持点、出发点，是新信息不断出现的前提。

案例分析

一、观念上是这样

警察局长：从这里出去，你就是一个老百姓了，没有手枪，没有同事，更要小心！

女侦探：法律上不是保护证人吗？

警察局长：观念上是这样。

（法国电影《女侦探》）

这里的背景是：女侦探在侦察一个棘手的案件时，受到某些大人物的干预，她在警察局的工作也处处受到掣肘。为此，她决心辞去侦探的职务，以证人的身份继续完成这一正义的任务。警察局长对她的举动很欣赏，也同情她的境遇，但欲帮助她又无能为力，故在她临离开警察局之时，好心地嘱咐她注意安全。他回答女侦探的话恰当地表达了他的忧虑而又无能为力的言外之意和心情。试比较：

1. 观念上是这样的。
2. 确实是这样。
3. 仅仅是这样。
4. 那当然是这样。

1—4 的言外之意是不完全相同的。虽然形式上都表示肯定，但话语的语义性限制成分确定了它们之间一些细微的语义差异。比如局长说"仅仅是这样"，就显得太外露，与他的身份及所处的环境不协调。如果说"确实是这样"，则提醒女侦探"注意安全"的言外之意就要大打折扣了。如果说"那当然是这样"，则只是一种掩饰性的回答，其原有的言外之意亦难显露。这充分说明，此类限制成分对话语信息的影响。

二、紫色的灵魂

艾青《大堰河，我的保姆》：

大堰河，今天，你的乳儿是在狱里，

写着一首呈给你的赞美诗，

呈给你黄土下紫色的灵魂，

呈给你拥抱过我的直伸着的手。

"紫色的灵魂"是一种出乎常理的词义搭配。"灵魂"本身是一种看不见、摸不着，也无任何颜色可言的抽象物，诗人却赋予其"紫色"，显然这是违背常理的表述。对诗中这一充满神秘意味的色彩词，欣赏者经过反复揣摩、思索，才会领悟到诗人的用意，是用紫色来象征大堰河崇高善良的品质。

三、有趣的手机短信

中秋前夕，某人收到一条手机短信：送你一个大号月饼，成分：100%的纯关心；配料：甜蜜＋平安＋开心＋宽容＋忠诚＝幸福；品牌：友情常青；

保质期：一辈子；保存方法：珍惜。祝：中秋快乐！短信的制作者打破常规的搭配，套用商品介绍的格式来传达真挚的友情，幽默新颖，富有情趣。

四、脸皮招领

下面是吴若增《脸皮招领启事》中的一则招领启事：

今拾到脸皮一张，请失者前来认领。

×办事处×月×日

脸皮无所谓"丢失""得到"，因为它是人体的一部分。这里运用词语的超常搭配（异构），表达了讽喻的真正含义。

五、吝啬财主的对联

古代有一个秀才给刻薄吝啬的财主写了这么一副对联，上联——养猪大如山/老鼠头头死，下联——酿酒坛坛好/造醋缸缸酸，横批——人多/病少/财富。财主一听心里十分满意。第二天一大早，财主叫人将对联张贴在门前，老百姓中有人悟出了秀才写对联的真正意思，朗朗读道：上联——养猪大如山老鼠/头头死，下联——酿酒坛坛好造醋/缸缸酸。横批——人多病/少财富。老百姓一听高兴得哈哈大笑，老财主气得口鼻生烟。同样的一副对联，由于所作的停顿位置不同，意思竟会截然相反。足见停顿在语言表现中的作用。

思辨和训练

一、常见的信息结构模式是怎样的？你怎样理解？
二、话语的心理结构在话语的表层有哪些体现？试举例说明。
三、谈谈话语结构与语境信息之间的关系。
四、从话语结构的角度对以下各例进行语用分析。
1. 下面的话有不同的重音（焦点），试分析它们各自的语用意义。
（1）抗战还没有结束。
　　　抗战还没有结束。
（2）什么是检验真理的唯一标准。
　　　什么是检验真理的唯一标准。

2. 下面句子的限定语有所不同,试分析它们各自的语用意义。

(1) 张老师对琳琳的评价:很有希望。

　　李老师对琳琳的评价:还有希望。

(2) 总算达到了指标。

　　终于达到了指标。

3. 下面的例子有悖情理,试分析它们的构成原因及语用意义。

(1) 有的人死了,他还活着;

　　有的人活着,他已经死了。

(臧克家《有的人》)

(2) 说你行,你就行,不行也行,

　　说不行,就不行,行也不行。

(3) 煮熟的鸭子飞了。

参考文献

1. 曹军:《信息结构理论对写作教学的启示》,载《山东外语教学》,2005 年第 4 期。

2. 樊朝辉、张晓世:《主位结构的信息功能》,载《雁北师范学院学报》,2003 年第 1 期。

3. 何自然:《语用学概论》,湖南教育出版社 1988 年版。

4. 胡壮麟、朱永生、张德录:《系统功能语法概论》,湖南教育出版社 1989 年版。

5. 胡壮麟:《语篇的衔接与连贯》,上海外语教育出版社 1994 年版。

6. 胡壮麟:《功能主义纵横谈》,外语教学与研究出版社 2000 年版。

7. 黄国文:《语篇分析的理论与实践》,上海外语教育出版社 2001 年版。

8. 李挺:《语言运用中的常规突破及其语用制约》,载《邵阳学院学报》,2003 年第 1 期。

9. 梅进丽:《试论模糊限制语的语用功能》,载《咸宁学院学报》,2003 年第 4 期。

10. 杨国凤:《谈朗读中的停顿艺术》,载《绍兴文理学院学报》(哲学社会科学版),2001 年第 2 期。

11. 左思民:《汉语语用学》,河南人民出版社 2000 年版。

下篇 02

| 实践篇 |

语用学是言语的语言学中的一个新的研究领域，把语用学用于中学语文教学是一个全新的、极富挑战性的课题。从广义的语用学理论看来，语言运用中一切问题都应该成为语用学研究的范围。从语文教学的性质、特点、目的看，语用学与语文教学有密切联系。语用学的理论与中学语文新大纲提出的注重培养学生的创新思维、注重整体感悟的精神以及新课改的实施精神是相通的。把语用学的理论运用到中学语文教学之中，将给中学语文课堂注入新鲜的内容，给语文教学带来无限生机；语用视野的阅读理解，比一般的阅读理解更深刻、准确、透彻，因此，更有利于培养中学生的分析、鉴赏能力，有利于培养中学生对学习语文的兴趣；从新的教学大纲以及新的教学观的角度看，语用学的理论在中学语文教学中的运用，有利于培养中学生的创新意识，语用学"自上而下"的语用策略有利于提高学生整体感悟作品的能力。

本篇研究的主要问题有三个：一是如何提高教师课堂用语的语用能力；二是如何提高学生的语用能力；三是如何提高作品的语用分析能力。具体设想：从语用学的角度切入，研究的方法和切入点必须独特，总结出来的规律必须有可操作性，必须符合新课标的精神，能经得起实践的检验。

课堂教学是一个语言运用极为丰富的语用场合，该场合师生言语行为均可以闪耀出语用学理论的光芒。教师的教学语言，是教师在教学过程中采用的一种语言，它不仅是教师执行教学计划的工具，同时还是学生语言输入的一个重要来源，因此它在组织课堂教学和学习者的语言习得过程中起着至关重要的作用。

《语用学在中学语文教学中的运用》
课题研究报告

罗国莹、杨奔、刘丽静

一、开展本研究的缘由和重要性，前人在此方面的研究情况

语用学（pragmatics）也叫语言实用学，是语言学中的一个新的研究领域。语用学作为一门真正独立的学科，是在20世纪70年代才建立的。80年代，语用学得到进一步的发展、完善。国际语用学协会（IPA）于1986年成立，至今已举办多次研讨大会，该会学术刊物也由原来的季刊改为月刊，足见语用学研究在国际上的旺盛势头。近年来，国内的语用学研究由当初的介绍引进局面改为对具体问题做深入细致的探讨。有关语用学研究的学术论文数量明显增多。以语用学为专题的学术研讨会也召开过八次。尽管如此，国内语用学研究尚存在一些不足，研究视野不够开阔，从译介到语用问题译介，从运用某些原理分析语言现象到对某些语用原则提出修正等，语用分析过于机械，深度不足，大多定格在国外提出的理论框架之内，缺乏地道的本土研究特色。关于语用学应用方面的研究，目前较为热门的是外语教学以及对外汉语教学，而母语教学方面的研究目前还很少见到，从中学语文教学的实际需要出发，从语用学的角度探寻适合于我国中学语文教学的科学规律和方法，这一方面的研究文章也很少见到，更谈不上有何深度。

语用学是一门崭新的学科，把语用学理论用于中学语文教学更是一个全新的、极富于挑战性的课题。语用学是研究语言运用的学科。"它关注运用语言的人（包括说写者和听读者）；关注语言使用中的种种因素，特别是语境的作用；它也十分关注语言手段本身并使之同以上两个方面紧密结合在一起。换言之，它从说写者和听读者的不同角度以及相互关系上，研究人们的言语行为（语言表达和语言理解）；研究特定语境中的特定话语，并探求语境中的种种功能；研究话语的种种言内之意和言外之意及其相应条件，等等。"① 语用学的理论与中学语文新大纲提出的注重培养学生的创新思维、注重整体感悟的精神以及新课改的实施精神是一致的。新课标在阐述语文教育的特点时指出："语文是实践性很强的课程，应着重培养学生的语文实践能力，而培养这种能力的主要途径也应是语文实践，不宜刻意追求语文知识的系统和完整。语文又是母语教育课程，学习资源和实践机会无处不在，无时不有。因而让学生更多地直接接触语文材料，在大量的语文实践中掌握运用语文的规律。"② 这里讲的"语文实践"都可理解为"语言运用实践"，从广义的语用学理论看来，语言运用中一切问题都应该成为语用学研究的范围。语文教学不能满足于培养和提高学生的语言能力，更重要的是在此基础上培养和提高学生的语用能力。

我国语文教学效率不高的一个主要原因，是长期以来受传统语言学的影响，注重形式、结构而轻视意义、功能的研究；注重抽象的语法修辞知识，而不注重它们同其他因素的有机地结合。语文教学亟须跳出传统语言学的窠臼，以新的理论观点为背景，进行观念上、方法上的更新，使语文教学的整体水平跨上一个新的台阶。把语用学的理论和语文教学结合起来，用语用学的理论指导语文教学实践，可望能走出一条通往语文教育理想境界的宽敞大道。

二、本研究的主要思路和方法：

（一）主要思路

通过大量调研，从语用学的角度探寻适合中学语文教学的科学规律和方法，写出对中学语文教学有指导意义的论文、研究报告，用以指导中学语文教学，提高语文教学的质量。

（二）研究方法

调查法（听课、座谈、问卷、录音、录像）、统计法、对比法、分析法和

---

① 王建华：《语用学与语文教学》，浙江大学出版社 2000 年版。
② 《全日制义务教育语文课程标准》（实验稿），中华人民共和国教育部制订，北京师范大学出版社 2001 年版。

实验法。

三、研究所取得的主要成果

（一）把语用学理论运用到中学语文教学中，为语文教学拓开了新的视野，为中学语文教学提供了新的理念，新的教学方法

语文教育要全面提高学生的语文素养，培育学生热爱祖国语文的思想感情，指导学生正确地理解和运用祖国的语文，丰富语言的积累，培养语感，发展思维，使他们具有适应实际需要的听、说、读、写能力。多少年来，无数中学语文教师为此做出了不懈的努力，然而，结果却不尽如人意。其中重要的原因之一在于所学的基础知识、基础理论和应用挂不上钩。怎样将基础理论和实际应用挂上钩。"这里需要一种过渡性的办法，乃至需要一种桥梁性的学科，把两端联结起来。"① 张志公先生在这里所说的"桥梁性的学科"，就是指关于语言运用的学科。只有关于语言运用的学科才直接指导语言的运用。语用学就是这样一门学科。语用学是研究语言应用及其规律的学科。语文教学的目的是什么？一句话，培养学生语言运用的能力。语文教学，就是语言运用的教学。把语用学的理论和语文教学结合起来，并讨论其中的有关问题，能在理论方面拓宽中学语文教师的视野，使之在语文教学中发挥更大的创造性，使语文教学的改革朝更深入的方向发展。研究成员一方面拜访区内语言学、语用学专家刘春汉、唐韧教授，听取他们对本研究的富有卓见的建议，一方面反复学习语用学理论，反复论证，达到以上了共识，先后到了玉林师范学院附中、北流市永丰中学、容县中学、玉州区五中、陆川县中学等学校与老师们座谈，交流学习体会，得到了老师们的认可，他们对项目的研究极为关注，希望建立长期联系。经反复物色、研究，于2002年12月在容县中学、玉州区五中、陆川县中学、北流市初中等四所学校建立了研究基地。罗国莹连续发表论文，其中《关于中学语文新课标的语用学思考》试图运用语用学的理论，结合中学语文教学实践，对如何提高语文教师语文教学艺术素质，进而提高语文教学水平做粗略探讨；《语用视野的阅读分析》提倡对课文进行动态分析即语用分析，同语用主体、语境等因素紧密联系，所分析出来的意义比理性意义或隐或显地"多"出一些来。这"多"出的一些也

---

① 张志公：《掌握语文教学的客观规律》，载《文汇报》，1992年6月12日。

就是语用学中常常谈到的"会话含义"或"言外之意"。指出：语用视野分析作品具有更深刻、更准确、更细腻的效果。这两篇论文代表了课题研究的新理念，对课题研究起着指导性的作用。

（二）引进语用学后，帮助语文教师正确认识语文的学科性质，对于语文教什么，怎么教做出了明确的语用学答案

《语文课程标准》确立了语文教学的三维目标：知识与能力，过程与方法、情感态度与价值观等，2001年以前的《语文教学大纲》更是提出了五个目标：一是语文知识教育；二是语用能力培养；三是思想政治教育；四是发展学生智力；五是提高审美情趣。我们认为，语文课是学习怎样使用语言的，语文课的教学目标当然是培养学生的语用能力。用李海林的话来说就是："语文知识的学习是实现语用能力目标的手段，发展学生的思维、开发学生的智力是实现语用能力目标的心理前提，提高学生的道德修养是实现语用能力目标的附带的成果，提高学生的审美情趣已经内在地包含在语用能力的内涵之中。逻辑的结论是：语文课程的教学目标就是培养学生的语用能力，这是语文课程教学目的的唯一表达，除此之外既不需要其他目的的补充，也没有第二种表达。它需要的只是全面地理解和深刻地理解。"① 这是现代语文面临的又一重大转折，李海林先生曾称之为"语用的觉醒"。指出："语文教学的全部奥秘，都在'语用'这一语词中了，语文教学的全部可能性都包含在'语用'的内在丰富性上了。"② "所谓'语用'，不同于一般'工具使用'活动，在文化人类学和语言哲学的理论视野中，它就是人的生命活动本身。它塑造的，不是人的一般工具能力，而是人的智慧能力。这种智慧来自于语言本身的符号特性，因此也可称之为'符号智慧'。"③ 罗国莹发表论文《培养学生的语用能力是语文教学的唯一目的》强调：语文教育的目的不明确或多目的论都会影响语文教学的质量，如何理解语文教育的目的就是培养学生的语用能力，是每一位语文老师必须解决的首要问题。2004年3月由课题组成员为主要策划和组织的玉林市中学语用优质课比赛，对于唤起语文老师的语用意识，帮助语文教师正确认识语文课的学科性质，起到了推动作用。这次语用

---

① 李海林：《言语教学论》，上海教育出版社2000年版。
② 李海林：《言语教学论》，上海教育出版社2000年版。
③ 王尚文：《语感论》（修订版），上海教育出版社2000年版，序二。

优质课比赛是在课题组两年来研究成果的基础上提出来的。自 2001 年 12 月立项以来，课题组成员先后到了玉林市十多所中学调研，掌握了大量的第一手材料，通过与中学老师反复探讨，得到了这样一个共识：不讲语用的语文课，算不上优质课，甚至连合格也算不上；没有语用意识、语用策略的语文教师，算不上优秀教师，甚至连及格也算不上。一句话：语文课应该把提高学生的语用能力作为唯一的教学目标。而目前大部分中学语文教师并不明确这一点。更不知道如何达到这一目标。

(三) 在理论与实践的结合方面取得了一些突破性的进展

1. 在语文教学中引进了语境理论，认为语境贯穿于语文教学的全过程

把营造好的语文环境放在重要的地位，和语文课改追求的目标一致，有利于阅读教学、作文教学，有利于学生的口头交际能力的培养。罗国莹、宁皖平撰文《浅论语文教学中的语境》分析了影响语文教学的语境因素：课堂内语境；课文内语境；作者语境；读者语境；词语语境。并提出了相关的语用实施策略。陈汉云撰写了《文化研究语境下的中学语文教育》对影响中学语文教育的语境因素也进行了深入剖析，对教学具有实际的指导意义。在对文本的理解过程中，要考虑学生的诸多因素，尊重学生的体验，切忌以老师的思维习惯代替学生的思维习惯，以老师的生活体验代替学生的生活体验。我们常常遇到这样的情况：面对同样的课文，学生的理解常存在着差异，其原因就在于除了作品和作者的语境外，读者（学生）本身也有自己的语境，包括个人阅历、性格爱好、道德文化修养以及读者所生活的时代特征等。读者语境如果与课文内及作者的语境相契合或大致接近，那么，理解作品就比较容易，反之就可能产生理解上的障碍。当今商品社会，金钱、财富是一个非常敏感的话题，而学生正处于价值观、爱情观形成的阶段，对一些是非问题往往缺乏分辨能力。如《米洛斯的维纳斯》一课，由于学生现有的对美的感受和认识水平不高，决定了学习该课的难度较大。学生的认知状态和语言能力状态，是教师设计课程的预设，设计课程要考虑学生的审美认知水准。

许多教师也有意识地运用语境理论指导自己的课堂教学，但往往较单一、表层化。如这次语用优质课比赛，大部分的参赛教师都注意引进情景语境、上下语境。如上《古代英雄的石像》，让学生分角色模仿石像和小石块的对话；教《摆渡》则让学生分别扮演摆渡人、作家、有钱人、有权人等，让他们边表演边揣摩人物的表情、语气、动作以及心理活动。学生在轻松愉快的

气氛中，不知不觉地完成了学习内容。而暴露出较突出的问题是：执教者背景知识比较贫乏，对历史文化语境的把握比较狭窄，表现在课堂上，不能把这方面的知识有机融合到知识点的教学中。对教材的开掘不深，利用不足。引申和深化不够。

2. 强调了语文教学的全过程始终贯穿语用主体的活动，把主体的感受、理解摆在核心的位置

部分教师不明白语文教学的行为主体是学生。在教学中只按照自己的思路去组织课堂教学。"学生主体地位的确认是以承认学生是言意互转的主人为前提和标志的；主体地位的确立是以展开言意互转过程、让其亲历自得为前提和标志的，是以和谐发展的人的造就为旨归的。只有明白这个道理，并始终注重'过程'才能煞住日益强劲的'讲风'和滥用的'题海战术'，代之以'过程'的展开和'过程'中不失时机的'扶肩''携腕'和'翼护'，让学生艰苦地却又自得地'举步''稳践'，最后达到'自能读书''自能作文'的目的，而不致沦落为'人形鹦鹉'一类。"①《高中语文课程标准》强调：改变过去过分地或者说单纯地接受学习，鼓励学生主动地参与。提倡"自主学习，合作学习，探究学习"，要"让学生乐于探索，勤于动手，善于发现"。因此注重师生的心智活动，强调在语文课堂上师生进行平等的对话，有利于落实学生的主体地位。加达默尔强调语言的对话性，本来就包含这样一个明确的宗旨：削弱主观性，克服自我意识中心论。在语文教学过程中，也存在克服教师"自我中心"的问题。一是阅读的主体性问题。阅读教学中主体是学生，教学的任务是解决阅读主体在阅读过程中存在的问题，而不是解决老师的问题。但我们许多老师精心设计的课堂问题，并不是学生发现的问题，而是老师自己发现的，是老师自我陶醉自鸣得意的问题。所以这种提问，只是老师读的结果，是老师对文本的理解，是老师对文本的一种自我陶醉。这种提问的结果，是全体学生在帮助老师解决问题，而不是老师帮助学生解决问题。在这里，不是老师围着学生转，而是学生围着老师转，课堂的中心和教学的主体，都不是学生，而是老师。所以在许多学生那里，阅读是你老师的阅读，理解是你老师的理解，问题是你老师的问题，陶醉是你老师的自我陶醉：虽然"吹皱一池春水"，但到底"干我何事"？因为主体完全错

---

① 李维鼎：《语文言意论》，上海教育出版社2000年版。

位了!

  参加本研究的教师在教学活动中有意识地考虑了学生的主体地位，和学生展开平等的对话。首先，把阅读的时间交给学生，让学生有充分的时间阅读。其次，把向文本提问的自由交给学生，不是只由教师向文本发问，而是学生直接向文本发问，减少了学生对教师的依赖。在教学活动中，教师居于"平等的首席"地位。如在教学《蓝蓝的威尼斯》时，由学生充当导游，以详略得当的语言给游人介绍风光绮丽的威尼斯，在这个介绍中，学生自然就领略了威尼斯的水乡之美，及文章的重点笔法，根本就无须教师的任何解释，阅读成了学生自觉、有兴味的活动，学习的积极性空前高涨。

  3. 重新审视了语言在教学中的地位，从新的视野看待语言的阅读与理解

  语文教学的过程即学生涵泳体察语言的过程。语文课应把语言的学习摆在重中之重的地位。我们强调语言的"动态教学"，而不是"静态教学"，语文教学中的词汇教学，惯常的做法是教师先把生词摘录出来，然后加以解释，让学生去背诵记忆，这种做法没有任何效果，通常的情况是学生考试前突击背诵，考试过后忘得干干净净，以后见了，对学生来说仍然是生词。这种做法，完全忽略了语言的特点。首先，没有什么词汇可以用语言完全精确地解释出来，词典里的解释是词汇的理性意义，可是一旦某个词语写入文章，进入某个语言环境，又带有许多的附加意义，比如说词性的变化、感情色彩的变化等等。其次，语言又具有抽象性和模糊性，抽象性表现在任何词语在表现事物的时候，人们只能得到一个大致的、抽象的概念，若要变成栩栩如生的意象，必须用人们的生活经验加以补充。比如说"美丽"，"美丽"到底是什么样子，从这个词语本身来看，看不到具体的美，但是每个人心中的美都会有不同。可是，我们的语文教学非要对每个词语进行精确的解释，给学生的脑子塞满了一些抽象的符号。限制了学生的想象，把语文讲得越来越艰涩、枯燥，难怪学生对学习语文失去了兴趣。引进会话含义理论、预设理论、话轮、指示信息理论后，对字词句篇的解释就更为深透，有助于准确理解人物、事件、情节及所表达的作者的思想感情，突出隐藏在作者文本背后的东西。因此，用语用的理论指导教学，就是在词汇教学上，应该尽量让学生通过阅读去感悟、体验，教师适当地加以指点，在反复的阅读中加深学生的印象，久而久之，学生对某个词语会渐渐地由感性认识上升到理性认识，又由理性认识回归到感性认识。

对句子的教学也是这样，我们目前的语文教学中，纯粹从句子的语法结构上进行讲解，枯燥乏味，导致学生对句子分析的厌烦。无论什么样的句子，只要进入文章，处于一定的语言环境，都表达一定的感情。我们如能把句子的结构和作者的表情达意结合起来，效果一定会好得多。如《祝福》中祥林嫂两次到鲁镇做女工，小说讲述人们对她的称呼，先后出现过三个结构相似的句子：

①大家都叫她祥林嫂。
②大家仍然叫她祥林嫂。
③镇上的人们也仍然叫她祥林嫂。

三个句子都是普通陈述句，句子的表层语义没有什么变化。但只要回到情节的发展中，回到具体的语境中，细一咀嚼，便能体味出三个句子不同的丰富意蕴。

①"大家都叫她祥林嫂"，从其夫名而呼之。封建时代，"妇人有三从之义，无专用之道，故未嫁从父，既嫁从夫，夫死从子"（《仪礼·丧服传》），妇女只能依附于男人生存，是不能自由主宰自己的命运的，出嫁之后，甚至姓氏也得"从夫"。小说未言及祥林嫂的姓氏，这不是作家的疏忽，正是为了表现妇女低下的地位。这句话作为过渡句，通过一个称呼语交代人物的身份及其深蕴的文化历史内涵，也表明她终究被鲁镇社会暂时接受和承认了，开始了她在鲁镇新的生活。故事由此逐渐把情节展开。

②"大家仍然叫她祥林嫂。"祥林嫂再嫁后，夫死子亡，不得不再到鲁镇做女工。"大家仍然叫她祥林嫂"这一淡淡的似乎不经意的过渡语，在具体语境中却隐含着深刻的蕴意，反映出鲁四一家对祥林嫂的第二次婚姻冷酷而坚决地不予承认的态度。"仍然叫她祥林嫂"，而不是"贺六嫂"，绝不是习惯使然，而是反映了封建礼教观念对寡妇再嫁的完全否定。

③"镇上的人们也仍然叫她祥林嫂，但音调和先前很不同；也还和她讲话，但笑容却冷冷的了"。整个鲁镇社会在伦理观念上与鲁四仿佛是达成了共识的，音调的变化，笑容的冷冷，反映出人物关系的变化，充分表现出社会环境与祥林嫂的严重对立。故事循着三个句子描画出的坐标曲线逐渐发展到高潮。

这三个句子如祥林嫂命运轨迹上的三个点，深刻地呈现出人物的遭际变化,是人物与社会矛盾撞击出的三朵火花,像三个聚光点照亮了人物一生的悲剧。这三个句子是对情节的三次概括,其隐蔽在称呼语后的丰富的社会文化意义,表现出主体批判的锋芒所向正是要揭露封建礼教吃人的本质,向人们暗示彻底反封建的必要性。在这里,作品通过"以言述事"实现了主体的"言之所为",完成了主体的语言行为,而作品的文本意义也渐渐被显现出来被我们所读解。

陈汉云论文《在语用学中的文学欣赏》指出:在语用学中的文学欣赏可从以下几方面入手:(1)进入情境语境;(2)再现文化语境;(3)比较古今语境,实现知识和能力的迁移。宁皖平论文《文言文教学要重视词语的文化语境分析》指出:在中学文言文教学中,如何解释文言词语?长期以来,大部分教师对文言词语的解释只停留在传统的同义互训、随文释义等训诂方法上,其实这种解释往往还不够,只局限在句子、段落、篇章内,只重视了言语内部规则的描写,而忽视了影响词义的外在因素,即言语表达的其他主客观环境。文言文教学要重视词语的文化语境分析。具体做法:(1)引导学生从文言词语中分析其所隐含的物质文化。(2)引导学生从文言词语中理解其所隐含的制度文化。(3)引导学生从文言词语理解其所隐含的行为文化。(4)引导学生从文言词语中理解其所隐含的精神文化。

4. 鼓励教师改革教学方法,优化课堂结构

选用正确的教学形式,提高课堂教学效果,主要是改变教学中过分强调接受性学习、死记硬背、机械训练的状况,倡导学生主动参与、乐于探究、勤于动手。培养搜集和处理信息的能力、获取新知识的能力、分析和解决问题的能力,以及与别人交流与合作的能力。

我们一再强调,一节语文课,不管采用什么教学手段,只有能使我们的培养对象更好地"使用语言",达到"实践能力的养成"的"依归",才称得上成功。我们在调研过程中,发现一些老师的做法很值得借鉴。如在初中语文《济南的冬天》一文的教学上,一些老师设计让学生根据文章作画,描摹文章意境的环节,使学生在这一活动中创造性地理解了课文的意境美;又如在初中语文《石壕吏》一文的课堂教学中,老师也要求学生根据诗中的故事与人物关系进行分角色的戏剧式的表演,不但使学生准确地把握了诗的意义与意韵,同时也锻炼了学生的言语能力和表演能力。在课题实验中,我们欣喜地看到许多教师在阅读课之前,有意识地组织学生组成各种学习小组,

自己提出问题，自己上网搜集信息，然后进行归纳，在课堂上展开论辩，如《米洛斯的维纳斯》一课，课题组与任课老师设置了以下课堂学习过程：课前布置学生上网或查阅参考材料，了解有关资料，上课时让学生自由畅谈学习感受，介绍有关材料。老师在备课时应充分估计到学生的审美能力：学生一下子可能接受不了残缺美，因为在一般心态中，生活美感与艺术美感相一致，没有差异，而现在出现了差异。为了解决这个问题就要动员学生把疑问"倾腹倒出"，亦即要求学生与作者"抬杠"，切不要不敢"难为老师"。当学生理解了无与多的艺术美关系，还会顺着这个逻辑产生新的问题。即残缺别的地方行不行？学生懂得了只能残缺手的道理，还会有新的"杠"可抬："那为什么不干脆敲断所有塑像的手？"在这样的课上，通过充分讨论（有时甚至是争论），学生初步理解了一些美学知识，想到了一些从来没有想到的问题，而老师可能就是领他入美学之门的第一人。

成功的课堂设置是语用优质课得以成功的前提，而成功的课堂讨论则是极为关键的一个环节。好的课堂讨论能一石激起千重浪，让学生有强烈的表达愿望，能使学生有广阔的思维空间，在这里，学生的个性得以任意张扬，创造性得以充分发挥……

5. 对怎样使用教材，提供了方法上的指导

教材是作者、编者、教师、学生之间共同对话的文本，而且是一个开放的系统，为教师主动性、创造性的发挥提供了保证。教师在教学中应该创造性地使用教材，因为，教材无论如何更新，总是跟不上时代的发展，而引进语用学后，教师可根据学生的实际和语境的变化，充实、调整和整合产生新的资源，使知识不断更新，使教材显示出它的生机与活力。语用学促使教师积极转变自己的角色，由课程被动的执行者，变成课程的积极促进者、发展者，使教师凭自己的学识、经验和个性来分析处理调适教材，找到课程改革一个新的突破口，许多参加实验的教师能根据需要自觉、灵活地使用教材。

四、结论

本研究在三年中通过大量的社会调查，运用语用学理论结合中学语文教学实际反复探讨、反复论证，达成了共识：语文教学要改革，要实现新的突破，语用学就是最有利的工具，语用学是使"基础理论和实际应用挂上钩"的"桥梁性的学科"。把语用学理论运用到中学语文教学中，能为语文教学拓

开新的视野,为中学语文教学提供了新的理念,新的教学方法。本研究有意识地在中学语文教学中引进语用学,帮助语文教师正确认识语文的学科性质,对于语文教什么,怎么教做出了明确的语用学答案:语文课的教学目标是培养学生的语用能力,本研究的使命就在于唤起语文老师和中学生的语用意识,使他们懂得一些语用策略,从而更有效地学习和驾驭语言。本研究在理论与实践的结合方面取得了一些突破性的进展。如在语文教学中引进了语境理论,对语文教学中的语境做了全方位、多角度的探讨;强调了语文教学的全过程始终贯穿语用主体的活动,把主体的感受、理解摆在核心的位置;重新审视了语言在教学中的地位,从新的视野看待语言的阅读与理解;鼓励教师改革教学方法,优化课堂结构;对怎样使用教材,提供了方法上的指导;重视个人体验,提倡一课一得,一课结一个"小果"。此外,还通过建立课题研究基地、开设选修课等活动,为提高语文教师的理论水平、语用素养作了有效的尝试。

五、研究主要存在的问题

研究存在的主要问题是对影响中学语文教学的语用因素的分析还不够深入。主要表现在以下几个方面。

(一) 理论与实践的结合还不够紧密,对实践的指导远远不够

首先,表现在运用指示语知识分析语言和进行教学方面:语用学中的指示语,是指依赖于语境才能确定其含义的词语,即本身不含有确定语义的词语,它的具体所指以及对它的理解必须结合具体的语境才能明确。中学语文课文中含有丰富的指示语信息,在教学中,要求教师必须准确把握,但由于时间紧,还没有及时梳理出来。

其次,表现在运用会话原则进行语言分析和语言教学方面:语文教学固然要遵守会话原则,如:注意量的准则,才能把阅读时间还给学生;注意质的准则,教学才具有科学性、规范性;注意关联准则,教学内容才会切合题旨;注意方式准则,语言表达才会简练、生动。语文教学尤其要注意字面意义之外的非规约含义(即会话含义),在言语交际中,如果说话人有意违反合作原则,又能为听话人所理解,那么就会产生会话含义。对于语言的分析,只看到句法和语义的层面是不够的,还必须深入到语用的层面来寻找会话含

义，这才算真正理解了具体的语句。这对语文课中言语交际的编码、解码训练是很好的启示。研究过程中，笔者注意到了这个问题，但它与听说读写的关系如何？在听说读写中作用、机理如何？在教学活动中该如何操作？还没有来得及深入研究。

再次，表现在运用预设知识进行教学方面：语用学中的预设，就是说话人没有说出的蕴含的前提。语用预设是交际双方共知的背景。预设在交际中对于说写这来说可以减轻表达的负担，对于听读者而言可以作为推测对方话语的基础。教师言语是一种综合的言语行为，在课堂上进行表述时，要充分利用好预设，才能扩大教学的信息量；对于学生来说，也要准确地把握预设，利用预设，才能增加有效信息的输入，避免无效信息的传输。怎样才能更好地把握预设，利用预设？目前还没有这方面的研究。

最后，表现在运用言语行为知识进行教学方面：语用学认为，话语不仅表现在说话人一定的意思，而且完成了一种行为；交际的基本单位不是句子，而是一定的言语行为。中学语文教学的内容涉及多种多样的言语行为，从阅读教学来看，有朗读、默读、速读、精读、泛读等，从写作教学来看，有叙述、描写、抒情、议论等手法，多种言语行为的使用条件不尽相同，教师要在课堂上与学生展开全方位的教学活动，所运用的言语行为也是多种多样的，怎样才能使言语行为更为有效？对此，虽进行了探索，但还没形成理想的理论成果。

（二）科研成果还没有系统化

本研究涉及中学语文教学活动各个方面，对中学语文教学活动的各种语用因素进行了较为深入的调研，但由于涉及面广，课题研究难度大，时间和水平有限，许多问题的研究尚未完成，现有的科研成果未能很好归纳，使之更具有科学性、系统性。

六、建议与设想

组织语文教师系统学习语用学理论，加大研究力度，建立各种研究课题。中学语文教材可适当增加语用学知识，教材内容的选择和思考练习的设置必须以提高学生的语用能力为出发点。笔者在调查中发现，语文教师懂得语用学知识的几乎等于零，听说过语用学这门学科的也不过百分之十，说明他们的语用行为基本处于无意识状态，而现有的语文教材对于中学生语用能力的提高还考虑得不够,这与高速发展的社会现实很不适应。这也许是长期以来语文教学效率低下的重要原因之一。

实际上,如果我们真正地走上了语用学的语文教学道路,我们会发现,我们的语文教师就会有更多的穿透课文的时间和勇气,不需要小心翼翼地去按照什么答案去理解课文,否则教师成了照本宣科的工具,哪有什么教学的主动性和生动性可言。学生也成了鹦鹉学舌似的玩偶,完全丧失了学习的内心辨别能力。

语文语用学的教学和体现语用学理念的考试应该是同步的。如果实现了语文语用学的教学和考试,那么,许多教师就可以尝试着编写一些学生喜爱的课外读物,学生也可以根据自己的兴趣,拓展一些与自己兴趣相关的知识,真正地进入知识的海洋,真正地做到生动活泼地自主发展。

如果采用了语用学的教学模式和试卷设计,我们真正开放的语文教学形式才可能形成,也就更加符合二期课改的精神,也就可能在全国更多地形成一种活泼生动的语文教学课堂,那时,可能许许多多的学生才会真正地喜欢我们的语文课。

关于中学语文新课标的语用学思考[①]

罗国莹

《全日制义务教育语文课程标准》实验稿（以下简称"新课标"）把语文课程的性质定性为"工具性与人文性的统一"，指出"语文是最重要的交际工具，是人类文化的重要组成部分"。这一提法体现了作为社会交际工具的语文与社会的密切关系。从语用学的角度看，这二者的关系同样是密切相关的。语文就是语言运用。用刘占伦的话说："语文是语言实践活动的结晶，也是传播信息的一种方式；语文教学则是教师传播语文知识、训练语文技能和学生学习语文知识、掌握语文技能的共同活动。"[①]在语用学的理论中，所有的语言活动都离不开语境，非语言语境对语言符号的关涉，实际上就是社会文化、风俗习惯、行为准则、价值观念、历史事件等对人使用符号上的关涉。简单地说，就是社会人文网络关涉你的话语。人不能想说什么就说什么，想怎么说就怎么说。语用学中的语用原则和语用策略，与其说为了交际成功，倒不如说是为了寻找出对付社会人文网（社会文化、风俗习惯、行为准则、价值观念、历史事件，等等）对人使用语言符号上关涉的办法。说白了，语用策略就是受了人文网络的强迫而采取的应付措施。用钱冠连先生的话说，语用学，说穿了，就是"社会人文网络言语学"。

新课标在阐述语文教育的特点时指出："语文是实践性很强的课程，应着重培养学生的语文实践能力，而培养这种能力的主要途径也应是语文实践，不宜刻意追求语文知识的系统和完整。语文又是母语教育课程，学习资源和实践机会无处不在，无时不有。因而让学生更多地直接接触语文材料，在大量的语文实践中掌握运用语文的规律。"这里讲的"语文实践"都可理解为

[①] 本文原载于《阅读与写作》2003年第6期。

"语言运用实践",从广义的语用学理论看来,语言运用中一切问题都应该成为语用学研究的范围。语用学也叫语言实用学,是研究语言运用的学科。"它关注运用语言的人(包括说写者和听读者);关注语言使用中的种种因素,特别是语境的作用;它也十分关注语言手段本身并使之同以上两个方面紧密结合在一起。换言之,它从说写者和听读者的不同角度以及相互关系上,研究人们的言语行为(语言表达和语言理解);研究特定语境中的特定话语,并探求语境中的种种功能;研究话语的种种言内之意和言外之意及其相应条件等等。"由此我们可以这样说,一个人的语文学得怎么样,关键是看他的语言运用能力强不强,也就是说,看他的语用能力强不强。至此我们可以得出这样的推论:培养学生的语用能力是语文课程的重要教学目标之一。"新课标"在提出"全面提高学生的语文素养"时提道:"语文课程应培养学生热爱祖国语文的思想感情,指导学生正确地理解和运用祖国的语言,丰富语言的积累,培养语感,发展思维,使他们具有适应实际需要的识字写字能力、阅读能力、写作能力、口语交际能力。语文课程还应重视提高学生的品德修养和审美情趣,使他们逐步形成良好的个性和健全的人格,促进德、智、体、美的和谐发展。"如果我们不怀疑"正确地理解和运用祖国的语言"的能力就是一种语用能力,那么这种语用能力与以上所提到的语文知识、发展思维、道德修养、审美情趣的关系是怎样的呢?我们认为,在语文课中,语文知识的学习是实现语用能力目标的手段,发展学生的思维、开发学生的智力是实现语用能力目标的心理前提,提高学生的道德修养是实现语用能力目标的"附带的成果",提高学生的审美情趣已经内在地包含在语用能力的内涵之中。如何达到"培养学生的语用能力"这一教学目标?首先,必须提高教师本身的语用能力,也就是提高语文教师自身的教学艺术素质。从语用学的角度看,教师教学艺术素质的高低主要体现在教师的"言语背景"上。言语背景即主观背景,包括时代言语背景、文化言语背景、文学教育言语背景、社会知识背景、心态言语背景、个人性格背景、阅读与写作的背景等,所有这些背景之和,即为教学艺术素质。有了这个前提,"培养学生的语用能力"才可以水到渠成。提高教师本身的语用能力的途径很多,下面从四个方面探讨。

一、情景的设置与应对

语用学中的语境,一般而言,就是言语交际所依赖的环境,它包括语言环境，即文章或言谈中的话题的上下文；人们交际时共处的社交语境，即说话人使用语言和听话人理解语言的客观环境，如交际场所、交际双方的身份、地位和彼此之间的关系以及双方的社会、文化背景等；交际双方各自不同的认知环境，即各自不同的经验、经历、知识等足以影响交际的种种情况。这里说的"情景"指的是人们交际时共处的社交语境以及交际双方各自不同的认知环境。我们可以把课堂环境看成一个小小的社交语境（同时也是一种认知环境），这种社交语境和认知环境的形成，有主观的设置，也有客观的、自然的。

主观的设置即教师根据教学的需要创造相应的课堂氛围。从心理学的角度分析：人们在轻松愉快、互相尊重、自由平等的社交语境中更有利于体验、感受、认知，有利于激发求知欲、想象力、创造力。在一个刻板呆滞的课堂氛围中，富有活力和创意的对话是难以实现的。因此，营造良好的课堂氛围就显得十分重要。新课标倡导的快乐课堂、活动课等正是基于这样的考虑而提出的。除此之外，还需要根据教学的需要设置种种氛围，或庄重、严肃，或悲哀、愤慨，或热烈、欢快等等。当然我们不能单纯追求活动的热闹，形式的花哨，要避免盲目性或生硬照搬。所设计的活动必须有利于学生自身知识、能力、心智、态度、情感意志、素质、个性、人格的变化和发展。多媒体展示画面是创造各种情景——社交语境和认知环境的现代化技术，有待进一步开发。

客观的、自然的情景即社会背景、学生的社会文化背景以及种种突发事件等。语文课堂不是存在于真空里，语文老师不能无视以上客观的、自然的种种情景，而应积极地有效地应对。这里可以用得上一个时髦的说法就是"与时俱进"。老师的话语应富有时代感、新鲜感，老师所讲授的内容要让学生易于接受，就不得不考虑学生现有的知识结构、文化背景等，老师所采用的方法要让学生乐于接受，就不得不研究学生的兴趣爱好、性格特点、心理生理特征等等。老师还得具备较强的应变能力，对于随时可能出现的情况及时做出对策。如一位优秀教师应邀到另一所学校上示范课，在踏上讲台台阶时，身子一闪险些摔了下来，她立即随机应变说了一句："听说同学们的学习劲头很足，我禁不住为之倾倒了。"新课标指出："语文课程必须根据学生身心发展和语文学习的特点，关注学生的个体差异和不同的学习需求，爱护学生的好奇心、求知欲，充分激发学生的主动意识和进取精神，倡导自主、合作、探究的学习方式。""语文课程应该是开放而富有创新能力的,应尽可能满足不同地区、不同学校、不同学生的需求,并能够根据社会的需要不断自我调节、更新发展。应当密切关注当代社会信息化的进程,推动语文课程的变革和发展。"所有这些,是我们在设置与应对各种情景时不能不考虑的。

二、善用语用策略,让言语富有张力

大概不会有人否认练好讲功是当好教师的前提。讲,是一门艺术,会讲是一种很高的语用境界。语文老师要靠讲、靠语言来征服学生。启人心智、解人疑窦、激人想象、励人以志、导人以行的讲,绝不是简单的知识传授。会讲,可以使学生迷恋语文,这是学生学好语文的前提之一,会讲,可以锻炼教师的内功,使教师有更高的追求。我们反对教师唱独角戏,反对照本宣科的讲、不着边际的讲、枯燥乏味的讲。语文教师要提高讲功,就得学会调动语用策略,善用富有张力的言语。

张力,原为物理力学名词。指物体受到拉力作用时,在不同力的合成作用下,会产生一种新的另一向度的力。新批评派的诗学研究中首先借用了这个名词。阿伦·泰特在《诗的张力》中指出:"诗的意义,全在于诗的张力。诗的张力就是我们在诗中所能找到的一切外延力和一切内涵力的完整有机体。"好的诗,能充分调动语言的外延与内涵两个因素,使诗的语言既有"外延"的明晰性,又有"内涵"的丰富联想性。在教师课堂用语中,语言的反常搭配、奇异组合,语义的相互矛盾、对峙、句子成分的省略以及多种修辞手法的运用等语用策略,都能形成张力。在张力的作用下,语言的基本语义会遭到破坏或受到抑制,这就游离出了不必加以清晰陈述的审美空间,扩张了语言的潜能,产生了语义的盈余。如一位老师教学《守财奴》这篇课文,在归纳人物形象时说:"让我们用天平称一称葛朗台的形象特征。"这一奇异的组合无疑像一块磁铁牢牢地吸引住同学们的注意力,激起同学们探求究竟的强烈愿望,语言的张力油然而生。接着这位老师在黑板上画了一架失衡的天平:天平横梁两边的距离不一样长;距离短的一边却明显高于距离长的一边;最后在低的一边的托盘上画一个小方块,在另一边高高翘起的托盘上画四个同样大的小方块。然后引导同学们步步深入进行剖析,最终得出这样的结论:在葛朗台这样的人心目中,"夫妻之情""父女之情""妻子的生命""女儿的爱情"和在一起也没有"钱"的分量重。这就是葛朗台这样的人的人生信念，对葛朗台这样的人而言，天平的支架就是钱——金钱至上的人生哲学。这段分析使语言的潜能得以扩张，语义的盈余得以产生，无疑得助于隐喻的妙用。在课程与教学领域有两种思想方式：现代课程观用逻辑的、分析的方式认识世界，而后现代课程观则认为，还有另一种可与之互为补充的方式——隐喻的、描述的、诠释的方式。教师可以通过前者获得讲解的精确性，可以通过后者引起对话并使对话持续，意义也就在对话与体验中得到建构。对话在后现代课程中是必要的条件。而对于激发对话来说，隐喻比逻辑更有效。隐喻可以帮助我们看到我们所没有看到的，它是开放性的、启发性的、能引发对话的；而逻辑主要是帮助我们更清晰地看到我们已经看到的，它是界定的、精确的。语文是一门最富有开放性、启发性的课程。一篇好的作品，一个好的故事，必然有着丰富的不定性。任何一个教材文本，无论是散文、诗歌还是小说、戏剧，都是一种图式化框架和召唤结构，其中存在着许多"未确定之域"，激发读者在自己的知识背景和知识结构之下与之产生对话。因此，用隐喻和描述性方式启发学生，就可以在其中发现各种可能性，即在对话产生之际，意义的建构也就开始，文本也就显示出非同寻常、令人惊异和心往神驰的丰富性。教师与学生的认知和体验就会在对丰富性的共同探究中发生转变，走向发展。

三、真正确定学生作为语用主体的地位

许多老师都有这样的感觉，备课时总是觉得这也该讲，那也该讲，一堂课下来，滔滔不绝，课时总是不够用。还有不少老师课备得很充分，上课时也很投入，可到头来学生兴趣索然，收获甚小。这其中一个重要原因就是没有明确在语文课堂这一言语交际活动中，谁是语用的主体？从语用学角度来看，听和说都是语用主体的活动，都在语用学研究的视野之中，它们是有联系的对立统一的矛盾体。以往，一谈到语言运用，人们往往关心表达者的言语表达，认为只要说话者组合话语的水平较高，话语中艺术化手段较多，交际的效果就会是好的，言语运用便是成功的。但事实上，说话者的言语表达仅仅是交际过程的一个方面，与此相应，还有听话者的言语理解也是与表达同等重要的。根据信息论的观点，言语交际就是言语传递过程。具体地说，说话者将有关思想、意图用话语形式表达出来，并发送出去，是属于编码的活动；而听话者根据话语的形式意义去把握、理解其中的意图或思想，是属

于解码的活动。在这个过程中，编码和解码的活动是双向的，同等重要的。我们的老师上课时，如果只是把自己当作语用主体，把学生排除在主体之外，课堂教学效果当然是不理想的。试想一想，汉语作为母语，我们的学生已经有了相当的基础，语文课所讲的语文知识，语文课所学习的课文，中学生看不懂的顶多只有百分之三十，如果上课时把学生当作一点不懂来教，就有百分之三十的内容是多余的，无聊的。这无疑也是对学生极大的不尊重、不信任。学生的反应当然是消极的，抵触的。又比如，假如所讲的内容与中学生的生活距离太远，我们的老师却没有考虑学生的接受能力及其感受，效果当然不会很好。如一位老师在津津有味讲完陶渊明《归去来兮辞》后，正在为自己的精彩讲解自我陶醉时，忽然一位同学大声说："老师，我读不懂这篇课文！"老师问："哪不懂？"回答是"全不懂！""那就是对课文内容的不理解。"于是这位老师又滔滔不绝、不厌其烦地讲解起来，这位同学笑了，说："老师，我的意思是说，做官有什么不好？只要做个好官就行了。我搞不清楚的是，为什么说陶渊明辞官不干了，就情操高尚了。"看，这里反映学生与老师的认知过程有多大的距离，老师如果不意识到这个过程的复杂性，并采取积极的应对措施，是不会有好效果的。从新课标的学生观看来，学生是发展中的人，老师要懂得其发展规律，促进学生的身心发展，挖掘学生的发展潜能；学生是独特的人，不是抽象的学习者，而是有丰富个性的人，老师的教学就必须因人而异，因材施教；学生是具有独立意义的人，在教学中，老师要注意学生的兴趣爱好，关注学生的思想，不能把意志、知识强加于学生，要还给学生心理自由、时空自由、思维自由，只有这样，才能在学习中真正确定学生的主体地位。

四、巧用暗示教学法

"新课标"是不是要淡化基本技能的训练？只要关注一下中小学语文教学现状，我们不难发现，一股淡视基本技能训练的潮流正在涌动，许多老师在课堂上只是一味让学生读书、感悟。新课标中，"情感"和"情感体验"是出现频率很高的词，只有一次提及"注重基本技能的训练"。虽仅此一次，已足以证明"基本技能训练"的重要性。"注重基本技能的训练"与注重"情感"和"情感体验"是否矛盾？我们的回答是否定的。在语文教学语言文字训练、文化、审美三个层面中，作为基础训练的语言文字训练是语文教学最基本、最核心的层面。我们不提倡像过去那样为训练而训练，我们能不能换一个做法：在教学过程中融入"情感"，使学生在"情感体验"中得到实实在在的基本技能方面的训练，按照语用学的观点，就是在活生生的语言实践中学习语言，掌握运用语言的技巧，这比孤立地进行基本技能的训练效果要好得多，何乐而不为之？这种教学法我们且称之为"暗示教学法"。如一位老师上作文训练课，训练内容是写春景，该老师运用多媒体等手段，让学生充分感受春的气息、春的美妙，感受生活的美好，同时结合范文分析适当点拨，使学生萌发强烈的创作愿望，一篇篇美文脱颖而出。

"语用优质课"研究综述

罗国莹、杨奔、刘丽静

2004年3月19、20日,广西玉林师范学院中文系、广西玉林市教科所联合举办了玉林市中学语文"语用优质课"比赛,何谓"语用优质课"?这成了当时许多语文教育工作者的热门话题。作为该活动的主要策划者、组织者,现把有关研究情况综述如下。

一、"语用优质课"的提出

"语用优质课"是在广西教育科学"十五"规划课题:《语用学在中学语文教学中的运用》两年来研究成果的基础上提出来的。该课题自2001年12月获批准立项以来,先后到了玉林市十多所中学调研,掌握了大量的第一手材料,通过分析研究,得到了这样一个共识:不讲语用的语文课,算不上优质课,甚至连合格也算不上。语文课应该把提高学生的语用能力作为唯一的教学目标。而目前大部分中学语文教师并不明确这一点。更不知道如何达到这一目标。具体突出表现在如下几个方面:

(一)教学目标被基础知识、基础训练淹没了

语文课片面强调语言文字的基础知识和基本训练,语文教学程序化的做法早已被实践证明是行不通的。而至今还有许多老师,总觉得学课文不讲词语解释、篇章结构、修辞手段怎么也不像语文课。吕叔湘曾经说过,语文教学的一个错误就是"把语文课看成知识课,看成跟历史、地理或者物理、化学一样,是传授一门知识的课"。皮特·科德也曾有过精辟的论断:"我们应该做的是教人们一种语言,而不是教给他们关于语言的知识。……我们要培养的是使用语言的人,而不是语言学家,是'用这种语言讲话'而不是'谈

论这种语言'的人。"① 张志公先生明确指出："不能把语文课搞成一门纯粹的知识课"，语文课应该"以知识为先导以实践为主体并以实践能力的养成为依归"。(《张志公文集》)结论是：只有以"培养学生的语用能力"为明确教学目的开展教学活动，才能避免盲目性，才会使我们的培养对象更好地"使用语言"，达到"实践能力的养成"的"依归"，而语文知识的学习只是达到这个目标的手段。

(二)教学目标被课文的思想内容淹没了

思想政治教育不能作为语文课的教学目标，这已得到大多数人的认可，但在实际操作上许多老师很难跳出这个窠臼。不可否认，语文课对学生的正确人生观的形成、社会主义道德品质的培养起了很大的作用，这是语文课的特点。但是作用不等于目标，二者绝不可混为一谈。我们在调查中常常看到这样的情景：老师为了与学生讨论从课文得到的思想教育，可以毫不吝啬地花费大量的时间，而谈到文章的语用则草草收兵，或根本不去顾及。如一位老师上《花未眠》花了大约二十分钟与学生讨论人生观问题；另一位老师上《父母的心》，花了十来分钟让学生谈论对父母之爱的感受，课堂讨论只停留在思想认识的层面，老师并没有意识到怎样引导学生提高语用能力，即编码和解码的能力。

(三)教学目标被课堂的"热闹"淹没了

实行新课改以来，许多老师为了上好语文课确实动了不少心机，也取得了一些可喜的效果。遗憾的是不少人只满足于"跟风"，一味地强调课堂"热闹"而忽视了教学目标。有的运用多媒体手段，画面五彩斑斓，目不暇接，有的做游戏，有的让学生上台表演等等，热闹是挺热闹，学生情绪是调动起来了，但学生到底得到了什么？不管。如一位老师上《北京申奥陈述发言两篇》，采用了多媒体手段，把北京申奥的动人画面展示出来，甚为鼓舞人心，但学了课文，学生并不了解两篇申奥报告成功的奥秘，更不知道如何述求才会取得成功。由于老师没有教给学生这种探求行为语言的意识，一位学生在模拟一位运动员的身份述求时，说的只是"如果你把票投给中国，我会很自豪很骄傲""奥运将是中国的自豪""我一定要在奥运拿金牌"之类的套话，

---

① [英] S. 皮特·科德：《应用语言学导论》，上海外国语学院外国语言文学研究所译，上海外语教育出版社 1983 年版。

这是很失败的。

为了进一步研究中学语文教学的语用规律，使中学语文教师能正确地掌握一些科学有效的教学方法，正是举办此次语用优质课比赛的目的。

二、"语用优质课"的标准

这次"语用优质课"的评分标准如下。

（一）教学语言的把握（15分）

教学语言即教师在课堂中所使用的语言，包括有声语言和无声语言（体态语），要求语言富有张力，教态自然得体，符合语境。善于调动语用策略，包括会话含义的推导、语用预设、语用原则的运用等。

教学语言包括有声语言和无声语言，无声语言包括面部表情、手势、身势、服饰等。要研究学生的感受。富有张力的有声语言的表现是多方面的。如：利用语境，用较少的话语表达较多的信息；凸现语言标记，表达深邃的内涵；巧施预设，使话语耐人寻味；自觉遵循语用原则，以实现成功的交际；而有意违反某些语用原则，则能蕴含丰富的会话含义……

（二）教学内容的把握（40分）

教学目标明确，对教学内容的把握准确无误，能从语用的层面解读文本中深层的文化内涵和语用含义。能体现执教者深广的文化知识和深厚的文化素养。

从语用的层面解读文本中深层的文化内涵和语用意义，这正是当今许多老师所缺乏的，原因就在于执教者缺乏深广的文化知识和深厚的文化素养。如高三语文《假如给我三天光明》这篇课文，在第一天的分析里，一般老师只注意到了海伦·凯勒去看望沙莉文·麦西夫人和印刷书籍等活动，而忽略了看婴儿的面孔，看令人信赖的狗和家里简朴小巧的东西等活动。其实，被忽略的这些活动看似细小，却深蕴着深刻的西方生命意韵。这是由于缺乏一种从文化的大视野里解读文本的思维习惯，因而把文本中最富情感和生命意味的内容给忽略了。

（三）教学形式的把握（20分）

教学形式灵活多变，符合教学规律。体现师生互动，能充分调动学生（语用主体）学习语文的积极性，课堂气氛活跃。

灵活多变的教学形式包括：多媒体手段的运用、现场采访、分角色表演、小游戏、小竞赛活动等，提倡师生互动，让学生参与评课，鼓励学生创新精神等，所有做法的前提必须符合教学规律，符合中学生的认识规律，目的当然不仅能调动学生的学习积极性，还得考虑是否有利于学生语用能力的提高。

（四）学生语用能力培养的情况（25分）

能有效培养学生的语用能力，即听、说、读、写的能力。具体可体现为理解能力、想象能力、鉴赏能力、思辨能力、创新能力、表达能力（包括口头表达和书面表达）等。

不少老师囿于传统的教育模式，偏重知识的传授而轻视实践活动。据教育部最近一次全国性调查显示，我国中小学目前的教育方式，以被动接受为主，很少有学生自己从活动与实践中获取真正的知识。创新教育的一个显著特征是重视学生的实践能力。一节语文课，不管采用什么教学手段，只有能使我们的培养对象更好地"使用语言"，达到"实践能力的养成"的"依归"，才称得上成功的。我们在调研过程中，发现一些老师的做法很值得借鉴。如在初中语文《济南的冬天》一文的教学上，一些老师设计让学生根据文章作画，描摹文章意境的环节，使学生在这一活动中创造性地理解了课文的意境美；又如在初中语文《石壕吏》一文的课堂教学中，老师也要求学生根据诗中的故事与人物关系进行分角色的戏剧式的表演，不但使学生准确地把握了诗的意义与意韵，同时也锻炼了学生的言语能力和表演能力。

三、"语用优质课"的实施建议

（一）要抓文体特征

任何文本都有文体语境。文体语境是一个外显性语境。一个文本会有不同的目的、任务，处于不同的时间、地点、场景之中，采用不同的表现方式，这些语用的外部因素要求文本使用的语言能适应不同的情况，自觉接受文本的制约。或言之，这种对语言形态的制约就是所谓的文体。文体本身便是一个综合的语境场。如《录音新闻》一课的文体特点在于它的非可视性；《北京申奥发言两篇》文体的特点是"述求行为"的可行性，其中承诺是述求行为的支柱，抓住这些课文的文体特点，也就抓住了关键。又如《南州六月荔枝丹》是一篇文艺性说明文，语言形象生动，富有文采，课文出现多处引用，反映了课文浓厚的文化色彩，这是该文的精华所在，也是文艺性说明文与一般说明文不同之处。抓好了这一点，后面设置的课堂练习："用自己的话介绍家乡的一种特产，力求说得生动、形象"才有可能落到实处。

（二）挖出语用主体的心智活动

应重点研究作者如何编码，读者如何解码，挖出语用主体的心智活动。

语文教学的过程即学生涵泳体察语言的过程，对文本的感悟，学生应是主要体验者，而不应总是由老师牵着鼻子走。李维鼎在《语文言意论》中指出，"语文老师往往以为语文就是思想加语言，对语文的理解只需从言语作品中将意义、思想、主题与语言、修辞、逻辑等作两分处理，最后得出主题思想和写作特点就可以了。""他们既不去追问'言由何来'，'意'从何起，更不去看重言与意之间复杂多变，举步维艰的转换过程，当然失于皮相。"挖出语用主体的心智活动，需要具备丰富的文化理论素养，以及思考阐释问题的多维的文化视角。比如高中语文第三册收进李白的《梦游天姥吟留别》，不少人认为全诗反映李白的三种思想：一是及时行乐，二是寻仙访道，三是蔑视权贵，强调蔑视权贵是诗歌的核心思想。实际上如果我们能对古代知识分子的思想文化背景有整体把握的话，就不难悟出整首诗正是作者"入世"与"出世"相矛盾的产物，同时这也是中国儒家和道家文化矛盾冲突的产物。作者在诗篇中所运用的瑰丽神奇的浪漫主义的夸张和想象，正是儒家文化和道家文化碰撞下所产生出来的奇妙无比的花朵。

（三）结合教学要求设置好课堂内外训练，提倡一课一得，一课结一个小果。主要抓好三个环节：学生状况（基础）—课堂讨论（关键）—课堂训练（机会）

1. 学生状况（基础）

主要指学生对文本的理解过程，要考虑学生的诸多因素，尊重学生的体验，切忌以老师的思维习惯代替学生的思维习惯，以老师的生活体验代替学生的生活体验。我们常常遇到这样的情况：面对同样的课文，学生的理解常存在着差异，其原因就在于除了作品和作者的语境外，读者（学生）本身也有自己的语境，包括个人阅历、性格爱好、道德文化修养以及读者所生活的时代特征等。读者语境如果与课文内及作者的语境相契合或大致接近，那么，理解作品就比较容易，反之就可能产生理解上的障碍。如《米洛斯的维纳斯》一课，由于学生现有的对美的感受和认识水平不高，决定了学习该课的难度较大。学生的认知状态和语言能力状态，是教师设计课程的预设，设计课程要考虑学生的审美认知水准。

2. 课堂讨论（关键）

　　成功的课堂讨论是语用优质课得以成功的极为关键的一个环节。课堂讨论成功与否关键在于能否从文本出发，设置好讨论题。好的讨论题能一石激起千重浪，让学生有强烈的表达愿望，能使学生有广阔的思维空间。在这里，学生的个性得以任意张扬，创造性得以充分发挥……比如对高中语文《窦娥冤》的讲解，在传统的语文教学中，老师往往会用社会学的方法介绍元朝统治昏庸残暴的历史语境，从而让学生更好地理解窦娥的冤、恨、反的感情，又让学生从窦娥的个案中感受黑暗社会里千百万被压迫人民的心声。而有一位老师设计了一道开放性的问题让学生思考，要求学生思考窦娥为什么反复地质问"天"和"地"，在学生的讨论和质疑中，他引导学生去探讨中国关于"天"和"地"的文化内涵，从而让学生更深地了解窦娥的极端悲愤怨恨之情和哭诉无门的无奈。同时也让学生理解，全剧的神来之笔——窦娥复仇的三桩誓愿以及三桩誓愿的实现：血溅白练，三伏天降三尺瑞雪，楚州亢旱三年，正是包含了独特的"天人合一""天人感应"的民族文化精神的。当然，讨论题不能光由老师一方提出，还应该鼓励学生勇于提出问题，善于思辨，大胆发表自己的见解。如《米洛斯的维纳斯》一课，学生往往一下子接受不了残缺美，因为在一般心态中，生活美感与艺术美感相一致，没有差异，而现在出现了差异。教师就要准备解决这个问题。为了解决就要动员学生把疑问"倾腹倒出"，亦即要求学生与作者"抬杠"，切不要不敢"难为老师"。当学生理解了无与多的艺术美关系，还会顺着这个逻辑产生新的问题。即残缺别的地方行不行？学生懂得了只能残缺手的道理，还会有新的"杠"可抬："那为什么不干脆敲断所有塑像的手？"……在这样的课上，通过充分讨论（有时甚至是争论），学生初步理解了一些美学知识，想到了一些从来没有想到的问题，而老师可能就是领他入美学之门的第一人。

3. 课堂训练（机会）

　　以上两个环节是课堂内外训练的基础，打了基础不及时抓好课堂训练这一环节，就好比光种果树不摘果——有劳无获。设置课堂内外训练一定要根据文本特征，如《北京申奥发言两篇》中的"申奥陈述"：是一种诉求行为，又都是承诺行为（言语行为中的一种），这一次特殊的诉求，还要求维护国家民族的尊严，既尊重评委也必须自尊。陈述的境界主要由这些方面体现。要让学生体会、探寻一切诉求行为成功的秘密。在师生共同探讨、达成共识的基础上，就应不失时机地进入第三环节：课堂训练。可以虚拟某种情景，让学生试图向老师、同学、父母、老板或陌生人提出某种诉求。如希望同学把心爱的 CD 机借给自己；要求父母给自己买一双新球鞋，向陌生人求助，等等。还可安排几个"评委"来听"几个运动员"陈述，看谁的诉求行为最成功（肯尼迪学院的活动），由同学自己评判。又如：《录音新闻》一课，录音新闻属于非可视新闻，好的录音新闻应努力使听众化听觉为视觉，现场录音是"说"不是"播"，这些特点应让学生从文本悟出，也可安排学生听录音新闻，由学生从中悟出。在这个基础上虚拟某种情景让学生现场采访，并把采访的录音放出来让同学们评价，让学生在实践中体会录音新闻包括的几个元素。还可布置学生进行新闻录音采访练习，并把自己的作品拿到班上展示。

语用原则在课堂教学语言中的运用

林春波

教学语言是指用于课堂上教师对学生进行专业知识传授的语言。教学语言的根本任务在于较好地运用语言向学生传道授业解惑，同时向学生表达自己的情意，并且透过学生的言语活动确切领会学生的情和意，从而实现教学中的双向互动交流，完成教学任务，达到教学目的。

我们知道语用原则是指人们在认知事物、传递信息、相互交流等使用语言时所须遵循的原则。在语用学领域中，美国哲学家格赖斯认为：在所有的语言交际活动中，为了达到特定的目标，说话人和听话人之间存在着一种默契，一种双方都应该遵守的原则，即合作会话原则，简称"合作原则"，具体体现在适量准则，质量准则，关联准则和方式准则中。利奇为了弥补格赖斯的不足，从修辞学和语体学的角度提出"礼貌原则"，其中又分成得体准则、慷慨准则、赞誉准则、谦虚准则、一致准则、同情准则等六类准则。

课堂教学活动是一个特殊的语用场合，是教师和学生在课堂上为共同完成学习任务而进行知识认知、信息传递、师生相互交流的特殊言语交际场合。因此，教师在这个特殊语用场合所运用的教学语言也应该遵循这些语用原则——合作原则和礼貌原则，这是教师圆满完成教学语言的交际任务、实现课堂教学目标而制定的运用语言的根本准则。

教学语言按照其在教学过程中的不同作用和不同方式，又可分为导入语、提问语、阐释语、应变语和结语等几种。因此，下面着重谈谈语用原则在导入语、提问语、阐释语及应变语等教学语言中的运用。

一、合作原则在教学导入语中的运用

导入作为一堂课的起始环节，其语言承担着吸引学生注意力、激发学习动机、复习相关旧知识、指明教学目标、酝酿情绪、渲染气氛等作用,直接影响着课堂教学的质量。概括起来,课堂教学中导入语的基本要求是:一是紧扣教学目标;二是必须满足和激发学生的学习兴趣、学习动机和求知欲望;三是注意新旧知识间的联系;四要有悬念,以利用学生的好奇心,更好地"抓住"他们的注意。

格赖斯提出的"合作原则"是指"在参与交谈时,要使你说的话符合你所参与的交谈的公认目的和方向",包括"适量、质量、关联、方式"四条准则,前三条准则主要管"说什么",第四条准则主要管"怎么说"。这些准则与教学导入语的要求是基本一致的:导入语的主要内容包括"紧扣教学目标""注意新旧知识之间的联系",遵循的是"适量、质量、关联"的准则;导入语该怎么讲才能引起学生好奇心和注意力,进而激发其学习兴趣、学习动机和求知欲呢?这就要遵循语用中"方式"准则。

(一)导入语遵循合作原则,目的在于激发兴趣

适量准则要求所说的话语信息量不多不少,达到目的即可;质量准则要求所说的话语信息要真实不虚假;关联准则则要求所说的话语信息要有相关性,不含糊、不晦涩。导入语是正式讲课的引言,导入的目的是激发学生的学习兴趣,集中学生的注意力,激励学生的求知欲,为整堂课的教学打好基础。因此导入语要做到内容真实简练、语言精练,与所授知识要有关联性,就必须遵循适量准则、质量准则和关联准则。

例1:在讲授《论语六则》这一课时,一位教师设计的导入语:

师:火之光、电之光能照亮世间的道路,思想之光能照亮人们的思想。谁是世界上最伟大的思想家呢?

生:不知道。

师:联合国教科文组织确立了全世界最伟大的十位思想家。例如牛顿、哥白尼……谁知道这十位思想家中谁排在第一位?

(学生交头接耳议论一会儿)

师:他就是我们国家的孔夫子。

生:噢?

(学生赶紧打开书本看课文《论语六则》)

教师由日常照明的灯光引入对点亮思想之光的思想家的介绍,紧接着进

行恰当的设疑引出作为思想家的孔子是全世界最伟大的并且排名第一的思想家，进而引起学生对了解孔子思想的兴趣。这则导入语目标明确、简洁明了、信息量适合，不仅引发学生的注意力而且也激发学生的求知欲：哇！孔子如此的伟大，那我要好好地认真学习课文。这无疑是一则成功的导入语。

例2：著名特级教师于永正在上《月光曲》一课时，这样设计的导入语：

同学们，一百多年前，德国有个伟大的音乐家叫贝多芬。他说过"我的音乐只应当为穷苦人造福。如果我做到了这一点，该是多么幸福"。他一生谱写了许多著名的曲子。我们现在听到的优美动听的曲子便是其中的一首，叫《月光曲》。

于老师把相关背景信息的介绍作为导入语，不仅可以使学生理解作者的创作意图，而且对理解课文的内容都有很大的帮助，准确而明白地把学生带到课文的情境中来，也是一则成功的导入语。

但是，有些导入语太过发散，加上所运用的多种辅助手段如图片、影像等满天飞，但却未进入正题，严重违反适量和质量准则，并且毫无关联性，只会给学生留下模糊性。

例3：有位教师在《小小的船》一课的导入中，先向学生发出一连串的问题："见过有星星的夜空吗？是怎样的？见过月亮吗？见过小船吗？……"接着运用了大量的多媒体：先出示"美丽的夜空"图片，觉得缺少点什么，又出示"弯弯的月亮"的图片让学生感受月亮像什么，然后播放歌曲《小小的船》让学生赞美月亮，再出示课题，让学生结合歌曲说一说，最后再结合题目，点击其中的生字"船"展开学习，要求学生齐读课题。

这个例子的导入语显然违反了"适量原则"和"关联原则"，教师的提问啰唆繁杂，所使用的多媒体手段干扰信息太多，不仅对学生理解课文无作用，而且会影响教师的教学效果。

例4：江西师大附小副校长、著名特级教师熊海滨老师在讲授语文课《少年闰土》一文中精彩导入语片段。

师：同学们，这节课我给你们带了一个跟你们年龄相仿的新朋友，你们想不想认识他？

生：想。

师（出示闰土图像，然后深情朗读课文）：深蓝的天空中……逃走了。

（学生鼓掌）

师：谢谢，初次和这位朋友见面，你对他有什么印象？

生：我觉得他非常勇敢。

师：还有吗？好，那位男同学，请你来说说。

生：我觉得他非常的机智。

师：这位机智勇敢的少年便是闰土（板书课题），一起来和他打打招呼吧！

（学生读课题）

师：想不想全面了解这位少年？

生：想。

师：好的，昨天你们已经预习了课文，现在请你们快速浏览一下课文，看看课文先写什么，接着写什么，最后又写了什么。开始吧。

（学生浏览课文，教师巡视）

熊老师的导入切入点是在学生原有的知识、经验和情感基础上，设计这样一个把孩子们介绍认识新朋友、体会新朋友特点的场景，而所介绍的新朋友就是即将要讲的课文《少年闰土》中主人公"闰土"，关联性极大，可谓独具匠心。同时，熊老师使用的导入语言简短、明白、易懂，并且生动有力、简洁明快，在极短时间内就激发了学生的学习兴趣和求知欲。

在导入语中有些教师很好地运用讲故事的方式把新、旧知识连接起来，不仅激发学生兴趣，而且起到巩固旧知、导入新知识的作用。

例5：某教师在教小学数学"认识几分之几"时，他先给同学们讲一段"孙悟空分月饼"的故事：

唐僧师徒四人去西天取经，路上遇到一位卖月饼的老爷爷，望着那香喷喷的月饼，孙悟空和猪八戒馋得直流口水。老爷爷说："你们要吃月饼可以，我先得考考你们。"他拿出四个月饼，说："四个月饼平均分给你们俩，每人得几个？"两人很快答出。然后又拿出两个月饼平均分给两人。最后老爷爷拿出一个月饼问:"一个月饼平均分给你们俩,每人得几个?"悟空和八戒回答:"半个。"那么"半个"用一个数表示怎么写呢?这下便难住了悟空和八戒。

同学们你们能帮悟空和八戒解答这个问题吗?

这位教师根据数学学科的特点是逻辑性、系统性强,新知是旧知的发展和深入,然后利用认知心理学的同化理论(学生原有认知结构中能起固定作用)当成连接新、旧知识的纽带和桥梁,成功地导入到新知识的教学中。尤其是他所借助的故事人物是学生所喜爱的西游记人物,不仅利用旧知做铺垫,做到了"启"而能"发",而且很自然地实现了整数除法向分数的过渡。教师注意关联准则的运用,激趣又兴味。

(二)导入语遵循合作原则,目的在于启发思维。

方式准则要求条理清晰简练地说出要说的话,尤其要避免晦涩难懂、有歧义的话。晦涩难懂的导入语会让学生茫然不知教师所云之中,有歧义的导入语会让学生迷茫不知教师所讲之中。因此导入语不仅要生动形象、新颖而有趣味性,而且要条理清晰、简洁明白,语言运用的方式多样化,这样的导入语才有具有趣味性和艺术性,才能调动学生探求知识的欲望,进而启发学生思维。

课堂教学是师生的共同活动,教师导入语的运用精练、精彩,就能抓住关键,切忌拖泥带水、词不达意、吞吞吐吐,或者过分地夸张、不着边际、脱离课文地信口开河自己唱独角戏而不顾学生的情绪。

例6:有位教师在讲授《晏子使楚》时这样导入:

师:同学们,你们喜欢什么?

(学生七嘴八舌地说出自己的喜好)

师:你们知道我喜欢什么吗?

(学生又七嘴八舌猜测)

师:要问我喜欢什么,我可以告诉大家,因为我姓史,所以我喜欢历史,尤其是喜欢历史故事《晏子使楚》,这个历史故事让我懂得了许多外交知识。

《晏子使楚》是人教版小学语文五年级下册第三组的一篇课文,这篇课文讲述了春秋末期，齐国大夫晏子出使楚国，楚王三次侮辱晏子，想显显楚国的威风，晏子巧妙回击，维护了自己和国家尊严的故事。故事盛赞了晏子身上表现出来的凛然正气、爱国情怀和他高超的语言艺术。这篇课文的教学意图是让学生从生动的故事中，体会晏子高超的语言艺术，感受晏子语言中透出的大义凛然和爱国精神。这位教师的导语由各自交谈自己的喜好引入到"这个历史故事让我懂得了许多外交知识"，显然纯属于脱离课文的信口开河，不仅违反了适量原则和相关原则。并且也违反了方式准则，所提之问题不仅毫无条理，而且让学生搞不清教师的目的，更不要说思维的启迪性。

例7：进行小学乘法教学时，某教师是这样设计的导入语：

有个学生叫李明，和你们一样上三年级。他过生日那天，爸爸带他去吃拉面。大师傅一次拉一碗面条。师傅把一根又粗又长的面对折了一下拉长，又对折一下拉长，这样反复10次，李明和爸爸看得津津有味。后来一碗面上来了，爸爸问李明："你知道这碗面条有多少根吗？"同学们，你们知道吗？李明在桌子上写写画画，张口就说："这碗面条一共有1024根"。爸爸笑着点点头。李明真神了，他怎么知道有1024根呢？

这位老师的导入语主要通过讲故事的方式进行设疑问，不仅激发了学生好奇心，而且启发了学生进行思考，为即将要讲授的新知识——乘法运算做好了教学的铺垫。无疑这则导入语是成功的。因为它遵循了适量原则——故事情节围绕数学问题展开，同时也遵循了方式原则——语言表达准确没有歧义，是一则富于趣味性的数学故事。

二、关联性原则在提问语中的运用

提问语是教师根据一定的教学目标要求，以提出问题的形式，开发学生的智力，唤起学生进行思维活动而使用的一种教学语言。

精彩的提问语，是诱发学生思维的发动机，能开启学生的大门；不仅能提高课堂教学效率，而且增进师生情感的沟通，进而优化课堂教学。因此在运用提问语时，要求做到：①提问内容要清晰；②提问条理要清楚；③提问要适时，即在学生对教材内容迷惑难解而又不知如何发问之时提问；④提问要适度，即所提问题的难度、深度要和学生的智力、接受能力及其知识水平相适应；⑤提问要适当，即所提问题能紧扣教学目的、教学重点，要围绕教学内容通盘设计，要问到"点"上，富有启发性，恰到好处，要助于学生理解知识要点；⑥提问要适量，不易滥问，不要过多，要讲究科学性。

可见，这些要求均涉及了合作原则的"量、质、关联、方式"四条准则，尤其是关联准则。如果教师能结合语用学的这一关联性原则进行有效的课堂提问，就更能发挥课堂教学的语言魅力。

（一）关联性原则含义

这里所说的"关联性"指的是合作原则中的"关联准则"：要求所说的话要与话题相关，对别人的提问不能答非所问或避而不答。何自然在《Grice语用学说与关联理论》指出"理解话语的标准是人类认知假设。而人类认知假设认为：人类认知事物时总遵循一条Sperber和Wilson称之为关联的原则。即根据与之有关联的信息来认知事物。……关联指的是语境效果和所付出的努力。"综观各家之说，我们认为关联可以从两个方面来加以界定。

1. 静态含义

所谓关联，指的是发话者对对方认知语境的假设与理解的期待与受话者的真实认知语境与理解完全或部分吻合，提问性话语所包含的新信息触发了受问者的认知语境，受问者愿意并且能够触发答问，即对疑问句的疑问域作出回答，从而在一定程度上能够正确填补发问者的"信息空缺"。也就是说教师的交际意图在一定程度上得到实现。这个时候我们就可以说教师的提问性话语具有关联性，不必考虑语境效果和处理努力的大小。我们说信息空缺的不同反映了期待信息量的不同：信息空缺小的提问性话语所需要的信息量小，信息空缺大的提问性话语所需要的信息量大。我们也可以根据信息空缺的程度不同讨论关联程度的强弱。

2. 动态含义

关联，不仅指含有新信息的提问语与学生认知语境（旧信息）的相关，而且指在此二者相关的基础上推断出进一步相关的新信息。之后，旧信息与新信息结合变成了共知信息，这个共知信息又成为下一轮对话的旧信息，和新信息再次结合。

例8：有一位生物教师在讲授"认识动物"这一课时，这样设计提问。

师：什么是动物？

生：鸡、鸭、猪、狗是动物。
师：为什么说鸡、鸭、猪、狗是动物？
生：因为它们会叫唤。
师：对吗？蚯蚓、蚂蚁不会叫唤，为什么也是动物？
生：蚯蚓、蚂蚁会爬，会爬、会走的是动物。
师：鱼不会爬，会游；鸟不会爬，会飞。它们是动物吗？
生：它们能活动，能活动是动物。
师：飞机、汽车能活动，它们为什么不是动物？
生：它们自己不能活动，是人开的，自己不能活动的不是动物。
师：对了。谁再来说一下什么是动物？
生：能自己活动的生物是动物。

在这个例子中，教师利用学生已经固有的知识和穷追不舍的"对吗？""为什么……"等提问语推进了话语的进程，展示了教师娴熟的逻辑推导能力和学生在教师的引导下由表及里、由浅入深、由旧知引出新知、旧知与新知相结合产生新知的认知过程，很符合关联性的动态含义。

总之，关联的原则就是交际双方在交际时都试图遵循的原则。对发问者来说，他应提供与受问者的认知语境相关的信息，以便使对方能明白和理解自己的意图，实现成功的交际；对于受问者来说他是寻找与新信息相关的语境，以便填补教师问话中的信息空缺。

(二) 关联性原则在课堂提问中的灵活运用

在实际教学中，不少教师的提问过于简单，诸如"是不是""好不好"之类的提问，缺乏信息空缺，缺乏关联性，表面上营造了热烈的气氛，实质上流于形式，华而不实，有损学生思维的积极性；有的教师提问没有结合学生的认知环境，超出了学生知识范围，信息空缺过大，致使学生觉得问题过难而不懂如何去回答，进而抑制了学生的思维热情和信心。

下面我们来看一节语文课的教学片段。

例9：某一位语文教师在讲授毛泽东同志的诗词《七律二首·送瘟神》，他为了使课堂活跃，加强师生双边活动，便采用了提问的方式。

师：同学们，"春风杨柳"多少条？
生："万千条"！

师：对！那么"六亿神州"怎么尧呢？

生："尽舜尧"！"顺着摇！"

这位教师的提问看似具有相关性，其实提问过于简单，等待学生填补的信息空缺毫无意义，不该设问处却设了问，且提问不具有思索性、启发性，学生无须思考，也不必思考，只能机械地作出应答，并且还有误导的作用，如后面"顺着摇"。这种提问只能让人啼笑皆非，根本达不到提问的目的。

我们说遵照关联准则而设计的关联性提问话语就是指能够触发学生原有的知识语境，学生愿意并且能在一定程度上正确填补信息空缺的提问语。我们看以下一则课堂教学提问片段。

例 10：某教师讲授课文《荷花淀》中的教学片段。

师：（荷花淀开头有景物描写）这样的景物描写有什么作用呢？

生 1：反映了这个女人的内心孤寂，这是我个人观点。

生 2：衬托了水生嫂的温柔性格。

师：（肯定学生 2 的回答）这段景物描写宁静而优美。有一个女人在这里劳作。那么大家想想，是不是只有这样的景物才会有这样温柔的人？是用景来烘托人物的。那么还有没有其他的作用？景色这么美，你怎么做？

生：保护它。

师：还有没有？为下文人物的出现起到什么作用？

生：铺垫。

在这个教学互动场景中，教师的提问有一个优点，即老师针对一个问题不停发问，利用"还有没有？"推进话语交际的进程，而不是老师自己进行补充，符合我们的动态关联性特征。

我们说虽然教师的交际意图得到完全实现，但关联性提问话语所达到的关联度和语用效度却不一样。关联度和教师提问语需要学生付出的认知努力程度有关。在一定条件下，认知努力小，关联度大；认知努力大，关联度小。

1. 关联度大，语用效度好

教师为了实现自己的最终意图，通过不断显映的方式，来触发学生的原有的认知环境，一步步使双方互明。在语言交际过程中，随着语篇的发展，听话者提取或建立了一系列假设，并对它们进行处理，从而形成一个逐渐变化的认知背景,实现了动态关联。

例11:某教师在讲授《药》的教学提问片段①。

师:夏瑜在狱中跟谁宣传革命?

生:阿义。

师:阿义是干什么的?

生:牢头,社会流氓。

师:夏瑜跟阿义宣传革命的结果是什么?

生:夏瑜遭到毒打。

师:从这种结果可以看到夏瑜宣传革命的方式正确吗,或者推而广之,当时的革命党是一个什么样的党派?

生:斗争方式和斗争对象是不恰当的。

师肯定学生的回答并总结。

教师提问的话语由浅入深,学生能在文中轻易找到答案,最后一个提问是最高层次,点明老师的最终意图,学生由于有前面的关联性作为基础,所以很容易回答了老师的问题。师生互动效果好,老师的交际意图得到实现。我们认为这个交际模式应该具有普遍意义,有经验的老师经常在课堂上采取这样的做法来解决一些学生难以回答的问题。但是这种模式的师生会话次数不宜过多,否则会导致学生的厌烦情绪。

并不是所有的问题都需要一步一步分解开来,如果问题的前奏过长,即对最终要解决的问题的铺垫过多,这种铺垫对学生的思考能力过于容易,学生的耐力又不够,等到进入思维力度适当的环节,学生热情减退,后劲明显不足。

例12:某教师在讲授《胡同文化》中,设计了三个问题。

(1) 文章第二部分和第一部分是怎样联系起来的?

(2) 在文中找出标志第一部分和第二部分关系的句子。

(3) 文章的题目是《胡同文化》,直接写胡同文化不就行了吗,还写胡同干什么?

---

① 转引自宋畅:《语文教师提问性话语语用策略分析》,吉林大学硕士学位论文,2007年。

这三个问题的核心是写胡同文化为什么还要写胡同，问题（1）和问题（2）是为问题（3）作铺垫。但是我们在交际过程中一直在寻找一种平衡，即认知努力和语境效果的平衡，前两个问题认知努力太小，问题多余。如果直接从第三个问题发问，就可以提高学生的思维力度，没有必要一步一步走。

2. 关联度大，语用效度差

如果教师的提问语所给的信息太全面，关联度太大，对方只需很少的努力就能回答，那么语用效度反而差。教师的交际意图也得到完全的实现，但是对学生来说却没有达到最佳关联，学生的能力没有得到开发和实现。

（1）提问语是反问句或附加问句

教师的提问语多以反问句或附加问句的形式出现，这里的附加问是指极简单的"是不是""对不对"之类的问句。这两类提问语所包含的新信息过多，疑问程度较弱，导致了提问语的信息空缺几乎为零，调动不了学生更多的认知语境，学生找不到更多的关联假设，也就不能扩展关于这个问题的讨论。如上例6。我们再看一个例子。

例13：某教师在《装在套子里的人》中有这样的教学提问片段：

师：别里科夫的死亡让全市的人都感到高兴，但高兴好像只是一时的吧？

生：对。

师：因为一个别里科夫死了，好多个别里科夫又站起来了。

教师的意图似乎是为什么别里科夫的死亡让全市的人都感到高兴，但他却提出了一个只要求单一，简略回答的闭合性问题。学生回答的仅仅是表层的东西，有的同学甚至不知道为什么别里科夫的死让全市的人都感到高兴，只是单纯从教师问话的语气中得出答案。

例14：在《春酒》一课中，教师想重点探讨作者写迎神拜佛的目的是展现民风之美，而不是封建迷信。①

师：我们不否认这种做法从科学角度来看是不可取的，但作者写出来仅仅是为了宣扬封建迷信吗？

生：还为了增添节日气氛，让老人的思想有依托，祝愿孩子平安。

---

① 转引自宋畅：《语文教师提问性话语语用策略分析》，吉林大学硕士学位论文，2007年。

我们说教师提问语所包含的新信息与学生的语境假设矛盾，教师利用不容置疑的反问句排除了现有的语境假设，和学生达到了关联。但是教师并没有深入说明为什么不是封建迷信，造成了很多学生的疑惑，语用效度就比较差。教师不能让学生真正理解他想要让学生理解的东西，没有和学生达到最佳关联。

（2）问题之间的联系太分散

我们说如果问题和问题之间的联系太分散，即使每个问题与学生的关联度很大，但总体上看语用效度也会很差。因为这样的问题无助于培养学生思维的系统性、逻辑性以及语言的连贯性表达能力。

> 例15：在《白杨礼赞》① 一课中，有这样一段教学对话：
> 师：这篇课文赞扬什么？
> 生：赞扬白杨树。
> 师：谁赞扬的？
> 生：作者。
> 师：作者是谁？
> 生：茅盾。

问题是支持教学过程的工具，提问时应当明确自己在教什么内容，要心中有数。漫无目的、信口开河式的课堂提问是教学的大忌。

3. 关联度小，语用效度差

在课堂对话中，有的教师经常预设了问题的完满答案，无论学生怎么回答，都要千方百计要学生以自己满意的方式说出来。相同的问题重复出现，使学生不得不调动更多的认知语境来回答老师的问题，从而延长了提问的时间，学生的认知努力大，关联度降低。

> 例16：某教师在讲授陶渊明的《归田园居》的一段教学对话：
> 师：请你用一个字来概括陶渊明归途中的心情？
> 生：欣。
> 师：再想想？
> 生：喜。

---

① 转引自朱作仁：《语文教学心理学》，黑龙江人民出版社1984年版。

师：不对，再想是哪个字？
生：（沉默）
师：乐。

当学生的答案已经是正确的，只是没有达到老师的标准，这时教师就不要再重复问一个问题，徒劳地增加学生的认知努力，语用效度也会很差。

4. 用了无关联性提问话语，要及时进一步寻求关联信息

教师的提问语不能触发学生的认知语境，即提问语所携带的信息是全新的或与原有的信息不相交，无法影响到已经发生或存在的已知信息。这时学生往往选择沉默或答非所问。这是因为新信息无法影响到已经发生或存在的已知信息，或者提问语所携带的新信息和已有信息不相交，导致学生答非所问。这时候教师要及时调整提问信息，进一步寻求关联信息，才能让教学开展下去。

例17：某教师在上马丁·路德·金的《我有一个梦想》的一段教学提问：
师：你们觉得这篇演讲稿好在哪里？有什么初步感想？
生：人人平等，不应该有种族歧视。
师：从文学方面，你们有什么感觉？
生：用了很多修辞，有气势。

从对话中我们可以看出，第一次教师提问的问题太宽泛，教师的真正意图是让学生体会这篇文章的修辞手法，但学生不知道教师的真正意图是什么。通过学生的答语，教师及时调整了提问性话语，和学生重新达到关联。

三、语用原则在阐释语中的运用

阐释语是教师向学生传授知识和技能时进行叙述并解释的语言。它是使用频率最高、运用最广泛的教学语言，常常在一节课中要很多次地使用它。要将一个全新的知识和学生不明白的问题传授给教学对象，讲好阐释语是关键。既要把概念、原理等知识性的东西解释清楚，又要把怎样做的方法、要领传授好。因此阐释语要求符合逻辑、规范简洁、准确流畅，还要针对学生的特点，讲得通俗、生动、活泼，带有趣味性、启发性，使学生觉得学习是一种快乐，而不是一种负担。

为了更好地完成课堂教学上教师的交际任务，教师要考虑怎样具体地运用语言才能使学生更易于理解和乐于接受所表达的知识内容。利奇（1983）在讨论交际中语言形式的有效使用时，把语用原则分成"人际修辞"和"篇章修辞"，他的"修辞"指的是交际中有效地运用语言，由交际双方所遵守的原则和准则组成，其中合作原则和礼貌原则属于人际修辞，作用于交际中的人际关系。以下将从教学的阐释语这一角度，谈谈如何遵守合作原则。

之前我们已经知道合作原则中"适量准则、质量准则、关联准则"是与教师"讲什么"有关，"关系准则"与教师"怎么讲"有关。因此，我们可以这样理解："适量准则"启示教师注意阐释语的信息量，要传授学生渴望获取的知识，对于学生已经知道的知识应该不讲或少讲；"质量准则"提醒教师注意所讲内容的真实性，即使遇到难题也不要为了面子而讲出没有根据或不真实的话；"关联准则"要求教师上课的阐释语要切题，要围绕课文的学习目标和重点进行，不要借题发挥；"方式准则"在表达方式上提出了要求，教师话语应言简意赅，条理清楚，要避免冗长词缀和语意含糊。

（一）遵循"适量准则、质量准则、关联准则"，阐释语要准确清晰、生动形象、重点突出

阐释语的准确，是指教师要向学生传授科学的知识，观点明确，语意明晰，发音标准，遣词得当，造句符合文法，推理符合逻辑；阐释语的清晰是指教师在吃透教材、把握教材的基础上，做到语言表达层次清楚，使学生能正确地理解教师所要表达的意思，而不能含糊不清，甚至存在歧义，同时还指教师的口语表达字正腔圆、流畅自然，给学生以美感；同时，教师要在对教材内容的融会贯通的基础上，根据教学目标，突出教学重点，解决教学难点。

要达到以上要求，使课堂教学语言产生良好的语用效果，教师就必须注意灵活调用语用策略——遵循适量准则、质量准则和关联准则。

例18：对比以下两位教师对"破釜沉舟"的解释。

第一位教师："破釜沉舟"表示坚决的意思。做事一定要坚决，无论做什么，只要是正当的、应该做的事，就必须抱定只许前进、不许后退、只许胜利、不许失败的决心，只有这样才能获得成功。如果前怕狼后怕虎，工作还没有开始就准备了失败的退路，那样一定不会成功，碰到一

点困难就向后转了。当然，前进的目的必须正确。在这一点上，古人不能跟我们相提并论。由于时代的局限，古人，尤其是统治阶级的人，做事的目的在今天看来很多是成问题的，下决心做好事是应当的，如果坚决做坏事，那就不应当了。我们时代科技先进，但时局动荡不安，你看中东局势……

第二位教师：项羽渡河进攻秦国的军队，渡河后，把造饭的锅砸碎，把船凿沉，断了自己的退路，以示有进无退的决心，终于把秦军打败了。后来大家就用"破釜沉舟"这个成语表示"下最大的决心，不顾任何牺牲"的意思。

第一位教师一共用了七句话来解释"破釜沉舟"，但能准确说明意思只有前三句，况且第一句话与第二句话意思相同，信息过量，属于啰唆累赘，违反了"适量准则"；而后四句话的信息与"破釜沉舟"的含义无多大关联，架空分析，甚至强行牵扯"时代局限"的内容，无可取之处，违背了关联准则。

第二位老师讲得比较简单，话说得比较少，仅两句就言简意赅而准确生动解释了"破釜沉舟"的含义，有助于学生理解运用语言材料。

例19：特级教师陈启超在谈数学语言要生动、形象时候这样说：

对某些高度抽象的数学语言，采用通俗的例子用自然语言加以说明进行类比，这可以帮助学生对抽象的数学语言的理解。例如，讲到集合中元素的确定性时，可以举例问"本班所有大个儿同学"是否可以组成一个集合？学生多数回答"可以"。教师进一步说"那就请这个集合的元素——大个同学站起来"。这时就有人起来，有人犹豫。教师这时说，他们为什么犹豫？因为他们无法确定自己是不是大个，这样就不符合集合元素的确定性。即任一个对象或者是这个集合的元素或者不是这个集合的元素必须十分明确，因此上例不能组成一个集合。这就生动、形象地帮助学生理解抽象的数学语言。

如何进行清晰而科学地讲述抽象的数学语言，对每一位数学老师来说是教学中的重点，而怎样使学生听得明白更是难点。陈老师首先结合数学学科特点，用科学准确的语言阐释"对某些高度抽象的数学语言，采用通俗的例子用自然语言加以说明进行类比，这可以帮助学生对抽象的数学语言的理解"，然后通过列举"当教师邀请大个子站起来，而有些人不确定自己是否是大个子"来说明"集合中元素的确定性"，这是一个恰当的比喻，形象生动地解释"采用通俗的例子用自然语言加以说明进行类比，这可以帮助学生对抽象的数学语言的理解"，做到重点明确突出、难点突破、记忆深刻的教学效果。这体现了语用原则的简洁严谨、准确真实、关联性极强的特点。

（二）遵循"方式准则"，阐释语要有科学性、条理性和趣味性

例20：张继英老师在教小学语文《狐狸和乌鸦》这篇文课文时，同学们对"奉承话"一词提出了疑问。经启示回答，众说不一。为使同学确切掌握它的含意，张老师是这样向同学们阐释的：

连儿童都知道，乌鸦的羽毛既没有公鸡的漂亮，更比不上凤凰的斑斓多彩。要是鸟中比羽毛的话，数一百轮也轮不到说乌鸦羽毛美。而狐狸怀着不可告人的目的硬说乌鸦的羽毛最漂亮。这种为了讨好对方，而故意说些不切合实际的漂亮话就是"奉承话"。下面我写了三句话，请同学们来加以辨别并回答。

1. 雷锋叔叔爱憎分明，立场坚定，关心别人比关心自己还重，不愧是伟大的共产主义战士。
2. 乌鸦的嗓子最难听，谁都不爱听它唱歌。
3. 狐狸对乌鸦说："你的嗓子真好，你唱起歌时悦耳又动听。"

同学们齐答："第一句是符合实际的表扬话；第二句是符合实际的老实话；第三句属于'奉承话'。"

张老师的这一阐释语无疑是成功的。首先列举儿童都明白的科学而真实的事实——乌鸦的羽毛既没有公鸡的漂亮，更比不上凤凰的斑斓多彩，狐狸所说的乌鸦羽毛漂亮的话是不切实际的漂亮话就是"奉承话"。对"奉承话"的阐释非常清楚明白。最后教师用一句"表扬话语"和一句"真实话语"与课文原句进行对比辨析，让学生真切体会到"什么是奉承话"。可以说张老师阐释语的运用不仅符合适量准则、质量准则，更主要是符合方式准则：语义清楚，生动形象，举例贴切，由浅入深有条理地对比解释，科学而有效果。

四、应变语的语用原则运用

应变语是教师在教学过程中，针对课堂上出现的意外情况，及时调整师

生关系、处理突发事件时候所使用的教学口语。应变是教学机智的表现，应变语是教师个性中的即兴反应与适应能力的外显形式。应变语用得好，课堂教学就得以顺利进行，否则就会破坏课堂气氛，进而影响师生关系，将会造成教学活动进程的障碍。可见，课堂教学中教师的应变语是否成功就能真实地反映出课堂教学中师生之间的言语交际的成功与否。

我们来看一个例子。

> 例21：缪老师新接了一个班，第一次与同学见面，开始自我介绍："同学们，我姓缪——"当他正准备转身板书"缪"时，不知谁发出一声模仿猫咪的叫声"喵——"于是所有的同学都大笑不已。
>
> 面对这一恶作剧，缪老师没有发怒，他神情自如地说："同学们，先别忙夸我妙，从今天开始，咱们一起学习，一段时间后，你们再来评价我究竟'妙不妙'。"同学们顿时安静下来，担心"暴风雨就要来临"的惊恐消失了，课堂出现了和谐的气氛。

在这个教学片段中，师生之间的言语交际是成功的，并且也可以推测缪老师将会和这个新接班级的学生的相处很好。因为，他面对学生的突如其来的恶作剧没有"以牙还牙"斥骂，或者怒目而视进行教训，而是巧妙地利用会话合作原则的语用策略，通过"缪"与"妙"的谐音把学生的注意力转移到学习上，也让学生对缪老师产生敬佩之感。

应变语的产生是因为在教学课堂上的常有突发事件，而这些突发事件的主要来源有：一是教师自身教学的失误；二是学生质疑教师所讲授的知识；三是学生的有意捣乱、小动作、吵闹、打瞌睡等违反课堂纪律的课堂问题行为；四是来自外来因素的干扰，例如教室外的噪音、异物飞进教室等。面对这些突发事件，如果教师能灵活巧妙地运用言语交际中语用原则策略，就能化解一个又一个在课堂上因突发事而引起的潜在的师生之间的矛盾。

下面主要从言语交际的礼貌原则和适当地违反合作原则的角度来探寻语用原则在应变语中的灵活运用。

（一）礼貌原则在教学应变语上的运用

布朗（Brown）、列文森（Levinson）、利奇等人在格赖斯的会话合作原则的基础上，提出了会话的礼貌原则。他们认为，人们在交际中不仅要遵循合作原则，同时也要遵循礼貌原则，这样才能达到更好的交际效果。也就是说，在交际中，说话人要注意遵循礼貌原则，说话人认为听话人也要注意遵循礼貌原则，并且说话人肯定听话人也注意到了这一点。

我们说课堂教学中，教师首先要和学生建立平等的关系，而这平等的关系是体现在教师对学生的尊重、爱护、关心，以及学生对教师尊敬、敬仰、热爱等相互对等的情感之上的。而这些就要通过教师的课堂教学语言体现出来。因此，课堂教学中出现突发事件，教师的应变语首先要从礼貌原则出发，才能使学生也能从礼貌的角度回应教师。例如上述例21中缪老师的应变语具有得体性和机智性，缓解了课堂气氛，同时也体现了礼貌原则，而学生从老师的话语中感受到了礼貌和宽容，就会安静下来进入课堂学习中来。

教师课堂教学应变语的礼貌原则应用，要考虑上课的场合和对象，因此话语要得体，使用过分礼貌或不礼貌的形式都会使语言显得不得体。何兆熊曾举例说我们想请一个熟悉的同班学生把门关上，用"请关门"或者"请把门关上"是足够礼貌的，也是十分得体的说法；如果说"你愿意去把门关一关吗？好不好呢？"就显得过分礼貌，而"说了多少次了！叫你关门！"就不够礼貌。

我们再看以下一个例子。

例22：有一位教师在教授《游园不值》时候，一位学生"砰"的一声破门而入，径直入座。这位教师未予理会，继续就诗句问其他学生："'小扣柴扉久不开'，诗人拜访朋友，为何'小扣'，而不用'猛扣'呢？"学生答道："因为诗人有教养、懂礼貌。"然后轻声问"无礼"的学生："你说大家说的对吗？"

在教学过程中，面对干扰因素带来的突发情况，老师抓住这个课堂教学场合以及当时所讲授课文内容的契机，进行巧妙地应变，话语得体，既顾及了学生的面子又委婉教育了学生，同时又活跃了课堂气氛。这就是礼貌原则在教学应变语中灵活运用的一个典型例子。

顾曰国根据汉文化对言行的礼貌要求，对利奇的策略准则和慷慨准则进行了修订，同时提出礼貌在汉文化中有四个基本要素：尊敬他人、谦虚、态度热情和温文尔雅。应对课堂上的突发事件，教师应变语的运用同样值得借鉴这些礼貌要素，诠释如下：教师的话语首先要尊重学生，批评的同时还要顾及他们的"面子"（上面的例22就很好地印证这一点），有的学生

"面子"很薄，一经打击，可能会在学习上不仅不主动而且甚至会失去信心；其次教师要谦虚、热情，对于学生的提问、质疑，即使非常简单，也不要说"这么简单都不会，自己想想去吧"，结果是学生以后再也不愿提问题了；温文尔雅是指教师的语言要符合某种标准，如正确、简明、健康、逻辑、有效等。

传统的课堂教学，教师习惯于以权威的面貌出现，一旦发生突发事件，教师就以严厉的面目出现，目的在于镇住学生，这样会容易产生师生关系的紧张。从语用的角度上看，这是由于教师没有遵循必要的礼貌原则而导致的师生交流存在着严重障碍。挖掘这种现象存在的深层原因，正是教师忽视学生主体，缺乏尊重学生的意识，使学生缺乏心理安全和心理自由从而导致了交流失败。要彻底改变这种面貌，教师必须在教学应变语中体现尊重原则，塑造平等自由的教学生态环境，进而启迪学生的心灵。

例23：某教师执教公开课《晏子使楚》的一段教学情境。

教师：今天这么多老师来听课，你们紧张吗？

学生：不紧张。

教师：不紧张？好，那谁敢到黑板上写几个字？（学生无人举手）

教师：你们不是说不紧张吗？（有一个学生举起手）

教师：好，你过来。我喜欢勇敢的孩子！（学生走上了）请你把今天要学的课题写在黑板上。（学生写字，但"晏子使楚"四个字写得大小不一，台下同学哄堂大笑）

教师：你们别笑，也许他这样写是有所考虑的。我们今天的课里主人公是谁？

学生：晏子。

教师：所以嘛，他把"晏子"两个字写得特别大！（众笑）你讨厌不讨厌楚王这个人？

学生：讨厌！

教师：所以把他"楚"字写得特别小！

在这个案例中，教师把课堂上的干扰因素巧妙转化为一种教学契机，实属难能可贵。教师的课堂应变不但保护了学生的自尊心使之免受伤害，而且因势利导，借题发挥，对文中的人物给予简单的分析，对文章的主旨进行初步概括，教师高超的口语应变能力让人折服。

例24：一位老师在上公开课《第一场雪》时，要求学生闭上眼睛倾听同学朗读课文中的一段雪景描写。

师：看看谁的朗读能带着大家进入美丽的雪景中。

（第一位学生朗读完毕，没有达到预期的效果）

师：他把我们大家带进去了吗？

生（小声地）：没有。

师：只是把我们带到边上，是不是？

（学生和听课的老师齐声笑起来）

师：谁能再试一试，把大家带进去。

（另一位学生又站起来朗读。比较之下，还不如第一位同学。此时，底下的学生和听课的老师的心情都非常紧张和不安，也不知这位老师应该怎样应付这种尴尬的局面。全场静得连根针落地也能听得见）

师（神色泰然）：哦，他不但没有把我们领进去，反而将我们领出来了。

（霎时，严肃、紧张的气氛一扫而光，课堂气氛立刻活跃起来，学生们敬佩地注视老师，小手举得像一片小树林，争先恐后要求朗读。老师先赞扬了同学们的积极性，然后因势利导要求大家随老师的领读一起朗读这段课文，课堂活动就此顺利进行下去）

以上的语境是一节教学公开课，由于教师对学生朗读水平的错误估计，以及学生面对众多听课者心理上的顾忌和紧张，最终导致教学活动陷入僵局。面对这样的僵局，这位教师用风趣幽默、诙谐得体的语言评价学生的朗读表现，化解了尴尬的局面。他的风趣幽默体现在他尊重了学生的面子，没有挑明朗读水平如何差，而是礼貌而得体地说"带到边上""带出来了"，缓解了课堂气氛，使教学活动得以顺利地进行下去。

（二）适当违反合作原则，让应变语更机智

1. 违反合作原则，让应变语具有幽默效果

根据格赖斯会话含义学说，为了保证谈话的顺利进行，谈话双方必须遵守一些基本原则，特别是合作原则，合作原则包含"量的准则、质的准则、关系准则、方式准则"等四个准则。他认为交际的双方必须遵守这些原则才

能配合默契，交际才能顺利、和谐地进行。然而在实际的言语交际行为中，人们并不总是遵守这些原则，恰恰相反，人们总是有意无意地违反这些原则。如果交际中一方违反了其中一条或几条准则，但听话人能有所觉察并认为说话人仍然是合作的，于是就产生了会话含义，幽默就可以从话语的含义中表现出来。

教学应变语之所以能充分闪耀其智慧的光芒，其幽默性产生很好的效应。如上例中教师的风趣幽默话语之所以能缓解紧张的课堂气氛，主要在于其会话含义在违反了相关的合作原则中仍能表现出来："带到边上"的会话含义是"你的朗读还未能进入佳境，平淡无味"，"带出来了"的会话含义是"比刚才同学朗读得更差"，虽然教师没有直白挑明，但在场的师生都能理解，诙谐幽默表达肯定比直白点出产生的效果更好——朗读不好不要紧，继续加油努力学习。

再看一则幽默的应变语。

> 例25：化学课是不少学生害怕的一门课。一次周老师教核外电子的排布时，有两位学生就"电子离合越近能量越低"的理解产生分歧而争吵了起来，课堂气氛嘈杂而紧张起来。这时周老师说："电子离合关系这好比你们小的时候，还是婴儿时期，你爸爸将你抱在怀里；你学会走路了，你爸爸将你牵在手上；你再大一点儿，你爸爸则说：'走，外面玩去！别在家里闹'。"学生听了便顿悟而点头称是，欢笑起来。

会话的合作原则要求话语内容要简明、准确、真实、有关联。周老师的话之所以产生幽默让学生理解而欢笑，主要在于他所说的话题内容跟主题"电子离合越近能量越低"毫无相关性，但是其会话含义是让听话者——学生能觉察出：小孩对父母的依赖，随着年龄不断增长，其身体就越来强壮越独立，依赖父母越来越弱，"电子离合越近能量越低"的意思就在此。

2. 违反合作原则，让应变语具有弦外之音

教师通过有意无意地违反合作原则来使学生理解教师言外之意、弦外之音。

> 例26：一次教师在分析《画蛋》一文时指导学生观察国画，有位同学提问："达·芬奇和他的老师为什么都留着长头发，而我们却不能留？"老师答："每个民族都有自己的风俗习惯，我们的一些风俗习惯就跟他们

不一样。我们要学习他们的是什么呢？就是要学习他们专心学习的精神。"可是，那个学生不久又问："你有达·芬奇的本事吗？"回答"有"吧，不符合实际，回答"没有"吧，学生认为老师没有本事，对老师失望。这个老师马上说："达·芬奇本事真大。他为什么能有这么大的本事呢？就是因为他刻苦学习。谁想要有本事，就得刻苦学习。"

在这则师生对话中，面对学生的第一次提问，教师的答非所问，主要是通过违反合作原则中关联准则来巧妙地把话题做了转移，让学生理解其弦外之音在于"我们民族不同一些外国民族的风俗，我们不能留长发"；而面对学生的第二次追问，教师没有从正面肯定或否定，其实是通过违反质量准则再次转移话题，避免了与学习无关的问题对课堂学习造成干扰，让学生明白教师的弦外之音是"这个问题我不回答，但你要想将来拥有达·芬奇的本事，现在就得好好学习"，使学生的注意力集中于课文的主题，保证了教学任务的顺利完成。

训练题：
请从语用原则的角度分析以下教师课堂教学语言的优缺点。

1. 有一位生物教师在第一节生物课上设计这样的开场白："同学们，现在我提一个问题，请你们好好思考一下：世界上到底先有鸡呢，还是先有蛋？"顿时课堂热闹起来，有的说"先有鸡"，有的说"先有蛋"，持不同看法的双方还激烈地吵起来。这时，教师让学生安静下来，然后接着说："我们现在学的《生物学》，就是要解答不少诸如'先有鸡，还是先有蛋'等问题。"

2. 以下是一位小学数学教师在准备教学"能被3整除的数的特征"之前跟学生的一段对话。

师：今天，我们要学习能被3整除的数的特征，谁能说说，自学了这部分内容后，你懂得了什么？还想知道什么？

生A：我知道被3整除的数的特征是几个数字加起来。

生B：为什么被6整除的数的特征不能用这个方法？

师：你试过吗？

生B：试过，但不行。

师：好的，这个问题等会儿讨论。还有问题吗？

生 C：还有哪些数的整除也是数字加起来？

生 D：我发现，能不能被 3 整除，不一定要数字加起来，如 45678 这个数就只要看数字 8 就行了。

……

3. 语文课正上得津津有味，一只蝉儿突然闯进了教室。顷刻间，几十双眼睛全集中在蝉儿的身上。先是一阵骚动，继而有人起哄，声言要"抓住它"。这时老师大声地插了一句："同学们，我们现在讲讲关于蝉的问题。"学生听到老师要讲蝉的问题，不免有些意外，倒想知道老师要讲点什么。老师趁势说："首先得考考大家谁能说出一些带'蝉'字的词语。"立即有学生举手。有人说"金蝉脱壳"，有人说"蝉联"……

4. 一位政治教师对学生讲到"要建立无产阶级感情，要学会爱人"的时候，不料，这时有一个顽皮学生站起来向她提出一个难堪的问题："老师，你有爱人吗？"这位教师是大龄未婚女青年，还没有对象呢，这个问题无疑刺到了老师的痛处。但是，这位老师回答得很巧妙："这位同学问我有爱人吗，谢谢你的关心。我首先有你们这些学生，你们就是我所爱的人。其次，我将来会有一位家庭爱人，他会成为你们所喜欢的好叔叔。不过，我今天上课时说的'要学会爱人'，是讲的这个意思吗？"

5. 科学课上，教师在教学《饮料瓶的知识》，发生了一幕：

学生：老师，我发现饮料瓶上的标签上有电话和地址。

教师：告诉我们电话和地址能起到什么作用？

学生：如果喝死人，可以打电话找他们。（全班大笑）

教师：这个主意不错……

6. 有一次，生物学家格瓦列夫在讲课，突然，一个学生在下面学鸡叫，课堂里顿时一片哄笑。这时，格瓦列夫镇定自若地看了看自己的挂表，不紧不慢地说："看来我这只表误事了，没想到现在已是凌晨了。不过，请同学们相信我的话，公鸡报晓是低等动物的一种本能"。同学们一边笑，一边用责备的目光注视那个恶作剧的同学，课堂秩序逐渐安静下来，格瓦列夫又继续讲课了。

7. 语文课上，刚学完《狐假虎威》这篇课文，师生就此展开一场对话：

师：同学们，学了这篇课文，你明白了一个什么道理？

（大多学生均回答"不能借着威势欺压他人、作威作福"，但突然有位学生这样回答）

生：这篇寓言告诉我们，狐狸虽然狡猾，但是非常聪明，也值得学习……

师：狐狸也值得学习吗？

生：狐狸让老虎逮住了，它一点都不慌张，还骗了老虎，说明它很聪明，保护了自己，所以也值得我们学习。

师：你可要想想，这篇寓言故事主要要告诉人们什么道理？

生：我……我认为两个都有。

师：可多数人会怎么认为？

生：反正……反正我这么认为……

师：一篇课文怎么能有两个一反一正的答案，你说呢？

（学生无语，自己坐下……）

参考文献

1. 戈玲玲：《教学语用学》，国防科技大学出版社 2002 年版。
2. 顾曰国：《礼貌、语用与文化》，载《外语教学与研究》，1992 年第 4 期。
3. 郭启明、赵林森：《教师语言艺术》，语文出版社 1998 年版。
4. 索振羽：《语用学教程》，北京大学出版社 2000 年版。
5. 李捷、何自然、霍永寿：《语用学十二讲》，华东师范大学出版社 2011 年版。
6. 庞勇、王新颜：《语文课堂教学中的语用策略》，载《语文教学之友》，2009 年第 6 期。
7. 沈龙明：《中小学课堂教学艺术》，高等教育出版社 2006 年版。
8. 王建华：《语用学与语文教学》，浙江大学出版社 2000 年版。
9. 谭晓云：《课堂提问的认知性研究》，华东师范大学硕士学位论文，2006 年。
10. 左思民：《汉语语用学》，河南人民出版社 2000 年版。
11. 王元华：《语文教学本质上是语用教学》载《语文建设》，2008 年第 7 期。

12. 何兆熊：《新编语用学概要》，上海外语教育出版社 1999 年版。
13. 吴雪清：《小学教师口语》，华东范大学出版社 2010 年版。
14. 赵国忠：《中国著名教师的课堂细节》，江苏人民出版社 2007 年版。
15. 赵娟：《论教师话语语用原则》，载《牡丹江大学学报》，2008 年第 1 期。